LES APPELEURS D'ÂMES

« Spiritualités vivantes »

SABINE HARGOUS

Les Appeleurs d'âmes

L'univers chamanique des Indiens des Andes

Albin Michel

Les illustrations reproduites dans cet ouvrage sont extraites de la *Nueva Coronica* de Felipe Guama Poma de Ayala - 1587/1613 Pérou.

Première édition :

Édition de poche :

22, rue Huyghens, 75014 Paris

ISBN : 2-226-02477-8

‹Nous avons, dans nos sociétés occidentales, rompu ces canaux de communication. Nous avons apprivoisé nos rêves et leur avons appris à parler le langage de la Nature, pour en faire le dévoilement symbolique de notre histoire, et non plus celle des dieux (...). Ainsi le surnaturel a été partout rejeté, en ce sens qu'il est maintenant traduit en d'autres langues, plus satisfaisantes pour notre raison cartésienne, biologique et sociologique; quand, dans le domaine des institutions religieuses, il risque à certains moments de réapparaître, on le catalogue au plus vite comme une pièce de musée, pour l'enfermer sous une vitrine, chlo roformé et dûment catalogué, genre, espèce et nom latin à la rescousse. »

R. Bastide
Le Rêve, la Transe et la Folie.

Que soient remerciés :

Docteur Sal y Rosas
Docteur Oscar Valdivia
Arturo Jimenez Borja

et plus spécialement :

Sybila de Arguedas
et Sinesio Lopez

PREMIÈRE PARTIE

La Pathogénie indigène

Dès les premières heures de ses luttes tribales, l'Amérique du Sud connut l'oppression ethnique. Mais les Conquistadores, en débarquant sur ses rivages, ouvrirent l'ère de l'impérialisme occidental qui dès lors ne cessera d'écraser les populations aborigènes.

LA GENÈSE DU MONDE ANDIN

Au commencement, la Terre était *Tutayacc, Purun, Pacha*, obscure, déserte et pierre, excepté le lac petit, solitaire, hostile. La Terre en vérité n'était que pierre, lac et obscurité, jusqu'à ce jour soudain où Pachacamac ordonna que la lumière soit. Alors la clarté invincible, celle qui éblouit, *Ñausayaracama*, se répandit joyeusement sur la Terre. Et *Pacha*, frémissante sous ce contact charnel, sortit enfin de sa léthargie millénaire, car avec la lumière, le dieu et l'eau arrivaient sur sa désolation.

Lorsque l'eau fertile atteignit le sommet des montagnes où elle se logea, de son sein jaillit Wiracocha, le dieu étranger, ivre de jeunesse et de forces longtemps contenues, *Jatun Wiracocha* (1).

Mais après l'allégresse de ce temps nouveau, le Grand, le Sage découvrit qu'il était totalement seul, *Mitmak*, perdu dans le monde. Pressentant déjà une terrible nostalgie d'absence, il obtint alors de son créateur le pouvoir de transformer la pierre première en matière d'homme, donnant à celui-ci l'énergie minérale de celle-là. C'est ainsi que naquit Cullahua (2) (celle qui soigne les maux), et que se tracèrent les chemins de *Hanan-Pacha*, la terre haute où allaient résider les bons, et de *Hurin-Pacha*, la terre basse, résidence de la corruption et de la dégénérescence.

En ce temps d'avant, les animaux et les plantes parlaient, dansaient, avaient liberté de mouvement et d'entendement avec les hommes, et tous les êtres animés possédaient le même langage. En cette époque paisible, Wiracocha et Cullahua vaguaient avec bonheur dans le centre de la terre qui avait surgi à *Chitapampa*, la pampa de la création.

Puis vint la crise, effroyable mais nécessaire à la toute-puissance des dieux. Les choses se rebellèrent brusquement contre l'homme en amenant les ténèbres, les vents mauvais, la révolution de la coutume et de la culture.

« Ils racontent aussi qu'en ces temps très éloignés le Soleil disparut et la Terre demeura dans l'obscurité pour une durée de cinq jours, que les pierres se rencontraient, se cognaient les unes contre les autres, et que les mortiers que les Indiens appellent *mutca* et les meules de pierre qu'ils appellent *marap*, se rebellaient contre leurs patrons en essayant de les dévorer; et que les moutons, ceux qui étaient attachés dans les maisons comme ceux des champs, attaquaient leurs maîtres (3). »

Puis Terre et Ciel se séparèrent. Le langage des plantes et des animaux devint incompréhensible pour les hommes. Les vieux ne purent plus se baigner dans la voie lactée pour y retrouver leur jeunesse, et les morts ne surent plus revivre après cinq jours d'absence (4).

De la rupture irréversible survenue entre *Hurin-Pacha* et *Hanan-Pacha* monta une ère nouvelle et mystérieuse, dotée d'une gravité inconnue jusqu'alors, celle de la condition humaine. Dès lors, le culte religieux des Quechuas, que l'on considère parfois à tort comme naturaliste ou même panthéiste, va évoluer vers une haute spiritualité, même si, à première vue, celle-ci continue à s'appuyer sur des contacts naturalistes.

Si l'on examine attentivement les innombrables croyances et rites de cette population andine, on remarque qu'il ne s'agit pas d'une adoration fétichiste de la Terre, des montagnes, des grottes, etc., mais plutôt d'un véritable culte hiérarchisé et rendu aux esprits de la Terre, aux esprits des montagnes, des grottes et des étoiles qui résident en ces lieux et influent en permanence sur la vie agricole et donc humaine.

Remarquons bien la différence très significative qu'effectue l'indigène d'aujourd'hui, entre *orqo* (la montagne) et l'*Apu* (l'esprit qui réside en elle); entre *moqo* (la colline) et l'*Auki* (l'esprit qui l'habite); entre *allpa* (la terre) et *Pacha-Mama*; entre *qaqa* (la roche) et *Tira*; enfin entre *wiñaq rumi* (pierre saillante) et *Ñusta,* l'esprit féminin qui y demeure, etc. (5).

Tout acte de vénération profite donc d'un support géographique ou cosmique dans le temps et dans l'espace, pour diriger la volonté de l'homme vers celle de la divinité invisible à laquelle chaque « primitif » se sent véritablement relié par la puissance des liens de sang originels. Car « l'homme reconnaît une parenté directe ou indirecte, plus ou moins élevée, avec ces entités différentes, et c'est en conséquence de ce rapprochement permanent ou circonstanciel que le dévot peut ou non avoir foi dans le succès de ses prières, offrandes ou sacrifices. Ce sont « sa terre », « ses montagnes », « ses morts », qui constituent son propre prolongement[6] » dans l'harmonie universelle d'où il a été exclu.

Cette filiation mystique s'observe facilement dans certains moments privilégiés de la vie indienne, où l'atmosphère semble si lourdement chargée par suite de ce sentiment de dépendance à l'égard de la puissance divine, tour à tour protectrice ou menaçante. C'est pour cela que le paysan s'adresse avec une véritable tendresse à son *Apu*, et converse respectueusement avec les *Aukis* que la communauté vénère sous leur aspect de cadavres momifiés et qui entreront dans le réseau de parenté sous le nom d'*Achachilas*[7]. Ces esprits des ancêtres, qui avec la Pacha-Mama représentent le groupe des divinités bénéfiques les plus puissantes et les plus considérées dans toute l'aire andine d'Amérique du Sud, possèdent, selon la croyance populaire, des sensations et des traits de caractère semblables à ceux des vivants. Bien qu'ils soient immortels, ils n'en sont pas moins très âgés et sont soumis aux besoins de se nourrir, rire, dormir, etc. Cette grande famille s'ordonne selon une hiérarchie dont le sommet est occupé par les esprits de premier ordre, ceux qui résident sur les hauteurs les plus inaccessibles de la cordillère, les *Apu*, ou *Machu*. Tandis que les *Aukis* ou *Auquis*, dont la résidence est au cœur des montagnes plus petites et moins fortes, ont un pouvoir de second ordre. « Comme des sous-chefs, ce sont des auquis ou montagnes mineures, formant comme une garnison défensive de l'endroit, laquelle empêchera qu'ils connaissent des désastres, assauts, épidémies, etc.[8] ».

De même, sous son nom hispanisé, mais en conservant son sens initial, l'*Abuelo* ou le *Viejo* hante les sommets de certaines montagnes saintes, faisant craindre sa puissance, qu'il détient d'une autre réalité éloignée, insaisissable, magique.

Cette perception aiguë de la nature comme étant un ensemble de foyers permanents des puissances divines, ou *Pakarinas*[9] d'où surgirent les ancêtres, se manifeste particulièrement dans les cérémonials magiques où les roches ont droit à des manifestations de respect bien spéciales. Elles sont en effet considérées comme le corps matériel d'êtres mythiques pétrifiés à la suite d'une faute, mais toujours présents et détenteurs de leurs pouvoirs intacts, toujours identiques à ce qu'ils étaient auparavant. Cet univers, que nous pouvons qualifier de mystique et qui appartient aux indigènes de l'Amérique du Sud, tire son originalité, face au système religieux chrétien, de ce qu'il n'exige pas la séparation temporelle ou spatiale entre les hommes et les dieux, entre l'esprit et la chair. Ici, chez ces « primitifs », s'établit une communication perpétuelle entre les.

uns et les autres qui s'interpellent, se répondent, se critiquent dans des attitudes réciproques. Les relations homme-dieu sont très intimes et ne cessent de s'interpénétrer dans un réseau compliqué d'influences attractives ou répulsives. Dès lors, ce qui advient aux uns se répercutant plus ou moins rapidement sur les autres, provoque un mouvement de foi perpétuellement dynamique.

En conséquence immédiate de cette croyance, l'indigène va donc s'attendre à supporter ici et maintenant les conséquences de ses actes ou de ses pensées, et non après la mort, ainsi que le veut l'idéologie chrétienne. Cette attitude mentale crée finalement « un efficace moyen d'agglutiner les membres d'une communauté pour infliger des sanctions de type social contre celui qui transgresse »; moyen dont la force de redressement vers le normal est beaucoup plus vigoureuse que ceux présents dans la culture occidentale où la fonction normative de la religion est beaucoup plus lente. Tout au long de cette étude, nous aurons l'occasion de voir que la communauté traditionnelle, avec ses croyances, ses rites, ses interdits, se pose en véritable groupe de pression dont l'efficacité sociale est plus grande que les règlements d'Eglise qui lui sont imposés par une culture étrangère (10).

En définitive, ce mythe andin que nous avons relaté n'est autre que le mythe universel de la déchéance humaine, survenue après une catastrophe qui a mis le chaos, là où régnait l'ordre; qui a remis en question ce qui était définitivement et harmonieusement donné, et par là a brisé l'unité de l'homme originel, en le faisant acteur historique d'un drame grandiose dont la finalité se trouve dans une nouvelle création, une réconciliation avec ce temps d'avant, où l'âme et le corps s'élevaient ensemble, où la paix s'étendait à toutes les zones d'énergies, où il n'y avait ni temporalité, ni limites de rayonnement de la puissance, ni séparation, ni discontinuité.

Aujourd'hui, dans les forêts amazoniennes comme sur les pampas, dans les yungas tropicales ou les punas d'altitude, le sorcier, mage, devin, ou chaman, condamné à la condition humaine par la chute initiale, s'efforce à retrouver l'harmonie pré-historique par le moyen du vol libérateur, qu'il soit hallucinatoire, extatique ou onirique, afin de « réintégrer la condition de l'homme primordial dont nous parlent les mythes paradisiaques (11) ». Il mène un combat, selon les règles de l'audace traditionnelle, afin d'apporter à la communauté, dont la présence donne à cette lutte tout son sens, la tranquillité de la conscience retrouvée, c'est-à-dire le rachat de ses péchés qui lui redonnera son intégrité psychique si menacée.

L'illustration du drame existentiel magique a généralement été abordée par les ethnologues selon une optique très cartésienne assez inadéquate, car elle impose aussitôt ses propres limites aux croyances étudiées et fait d'elles seulement un décor sur lequel se détachent les faits qui relèvent seuls de l'ethnologie, se détournant ainsi, plus ou moins volontairement, du problème essentiel de la réalité magique, car ce dernier ne coïncide plus avec notre logique scientifique du toujours donné, toujours garanti.

Mais si nous acceptons de pénétrer, autrement que par une documentation folklorique, dans un univers magique où la présence est constamment en péril, nous devons nous efforcer d'atteindre à une disponibilité intellectuelle parfaite, afin de réaliser cette indispensable remise en question de ce concept de réalité que nous faisons prévaloir sur tout autre, parce que notre rationalisme le considère comme seul authentique.

Après les nombreux brassages culturels amérindiens, les sangs espagnol et indigène se mêlent, donnant naissance à une nouvelle société constituée essentiellement de métis.

LE PEUPLEMENT DE L'AMÉRIQUE DU SUD

Le continent sud-américain est un véritable creuset culturel, où le mélange de races qui s'est produit au cours des nombreux siècles de son peuplement et continue encore aujourd'hui de se faire, rend impossible toute généralisation. Même si l'on trouve un substrat linguistique et religieux commun aux diverses populations sud américaines (bien que le Brésil fasse une exception), il existe entre elles tant de différences évidentes ou subtiles que l'on viendrait à présenter l'homme sud-américain comme un type souvent plein de contradictions et généralement indéfinissable.

Car en fait il s'agit de parler de trois grandes races qui coexistent depuis des siècles, dominantes ou dominées, avec cependant, en fond partout prédominant, la race indienne.

Initialement peuplée d'éléments mongoloïdes venus d'Asie par le détroit de Behring il y a quelque vingt-cinq mille ans avant Jésus-Christ, l'Amérique du Sud supporte, dès les premières heures de ses luttes tribales, de grandes oppressions ethniques qui chaque fois vont modifier les éléments culturels initiaux en les enrichissant d'apports nouveaux ou au contraire en les appauvrissant.

Si nous reprenons l'histoire de ce grand continent à l'époque précolombienne, nous constatons l'existence de trois principaux groupes indigènes. Ce sont tout d'abord les ANDINS.

Ils comprennent, au nord de la Cordillère, les Chibchas regroupés autour de leur *Zipa,* chef religieux, dont le centre culturel se situe sur le plateau de Bogota en Colombie et s'étend jusqu'aux frontières actuelles de l'Équateur.

Plus au sud, nous trouvons les Quechuas et Aymaras, qui connurent leur période de gloire avec l'apogée de l'empire Inca; nous possédons quelques informations sur l'organisation de leur puissance, grâce aux chroniqueurs espagnols de la Conquête.

Au nord de ce qui formera plus tard la République Argentine, vivent les Calchaqui, groupe le plus évolué parmi les Diaguites qui tomba finalement, lui aussi, sous la domination inca.

Enfin, à l'extrême pointe rocheuse du continent, sur une terre curieusement nommée « de feu » habitent les rebelles Araucans, refoulés plus au sud par les guerres d'expansion inca, auxquelles ils surent toujours imposer des limites infranchissables. Au large des côtes, l'archipel chilien abritait également des tribus de pêcheurs peu évolués.

En second lieu viennent les FORESTIERS. On regroupe sous ce nom les Indiens qui vivent dans les vastes étendues tropicales de la forêt amazonienne et des bassins fluviaux, et pratiquent essentiellement l'agriculture comme moyen de subsistance. Ce sont là les Carib, les Arawak et les Tupi Guarani, pour ne citer que les familles les plus fortement structurées. Aujourd'hui très numériquement réduites, ces tribus sont très affectées par le phénomène du *caboclo,* ou métissage d'Indiens avec des Portugais.

Ressortissent également à cette appellation de « gens de forêts », les groupes du Gran Chaco ou des vastes pampas, qui vivent de chasse élémentaire, de pêche et de cueillette. Ne possédant aucune véritable unité culturelle, ces groupes doivent plutôt être considérés comme une multiplicité de tribus indépendantes les unes des autres, sans développement particulier de leur civilisation et aujourd'hui pratiquement disparues.

Sur cette première population indienne de base, qui, durant les millénaires de son existence, a brassé les divers éléments asiatiques qui la composent en majorité, s'accole brutalement au XVe siècle la race blanche après la découverte du Nouveau Monde. Ces *Conquistadores,* prêtres et pillards ibériques qui viennent ainsi se mêler de force aux Amérindiens, constituent une vague de migration, faible en nombre, mais à forte prédominance masculine, ce qui entraînera le mélange des races. Souvenons-nous de la conquête de l'Ouest américain qui, au contraire, apportait des familles entières de colons, avec femmes et enfants. Dans le cas de l'Amérique du Sud, la conquête s'annonce dès le début comme très différente. Par suite des concubinages ou des mariages avec des Indiennes, paysannes ou princesses de haut rang, les sangs se mêlèrent très rapidement. Ceci est particulièrement frappant chez les conquérants portugais qui portaient déjà en eux des hérédités juives ou maures. En effet, dans les premiers temps de la colonisation et pendant près d'un siècle, les Portugais vont établir des rapports d'égalité avec les aborigènes, établir des pactes, des alliances avec ces Indiens de la forêt qui possédaient le précieux « bois brésil ». L'Europe appréciait la qualité de la teinture rouge qu'il fournissait, et des demandes sans cesse croissantes firent naître ce commerce d'arbres de la grande forêt. Bientôt cependant les plantations de canne à sucre se développent, principalement sur la côte, et la nécessité d'une main-d'œuvre locale fait considérer l'Indien comme un esclave en puissance, alors que, dans certaines exploitations menées par des Portugais, le type même de la production déterminait la conservation de contacts équilibrés d'où s'ensuivirent fréquemment des mariages mixtes entre Blancs et Indiens. Il se forma une population paysanne de sang mêlé mais de culture essentiellement portugaise, qui regroupe aujourd'hui ceux que l'on nomme les *Caboclos*.

Finalement, après conquêtes et massacres, alliances et déportations, les Blancs vont de préférence s'établir dans les vastes plaines du Sud-Est, plus faciles à parcourir et à exploiter que les marais ou les forêts impénétrables du Nord. Dès lors, la migration européenne à caractère esclavagiste se poursuit régulièrement avec une grande proportion de nouveaux colons germaniques, apportant avec elle une oppression colonialiste qui ne tardera pas à devenir un type précoce de cet impérialisme qui par la suite occupera l'actuel Chili, l'Argentine, l'Uruguay et le Brésil méridional.

Meurtrie, décimée ou réfugiée dans des zones inaccessibles, la population indienne devient une piètre main-d'œuvre; on fait alors appel à l'importation noire. C'est le troisième grand apport racial dont les influences culturelles vont modifier les expressions indigènes de ce continent.

En 1518, la Couronne d'Espagne octroie la première licence d'exportation d'esclaves vers le Nouveau Monde. C'est alors l'afflux régulier d'hommes, de femmes et d'adolescents arrachés à leur terre ancestrale d'Afrique, qui va provoquer de nouvelles et persistantes ondes de choc parmi les populations déjà installées, Indiens et Portugais.

Ce trafic de « bois d'ébène », ainsi qu'on nommait la traite, va continuer d'être un motif commercial extrêmement valable pour les trafiquants occidentaux, et ce jusque vers la moitié du XIXe siècle.

Ces cargaisons humaines qui sont débarquées sur les côtes sud-américaines proviennent pour la plupart des populations noires du Mali, de l'Angola, du Dahomey et du Congo. Peu à peu, ces Africains vont être répartis et regroupés dans les plantations de la côte atlantique depuis Rio jusqu'aux Antilles. Parfois même, ils seront déplacés depuis les îles des Caraïbes vers le Brésil ou inversement. Si l'on considère que ces groupes d'esclaves, parlant généralement des dialectes différents, ont été forcés d'apprendre très rapidement l'espagnol ou le portugais afin de pouvoir communiquer entre eux, on comprendra la facilité d'intégration qui fut la leur. Par ailleurs, merveilleusement souples, ces cultures africaines ont su offrir aux survivants de ces effroyables traversées des alternatives d'adaptation, permettant ainsi une réelle intégration raciale. Et aujourd'hui, on peut trouver, dans les ethnies noires du Brésil, des hommes qui se sentent de tout leur cœur citoyens libres du Brésil, électeurs et patriotes, bien qu'ayant conservé, parfois intacts, des secteurs entiers de leur civilisation d'origine apportée par leurs ancêtres esclaves.

Cette survivance africaine, que l'on rencontre à travers toute l'Amérique du Sud avec plus ou moins de vigueur, se manifeste évidemment tout particulièrement lors de fêtes et de rites, c'est-à-dire dans la religion, la magie et à travers l'expression gestuelle du culte, la danse. C'est bien en effet dans le rythme et la musique si propres aux Noirs, ou plus exactement dans leur esprit musical inné, que l'on retrouve toutes les valeurs de la culture africaine. Pour s'en persuader, il n'est que d'assister à une *macumba* ou à un *candomblé* dont le processus magique est manifesté par la danse. La danse africaine permet, par l'intermédiaire des convulsions qu'elle impose au corps, de réaliser un transfert psychique et de prendre contact avec les Orixas, les Loas et autres dieux invisibles, mais tout-puissants, du panthéon noir.

Ces influences africaines ne vont pas seulement se maintenir au sein de la grande famille et se transmettre de génération en génération, elles vont aussi atteindre d'autres groupes ethniques. Ainsi les Yorubas du Brésil ont-ils des rituels exactement identiques à ceux de la culture africaine, nous rapporte R. Bastide qui a particulièrement étudié cet aspect de la présence noire au Nouveau Monde. De même, en Équateur, en Colombie, au Venezuela, peut-on retrouver des manifestations issues d'un contexte musical africain, au cours de danses religieuses de saints patrons où l'on chante les *tonadas*. Si les noms changent, les structures sont identiques de part et d'autre. Au Pérou également, on retrouve cette influence lors des *cabildos*, etc. (12).

La conséquence de ces multiples et inégaux brassages culturels et raciaux se manifeste aujourd'hui à travers l'extrême profusion et confusion des mythes, croyances, rites que l'on découvre sur tout le continent sud-américain et qui nous empêche formellement de le présenter comme une unité globale. Cependant, malgré le point de vue des négriers qui établissaient leurs propres barêmes d'estimation, malgré la vérité des missionnaires qui baptisent en décidant du Diable ou du Dieu, malgré la vérité des ethnologues qui alignent, énumèrent ou cataloguent, en les rebaptisant, les traditions natives, celles d'avant la conquête survivent sur ce continent aujourd'hui encore sous de multiples aspects. Mais c'est plùs particulièrement à travers les mythes de la création que l'on peut discerner l'unité originelle de ces populations indiennes « aujourd'hui vouées aux pélerinages ethnologiques [13] ».

MYTHES D'ORIGINE
ET HÉROS CIVILISATEURS

Ces histoires sur l'origine des temps et la première faute humaine qui fut commise en un jour dramatique, ces croyances aveugles en une impossibilité rendue extraordinairement possible par la nature divine, ces mythes et légendes de tribus que l'on rencontre fondamentalement identiques parmi les Andins ou les Forestiers, ne sont pas des blocs de superstitions haussés au rang de « l'effroyable-sacré » par le sentiment de crainte des dieux, bien qu'ils puissent parfois donner naissance à des superstitions de second ordre. Tous ces mythes de la création, innombrables et typiques de chaque groupe qui les abrite, contiennent en fait l'explication plus ou moins descriptive du moment crucial qui parle de l'origine des choses, des hommes. Cependant, il est rare d'entendre dans le récit d'un ancien ou d'un sorcier une version complète de la création qui englobe à la fois celle des plantes, des animaux, des astres, des saisons, de l'homme et de la femme. Habituellement, il s'agit d'un mythe partiel qui met l'accent sur l'un des moments de la création.

Ces mythes qui expliquent la naissance de l'Univers sont de deux sortes. D'une part, ceux qui relatent une authentique création à partir du néant et les autres, beaucoup plus répandus, qui rapportent seulement un changement d'état. Il s'agit par exemple de la migration sur la Terre du premier couple venu d'un autre ciel, ou de la découverte d'un des éléments naturels dans une cachette, où il était retenu prisonnier. C'est ce que raconte le mythe des Panoa, au Brésil (14) :

« Le Soleil, le matin et la nuit n'existaient pas comme partie de l'univers. Ils étaient cachés dans des jarres séparées, gardées par trois groupes de personnes. Après une dispute, les maîtres de la nuit la laissèrent en liberté si soudainement que le monde entier s'endormit dans la position où l'obscurité l'avait saisi. Plus tard, les trois groupes décidèrent de remettre en liberté les trois éléments captifs à des heures déterminées. On disait que l'obscurité avait été au pouvoir d'un homme qui accepta d'en donner un peu, mais les personnes qui vinrent la chercher apportèrent une caisse très petite, et les nuits furent très courtes. Plus tard, on emporta tant d'obscurité que les hommes ne s'éveillèrent que longtemps après la période de la moisson. Finalement, on obtint une quantité suffisante d'obscurité. »

Les Guarayos de Bolivie présentent une autre explication.

« Ils disent que l'*Abuelo* [15] eut deux fils qui furent convertis l'un en le Soleil et l'autre en la Lune. La manière fut la suivante. Ils tirèrent chacun une flèche dans le ciel et la clouèrent fortement dans sa voûte; ensuite ils en tirèrent une autre qu'ils plantèrent sur la flèche qu'ils avaient déjà tirée; ils tirèrent une autre flèche et la clouèrent sur l'autre et continuèrent ainsi à tirer des flèches et des flèches, les clouant les unes sur les autres, jusqu'à former une sorte de corde; et grimpant dans le ciel à l'aide de celle-ci, ils y demeurèrent, convertis l'un en le Soleil, l'autre en la Lune [16]. »

Ces deux mythes nous rappellent de façon intéressante l'une des caractéristiques de la mentalité « primitive », qui est la non conception du vide, du néant. Pour l'indigène, avant la naissance du monde qu'il connaît, les éléments existaient déjà, mais ailleurs, parfois cachés et anonymes, parfois retenus par des forces maléfiques, parfois tout simplement endormis. Mais, d'une manière certaine, ils ne sont pas brusquement nés de rien. L'abstraction n'est pas en effet accessible à l'intelligence de l'indigène qui effectue très peu d'opérations imaginaires, ou sous une forme très limitée. Et pour lui, l'origine est seulement un état antérieur et lointain d'où a surgi l'univers qu'il habite.

Dans le second mythe que nous avons présenté, la création se manifeste dans la transformation, la métamorphose qui affecte les enfants mythiques. Par ailleurs, le ciel dans lequel se plantent les flèches n'est pas une construction de l'esprit, il se présente comme une réalité aussi tangible, aussi physique que celle que l'Indien fréquente quotidiennement, aussi vulnérable que le sol, l'arbre et le gibier. Il n'y a donc rien de surprenant à ce que les flèches s'y plantent. De la même façon, la nuit n'est pas considérée comme l'obscurité, mais bien comme quelque chose qui peut se matérialiser et donc être enfermé dans une boîte, manipulé.

Les Indiens Tupi ont une autre belle légende; celle de « Tamandaré au bourgeon de palmier », pour expliquer l'origine de l'humanité. A la suite d'un effroyable déluge qui recouvrit presque toutes les terres, « les hommes se mirent à monter au plus haut des montagnes. Un seul resta sur la plaine avec sa femme, c'était Tamandaré, fort parmi les forts. Il savait plus que tous les autres et il enseignait tout ce qu'il savait à ceux de la tribu qui voulaient lui prêter oreille. Lorsque tous avaient voulu monter au plus haut des montagnes, il avait dit : « Restez avec moi, faites comme moi et laissez venir les eaux. » Mais les autres ne l'avaient pas écouté; ils étaient monté au plus haut des montagnes et l'avaient laissé seul dans la plaine avec sa femme qui n'avait pas voulu l'abandonner.

« Tamandaré avait pris sa femme dans ses bras et avait grimpé avec elle jusqu'au bourgeon du palmier. Le palmier produisait des fruits. Ils les mangèrent. Là il attendait que l'eau vînt et qu'elle passât. L'eau vint, monta, monta.

« Le courant creusa la terre; en creusant la terre il arrache le palmier; en arrachant le palmier il l'entraîne avec lui.

« La Terre disparut.

« L'arbre disparut, sauf le bourgeon.

« La montagne disparut.

« Tous périrent.

« Puis l'eau toucha au ciel, alors elle s'arrêta.

« Uaraci, le Soleil, en regardant n'aperçut que le ciel et l'eau et, entre le ciel et l'eau, le palmier flottait, emportant dans son bourgeon Tamandaré et sa femme. L'eau toucha au ciel pendant trois soleils et trois nuits, puis elle baissa, elle baissa jusqu'à ce que la Terre fût découverte.

« Lorsque le jour parut, Tamandaré vit que le palmier était planté au milieu de la plaine, et il entendit le guanumbi, le petit oiseau du ciel qui battait des ailes. Tamandaré quitta alors le bourgeon du palmier et descendit avec sa femme.

« Et ils repeuplèrent les terres (17) ».

Dans le second mythe, nous trouvons une personnalité qui nous intéresse doublement, par son rôle passé et par celui qu'elle va jouer, à notre époque, dans certains mouvements messianiques d'Amérique du Sud : le héros civilisateur. Ce héros, qui anime de nombreuses formes de la mythologie sud-américaine, n'est pas un objet de culte, nous dit A. Métraux, mais un moyen pour les Indiens d'expliquer leur origine. C'est ce qu'ils font « par l'intervention de ce *deus ex machina*, le héros civilisateur, qui est une espèce de sorcier de grande envergure dont la fonction est de modeler l'univers en créant les choses singulières et en portant la civilisation aux hommes (18) ».

Ce héros des origines est bien un surhomme, tout en n'étant pas d'essence divine. Il est particulièrement actif, contribuant à l'amélioration des familles, des plantes, des cultures, etc. Envoyé par les dieux, son rôle consiste en effet à perfectionner un monde déjà existant mais encore grossier, rude, ignorant. Une fois achevée sa mission d'enseignement, ce messager divin quitte la Terre et ses habitants tout en promettant de revenir prochainement. Retour qui marquera un tournant dramatique dans l'histoire de l'humanité, qui pourra être détruite si elle a péché ou au contraire sera délivrée de sa misère, comme c'est le cas dans le mythe d'Inkarri que nous relatons plus loin. Nous verrons dans le dernier chapitre les conséquences qui peuvent découler de la survivance actuelle du héros civilisateur des origines, particulièrement parmi les Indiens Tupi-Guarani du Brésil qui marchent, depuis des siècles, à la recherche de la « Terre sans mal », guidés par un sorcier-prophète, nouveau messie.

Ce héros a, dans les mythes, une technique de création particulière, puisqu'il s'agit en fait de métamorphoser, de transformer ce qui est déjà existant. Bien souvent, d'ailleurs, sa façon de procéder ne présente pas le sérieux ou la gravité propres aux actes de Dieu le Père des chrétiens. Le héros crée en s'amusant, par jeu et parfois avec un petit air de moquerie vis-à-vis des humains. On peut même dire, d'après certains mythes recueillis, que le petit créateur aime bien faire des blagues à ses protégés terrestres, lorsqu'il n'est pas contrecarré par son frère jumeau. Car dans les mythologies du monde entier, on voit fréquemment ces deux superhommes agir de concert tout en rivalisant. L'un est alors doté des plus grandes qualités, tandis que l'autre présente un caractère jaloux, retors. Il peut faire preuve d'hostilité envers son jumeau créateur et anéantir toutes ses heureuses tentatives de création. C'est ce qui explique que « rien n'est parfait », comme un jour en fit la remarque un certain renard des sables.

Les Çarib de Guyane racontent ainsi que le héros civilisateur a un frère jumeau, tous deux étant fils du Soleil ou d'un autre corps céleste.

Les Tucunas de l'Amazonie brésilienne reconnaissent en Dyai, le héros culturel, le personnage le plus respecté de leur religion. C'est lui « qui fit les gens, établit toutes les lois et les coutumes tribales et donna à l'humanité les éléments les plus importants de la culture matérielle. C'était l'ennemi le plus craint du Démon. Parfois il est sévère et cruel, mais ne trompe jamais. Même avec son frère Epi, entremetteur et menteur effronté, il est indulgent et aimable, moqueur, et le punit seulement de temps en temps [19] ».

Si l'on examine des mythes relatifs à différentes familles indiennes du Nouveau Monde, on sera frappé par la diversité des aspects que prend ce héros – qui nous apparaît finalement dans des situations confuses ou même paradoxales, à nous, étrangers à cet univers. Ainsi c'est, chez les habitants Shipaya du bassin de l'Amazonie, un démon, Kumanphari, et son fils du même nom, qui apportèrent le feu aux hommes.

Pour d'autres peuples, le Soleil et la Lune, jumeaux divins, sont les créateurs de l'Univers. Pour d'autres encore comme les Kagaba de Colombie, le héros culturel prend une figure féminine et se vénère sous le nom de la mère, etc. Mais c'est chez les habitants de la Terre de Feu, aujourd'hui pratiquement exterminés, que nous trouvons la conception la plus pure, à nos yeux, la plus spirituelle, du créateur de toutes choses (20), et qui est très voisine des concepts de divinité que nous offre la religion chrétienne. Et pourtant, le père Gusinde l'affirme après de nombreuses études menées auprès des Fuégiens, leurs croyances ne dérivent d'aucune autre religion, elles sont tout à fait autochtones.

Au Pérou également on était arrivé à la notion d'un Dieu suprême, mais cela plus par les spéculations du clergé de l'Inca que par une évolution nationale de la population, comme ce fut semble-t-il le cas chez les Fuégiens. Certains ont voulu expliquer cet état de fait par l'influence du paysage désert, glacial, de cette contrée sud-américaine sur l'évolution spirituelle de ses habitants, principalement les Selk'nam, les Yamanas et les Alakalufs.

Chez les premiers, le Créateur est Temáukel; chez les seconds, Watavineiwa, chez les troisièmes : Chólass. « On ne le considère pas comme une force personnifiée ou un phénomène naturel. La résidence permanente de ce dieu, nos Indiens la situent derrière les étoiles. Il n'a ni femme, ni fils et il n'y a pas non plus d'autres êtres dans son entourage. Il gouverne tout le monde et toutes les choses.(...) Les Alakalufs affirment de leur Chólass : les étoiles brillantes sont d'une certaine façon ses yeux, avec lesquels il peut observer attentivement, même de nuit, ce que font les hommes.(...) Tous le considèrent aussi comme le Dieu créateur et auteur de tout l'ordre social de la tribu, et sur lui ils basent toutes les lois morales d'application générale (21). »

Mais soulignons-le de nouveau, ces croyances en un dieu tout-puissant et unique sont en quelque sorte une exception, étant donné qu'elles considèrent l'origine de l'humanité dans l'œuvre de création authentique de cet Être suprême dont nous venons de parler.

Les Indiens Mapuches (Araucans), qui survivent en petit nombre aujourd'hui dans le Sud chilien, pratiquent toujours ce même monothéisme. Chez eux, « la notion d'un Dieu unique ne fut pas étrangère à la mentalité de l'Araucan et favorisa la propagation du catholicisme. Ils avaient la notion de Ngenechén, le Dieu créateur, celui qui fit toutes les choses, celui qui sortit du rien et donna vie au Mapuche. Il y a un aphorisme araucan qui dit : *Muley ta Ngenechen, feimen ta mongue leiñ* : il y a un Dieu, pour cela nous existons. » Ce Dieu créateur, on l'invoque et on l'implore afin qu'il intervienne dans la vie du Mapuche : qu'il fasse pleuvoir, que la cueillette soit prospère, etc. [(22)] ».

C'est à cette conception d'un Créateur Suprême, qui était également celle de la caste dominante inca, que les conquérants espagnols durent d'implanter avec tant de « succès » l'image de ce dieu tout-puissant qui était le leur et qu'ils imposaient par l'épée. Cependant, l'univers religieux andin, étatisé, n'était pas aussi absolu que celui des Fuégiens, puisqu'il admettait tout un panthéon magique, indispensable à la cohésion du peuple.

MOUVEMENTS MESSIANIQUES

Cependant, il arrive parfois que les souffrances trop longtemps ressenties, la nostalgie d'un passé mythologique paisible et juste, les crises émotionnelles d'un groupe indigène écrasé par l'adversité comme par la civilisation blanche, transforment les craintes et le mal individuels en frayeurs et douleurs collectives. Les populations qui en sont atteintes déclenchent alors de véritables exodes mystiques. Il ne s'agit plus de recourir au savoir du sorcier, à ses philtres, ses rites, mais de suivre le sorcier-messie qui les conduit « vers un futur qui leur restituera leur gloire première et confondra leurs ennemis [23] ».

Ces migrations spirituelles vers une « Terre sans mal » dont nous parle très précisément la mythologie des Indiens Tupi-Guarani, ont existé en diverses parties du monde et en Amérique du Sud, comme la conséquence d'un puissant courant de croyances messianiques semblables à celles que l'on retrouve dans l'histoire des Indiens de l'Amérique du Nord. Aujourd'hui encore, ces mouvements qui tendent à un changement social, sont généralement associés à des manifestations désespérées de la volonté d'exister, face à l'oppression. C'est actuellement le cas dans bon nombre de petites communautés paysannes du Brésil, menacées par des colons venus de l'extérieur.

Nous le verrons plus loin, il s'agit bel et bien d'une révolte contre un régime colonial, qui utilise l'élément religieux pour assurer le prestige nécessaire à sa domination.

La véritable crise mystique, la recherche du Paradis perdu dans lequel s'est retiré l'Ancêtre de la tribu, le héros civilisateur dont nous parlions précédemment, est la manifestation dramatique de ces croyances aborigènes, empreintes de nostalgie mais soutenues par l'espoir démesuré du retour du Dieu des origines.

C'est l'attente du Messie d'Israël, la foi en Yahvé qui promit, un jour, de conduire les hommes vers l'âge parfait, le Millénium.

Le millénarisme n'est pas une spéculation sur l'au-delà, mais la foi en la transformation possible de ce monde profane, terrestre, en passant par un univers sacré et céleste dont les moyens d'actions correspondent à la réalisation du but recherché.

Lorsque ces « éclats de passion mystique », ainsi que les nomme Métraux, propulsent une population frustrée, jusqu'alors soumise, et lui font soudainement abandonner ses activités habituelles, on voit alors le sorcier-Shaman se transformer en thaumaturge, en un nouveau Messie qui, avec ou sans l'aide du souvenir mythologique, va prêcher à la collectivité tout entière la liberté, la santé et le bonheur de vivre dans un monde accueillant.

Un jésuite du XVIe siècle en mission sud américaine écrivait : « Des chamans persuadent les Indiens de ne pas travailler, de ne pas se rendre aux champs, leur promettant que les récoltes pousseront seules, que la nourriture, au lieu d'être rare, emplira leurs huttes, et que les bêches laboureront toutes seules le sol, que les flèches chasseront pour leurs propriétaires et captureront de nombreux ennemis. Ils prédisent que les vieux redeviendront jeunes [24]. »

Généralement, ces sorciers prophètes se voient revêtus de nouveaux et impératifs attributs religieux par des visions qui les mettent en contact direct avec les ancêtres ou avec le héros civilisateur, celui-là même qui autrefois avait promis de revenir parmi les hommes. Et voilà que, brutalement, le sauveur se manifeste, annonçant le bouleversement de l'ordre établi et, après la chute de ce monde injuste, l'avènement de la perfection, rendue possible en un lieu privilégié.

Ces mouvements messianiques ne sont pourtant pas toujours centrés sur la personne du sorcier de la tribu. En fait, l'histoire l'a montré, ils étaient le plus souvent fomentés par des hommes dieux, individus qui se présentaient chargés d'une mission divine aux yeux de la communauté, que son état de frustration rendait crédule.

Alfred Métraux raconte que « certains étaient des chamans avec une teinture de christianisme, d'autres étaient des Indiens qui avaient vécu avec les Blancs et avaient assimilé des croyances religieuses et quelques pratiques rituelles, et enfin quelques Messies étaient des métis à la frontière des deux cultures ».

Mais malgré ces différences d'acculturation, tous présentaient une ressemblance qui leur venait de leur très forte personnalité où, généralement, le sentiment religieux et la rancœur contre le colonisateur, l'étranger, dominaient. Lorsque ce dernier sentiment prévalait et influençait les actes accomplis par la population, on a pu véritablement parler de guerre sainte menée par des gens endoctrinés par les paroles du prophète et guide, qui leur assurait une parfaite immunité contre toutes les forces des Blancs et particulièrement leurs armes à feu, tout en promettant la rédemption à l'ensemble des élus en marche derrière lui.

Cependant, ces groupes qui se mettaient ainsi en mouvement et se dirigeaient avec confiance vers l'inconnu, étaient parfois seulement animés par le désir de retrouver un Paradis mythologique, mystérieusement situé en un lieu terrestre, et de se mettre en sécurité, loin des catastrophes cosmiques annoncées. Il s'agit donc là d'une migration d'espoir et de survie vers un avenir de bonheur et de paix retrouvée, du retour dans un temps perdu. On n'y voit point apparaître de sentiment de vengeance, comme c'est le cas pour les populations qui ont été davantage en contact avec les colonisateurs.

La première trace d'insatisfaction collective chez ces peuples assujettis d'Amérique du Sud, semble pouvoir être décelée dès le premier siècle de la domination brésilienne, particulièrement sur la côte atlantique, à Pernambouc, Bahia, etc., là où se trouvaient les plantations coloniales. Puis, au siècle suivant, ces mouvements éclatent isolément au Paraguay que dominent les Jésuites, et s'étendent aux régions voisines. Au XIXe siècle, ils se manifestent dans la région amazonienne que traverse le Rio Negro et apparaissent en même temps à la frontière du Brésil et du Paraguay où des tribus entières émigrent vers la côte. Et si « cet exode a eu ses mouvements d'expansion et d'accalmie, il dure encore aujourd'hui, bien que sous une forme très atténuée (25) ».

A l'arrivée des Portugais, les Tupi-Guarani habitaient sur la côte brésilienne et il semble que l'installation de ces tribus ait été la dernière phase d'une longue migration messianique vers l'est, à la recherche de la séduisante « Terre sans mal » dont leur mythologie décrivait si profondément la plénitude. C'était là aussi que résidait le héros civilisateur, depuis son départ de la terre des hommes, et chaque indigène savait de certitude absolue, autrefois comme encore aujourd'hui chez les derniers représentants de cette race, que c'est dans cet endroit privilégié que se rendent certains morts de haut rang tels que les chamans et les guerriers, après avoir subi de nombreuses épreuves (26).

Selon le mythe tribal des Tupi-Guarani, « Guyrapoty, médecin sorcier, reçoit un jour en rêve l'avertissement de la fin prochaine du monde. S'il veut se préserver de la catastrophe, il doit partir pour la « Terre sans mal ». Il prépare le départ en dansant avec sa famille et, lorsqu'il entend le tonnerre divin qui annonce le désastre final, il abandonne son village et gagne le littoral. » Le mythe énumère ensuite les dangers qu'il rencontre sur son chemin, mais finalement

Guyrapoty arrive au bord de la mer, il élève la « maison de danse » et reprend le rite avec tous les siens. L'incendie du monde suivi du déluge commence et il est pris de peur, mais il continue à danser. La « maison de danse » se dégage de la terre avec tous les danseurs, elle flotte sur les eaux et s'arrête auprès de la maison sacrée de Ñandecy, « notre Mère Grande (27) ».

Le premier exode intervenu dans l'histoire que nous connaissions, fut le fait d'un groupe brésilien de la région de Pernambouc, les Tupinamba. Entre 1539 et 1549, des centaines d'Indiens animés et encouragés par leur puissant *pagé* (chef religieux et politique des Tupi-Guarani) traversèrent tout le continent sud américain dans sa plus grande largeur, à la recherche de la « Terre d'immortalité » et de repos éternel, celle du « Grand Ancêtre ». Après d'innombrables aventures, de terribles souffrances, des famines, des maladies, etc., ils finirent par arriver, dix ans plus tard, dans la province péruvienne de Chachapoyas où, en fait de « Terre promise », ils rencontrèrent les « Conquistadores » espagnols qui eux, poursuivaient furieusement leurs rêves d'or et de richesses.

Selon certains auteurs, les Tupi Guarani auraient situé leur « Terre sans mal » dans l'empire Inca, dont ils admiraient grandement la finesse extrême des travaux d'orfèvrerie.

C'est ainsi que pendant des années, les migrations s'échelonnèrent d'est en ouest, jusqu'à ce que les déceptions connues par les Indiens leur fassent rebrousser chemin et reprendre cette fois leur marche vers l'est. Mais là aussi, découragés par leur quête vaine d'un paradis sur la côte du Pacifique, ils retournent de nouveau et recommencent leur éternelle marche vers l'ouest, «en croyant avoir mal interprété le mythe (28) ».

En 1912, un savant brésilien rencontra ainsi non loin de São Paulo, un petit groupe d'Indiens Guaranis. C'étaient les survivants épuisés d'une très longue et douloureuse marche vers la « Terre des ancêtres ». Devant l'état de fatigue des Indiens, Nimuendajù essaya de les dissuader de continuer leur folle aventure, mais en vain. Aussi décida-t-il de les accompagner. Ils arrivèrent bientôt au terme de tous ces exodes guaranis, la plage d'Itanhaem. Là, en découvrant le terrible obstacle de cette mer qui déferlait furieusement sur le rivage, leur foi sembla ébranlée. Mais repris en main par leur *pagé* qui, lui, suivait le mythe pas à pas, ils se mirent à construire la « maison de danse », réalisant ainsi à la lettre les directives du mythe dont le sorcier était le vivant modèle. Nous l'avons vu, la tradition guarani assure que la danse rend les corps si légers qu'ils peuvent, après beaucoup d'efforts, s'envoler librement. Aussi dansèrent-ils et chantèrent-ils pendant des jours et des nuits afin d'arriver à cet état qui leur permettrait de s'envoler par-dessus l'Océan et d'atteindre enfin la « Terre sans mal » et la maison de « Notre Grande Mère ».

Rapidement exténués, découragés, « déçus de ne pas accomplir le mythe jusqu'à la fin, ils s'en retournèrent, convaincus qu'étant vêtus d'habits européens et nourris de nourriture européenne, ils étaient devenus trop lourds pour l'aventure céleste [29] ». Cependant, leur foi en la vérité du mythe demeurait intacte et ils dirent que s'ils n'avaient pas réussi, c'est parce qu'ils avaient mal interprété les enseignements de l'Ancêtre et donc mal accompli les mouvements de la danse. A moins qu'une force magique extérieure n'ait contribué à empêcher l'accomplissement du rite. De toute façon, il faudrait recommencer.

Nimuendajù réussit alors à les persuader de s'installer dans la réserve d'Araribà. Mais après une année de vie tranquille, toujours animés de leur folle espérance mystique, ils partirent un jour en cachette et on n'entendit plus jamais parler d'eux [30].

Jusque vers le milieu du XXe siècle, on note l'arrivée au bord de la mer de trois groupes indiens qui sont également animés de cet espoir impossible. Ce sont les Tanyguà qui, les premiers en marche, vont par la suite convaincre les Oguaviva dont ils traversent le territoire, en leur contant les terribles catastrophes de fin du monde qui les attendent, s'ils ne cherchent refuge sur une « Terre sans mal ». Ces derniers donc vont à leur tour abandonner leurs villages, leurs champs et leurs territoires de chasse ancestraux. Les Apapokuva partiront les derniers. Puis, ce sont ensuite les Mbüà qui se mobilisent jusque vers 1946. Il semble pourtant que cette date ne soit pas limitative car ces migrations ne sont pas finies, le moindre incident peut encore les déclencher [31].

On pourrait croire que n'importe quel groupe indigène ou métis, pourvu d'une telle mythologie ou placé en situation sociale déséquilibrante, a cette même propension à partir vers ce qui nous semble n'être qu'une chimère. Or cette réaction ne survient qu'au sein de populations qui ont conservé intactes leurs croyances traditionnelles, leur univers religieux, leur solidarité tribale, et se sentent menacées par des groupes étrangers, tels que des paysans ou des colons brésiliens, avides de nouvelles terres à exploiter.

C'est ainsi que les Mbüà, qui ont gardé leur cohésion sociale, ont une forte tendance à ce genre d'émigration; ils refusent catégoriquement toute fusion, toute communication même avec les paysans brésiliens ou « caboclos » des villages voisins, car, disent-ils, « les étrangers ne savent pas prier » et ils mettraient donc en danger les traditions et rites du village Mbüà. En effet ceux-ci, pour garder leurs forces, doivent être accomplis de cœur et d'esprit par la totalité des membres de la communauté, le salut de chaque villageois ne pouvant être atteint que par le perfectionnement de l'ensemble.

En fait, tout le succès de ces marches mystiques bien souvent douloureuses ou mortelles pour certains de ceux qui les entreprennent, tient à la façon dont le *pagé* maintient la cohésion spirituelle du groupe, se tenant lui-même en intime relation avec les esprits divins, car, comme l'avouent ces chefs religieux, « pour être cacique il faut savoir prier ».

Dans la hiérarchie tribale des Guaranis, ces hommes-dieux appartiennent à la catégorie la plus élevée du village. L'inspiration qu'ils reçoivent de l'au-delà se manifeste le plus souvent par leur capacité à inventer des chants sacrés, et par le fait d'avoir reçu directement des ancêtres ou du héros quelques-unes de ses prières personnelles, et d'avoir su prouver l'efficacité de ces mélopées. C'est grâce à la somme de toutes ces preuves d'une connaissance supérieure que le *pagé* sera admis à diriger en tant que puissant *ñanderù*, la grande fête du Nimongaraï.

On a ainsi pu clairement prouver que, dans ces populations traditionnelles, « la direction politique du groupe coïncide avec la direction charismatique du prêtre ou du médecin sorcier ».

Quand dans un village, la population ne peut établir cette nécessaire communication avec le surnaturel, elle se trouve menacée de dissolution, car l'autorité du chef qui dépend directement de l'intensité des croyances, n'obtient alors plus la considération et le respect des membres de la tribu. Ceux-ci s'en vont habiter auprès d'un *ñanderù* mieux considéré.

Par contre, c'est un métis Tupinamba qui entre, à titre individuel, dans l'histoire messianique sud américaine. « Il se proclamait né de la bouche de Dieu le Père. Il prêchait aux Indiens que les récoltes poussaient à son commandement, que c'était lui qui faisait briller le soleil et tomber la pluie; bref il était celui qui leur donnait tous les biens et la nourriture qu'ils avaient. Quand on lui offrait de l'eau ou de la nourriture, il la refusait, disant qu'il n'avait pas besoin, comme les autres, d'un élément corporel pour vivre, car c'était Dieu qui le nourrissait avec un certain fluide qui venait du ciel. Les Indiens le vénéraient comme un Dieu et le transportaient sur une litière faite de deux épées. Ce Messie marchait en tête d'une armée imposante, vers l'embouchure de l'Amazone, mais fut vaincu et tué par les Tobajaras (32). »

Par cet exemple, nous abordons les mouvements messianiques d'Indiens déjà acculturés, qui diffèrent donc sensiblement des exodes indigènes vers la « Terre sans mal ». Le syncrétisme religieux va provoquer des manifestations fort différentes, particulièrement au Paraguay, fortement peuplé de Guaranis, où les jésuites s'étaient installés, couvrant de leur domination une partie de la Bolivie, de l'Uruguay, du Paraguay, de l'Argentine et du Sud brésilien. Ici, en effet, la réaction face à la catéchisation forcée et à la domination espagnole sous toutes ses formes, ne va plus apparaître sous l'aspect d'une migration mythique, mais se concrétiser dans des luttes beaucoup plus politiques. Les unes furent menées par des caciques que les prêtres n'avaient point encore malmenés dans leurs missions, les autres furent organisées par d'anciens catéchumènes ou au moins par des Indiens qui avaient déjà été en contact avec les Blancs [33].

C'est ainsi qu'en 1635, un grand cacique, Yaguacaporo, prêcha la destruction totale des jésuites, en même temps qu'il annonçait la très prochaine fin de ce monde. On y verrait alors, assurait-il, les tigres libérés par les divinités, se repaître enfin de tous les chrétiens exploiteurs et mensongers.

Ce cacique ne parlait pas en son nom seul. Se présentant comme l'incarnation d'une divinité, il persuadait « qu'il avait créé le ciel et la terre, qu'il faisait la pluie et le beau temps à volonté, qu'il était le maître de la vie et de la mort ». Peu à peu, les Indiens vinrent nombreux se mettre sous ses ordres, ainsi que des caciques et trois chefs prestigieux [34].

Devant l'ampleur de ce mouvement qui gagnait rapidement la forêt sous l'aspect d'une véritable croisade et propageait sa vérité, les jésuites attaquèrent, noyant dans le sang cette confédération indienne dont le seul tort était de refuser toute domestication, physique comme spirituelle.

Mais c'est incontestablement Obéra – chef Guarani de la seconde moitié du XVIe siècle – qui restera dans la mémoire indienne comme le plus célèbre de ces Messies. Élevé par un prêtre, il s'enfuit à l'âge adulte et retourna vivre chez les siens. A la suite d'une vision, il se fit appeler « Messager de Dieu », « Libérateur du peuple Guarani », et parvint à mettre sur pied une sorte de confrérie vers laquelle les nouveaux adeptes venus d'autres tribus ne cessèrent de se diriger jusqu'à former un véritable village. Entouré de ses concubines, Obéra se faisait apporter des offrandes et incitait à suivre son exemple. Car disait-il, c'est par cette attitude que le monde pourrait être renversé et que les Blancs deviendraient les esclaves des Indiens. Toutes ses prophéties semblaient d'autant plus convaincantes, que le Maître promettait à ses fidèles l'immunité absolue face aux balles ennemies.

Inquiets devant la tournure prise par ces événements qui les menaçaient chaque jour plus nettement, les Espagnols attaquèrent le village. Bientôt, les adeptes d'Obéra se rendirent compte que l'immunité promise n'était qu'un leurre et les survivants préférèrent se rendre.

Nombreux furent ainsi ces mouvements messianiques acculturés, qui se succédèrent jusqu'à ce que les missions jésuites soient détruites par les chasseurs d'esclaves, qui ne se souciaient guère de répandre la bonne parole et ne songèrent qu'à remettre au plus vite en pratique leur très lucratif commerce d'Indiens.

C'est seulement vers la fin du XVIIe et le début du XVIIIe siècle, avec les tentatives d'évangélisation des missionnaires franciscains, que l'on entend de nouveau parler de ces mouvements, principalement chez les Chiriguanos, tribu guerrière guarani installée sur les premiers contreforts des Andes. Alfred Métraux eut l'occasion de rencontrer d'anciens guerriers qui avaient suivi un messie et il conte qu'« en termes amers ils décrivirent leur désillusion quand, à leur premier engagement avec les troupes boliviennes, ils virent qu'au lieu de cracher de l'eau, les fusils ennemis lançaient des balles sur eux. « Et maintenant, ajoutaient-ils, les os blancs de nos hommes sont dispersés sur la plaine d'Ivu, car ils ont cru en un faux dieu (35) ».

Au XVIIIe siècle, c'est dans une tout autre région d'Amazonie, sur le haut Rio Negro, que ces mouvements se manifestent, présentant chacun leur Messie local. Mais c'est celui qui se fit appeler le Christ Alexandre qui marqua le plus fortement les mémoires. Ce métis, qui savait parfaitement mêler les rites indigènes et catholiques, finit par acquérir une réelle réputation grâce à ses cures. Il devint une puissante « divinité » parmi les hommes qui l'adoraient aveuglément. Et lorsqu'il se mit à prêcher ouvertement la révolte contre le gouvernement qui s'était injustement saisi des terres ancestrales des Indiens, ses fidèles se mirent en marche à ses côtés. Après un long et pénible voyage, ils fondèrent une Ville Sainte, ce qui contribua encore plus à effrayer les paysans de la région, qui demandèrent l'aide de la troupe pour retrouver leur tranquillité; finalement l'armée d'Alexandre ne trouva son salut que dans la fuite.

En fait, l'apparition de ces mouvements dans cette région amazonienne provient du « rush » sur le caoutchouc, qui permit d'une part aux aventuriers de s'emparer de cette main-d'œuvre indienne ou de ses terres, d'autre part une nouvelle catéchisation. Bientôt cependant, les exploitations de caoutchouc de Malaisie l'emportèrent sur celles du Brésil, le « rush » tourna court et les messies disparurent.

Ces « envoyés », ces « messagers » divins, ne sont pas le propre des Indiens Guaranis ou d'autres tribus brésiliennes, ils appartiennent à toutes les populations d'Afrique ou d'Océanie, d'Europe ou des Amériques qui sont opprimées et, pour cela, toujours prêtes à suivre celui qui leur fait espérer un renversement de l'ordre injuste, généralement établi par les Blancs colonisateurs.

Parfois, dans des groupes ethniques où la religion est très active et dirige l'individu vers l'action violente, on assiste à un véritable fanatisme.

Rappelons l'histoire de ce métis bolivien, Solares, qui à la fin du siècle dernier obtint une grande considération parmi les « gauchos » de la pampa, à qui il dispensait soins et cérémonies curatives, et procurait santé et consolation aux affligés. Les bruits les plus étranges se mirent à courir sur lui, au fur et à mesure que sa renommée grandissait. On assurait qu'il pouvait ressusciter les morts, faire tomber la pluie, etc. Lui-même assurait qu'il était l'envoyé de Dieu. Tous croyaient en lui. Un soir de 1872, il appela ses adeptes et leur dit que l'heure était venue pour eux de se débarrasser des francs-maçons et des autorités, et de libérer les prisonniers. Il leur promit que s'ils débarrassaient le monde de cette racaille, la terre s'ouvrirait et une merveilleuse cité apparaîtrait à leurs yeux enchantés. Il ajouta : « Pourquoi avoir peur? Vous serez immunisés contre les balles. » A l'aube, les fidèles de Solares se mirent donc en marche vers la ville qu'ils investirent. Puis, « ils assassinèrent tous les étrangers qu'ils rencontraient sur leur route, même les femmes et les enfants furent frappés à mort [36] ». Selon le cycle habituel, l'armée apparut et Solares, capturé, fut lynché par la populace.

Dans d'autres milieux moins expansifs, plus repliés sur eux mêmes et confiants dans la justice de leurs divinités qui vont se manifester un jour prochain, les Indiens espèrent à l'ombre de leur mythologie. Ni révolte ni exode, rien qu'un espoir insoutenable, à la mesure de leur misère, immense. Ils attendent avec dans le cœur la chaude certitude, la foi inébranlable dans le retour de l'Ancêtre ou du héros civilisateur qui apportera avec lui l'ordre parfait des dieux et de l'éternité enfin apaisée. C'est ce que nous conte le beau mythe d'Inkarri tel qu'on peut l'entendre aujourd'hui dans les hautes Andes péruviennes d'Ayacucho, où la population quechua, douloureuse héritière d'une prestigieuse civilisation, n'a d'autre raison d'être que l'attente. Comme cet informateur qui dévoila tranquillement la source de sa confiance, les Indiens des Andes attendent le retour de leur Messie parti, il y a fort longtemps, après avoir promis de revenir vers son peuple; ils attendent Inkarri, celui qui est avec les hommes et ne s'isole pas dans le ciel, ainsi qu'il le dit par la bouche du Señor Reyes, paysan quechua du village de Chacaray :

« Je suis Indien pur, légitime. Ceux de mon village aussi. Vous, vous n'êtes pas péruviens, vous êtes espagnols ou métis. De la famille de Pizarre. Moi je suis Reyes famille d'Inkarrey [37]. Inkarri est fils de la Mère Lune et du Père Soleil.

« Inkarri attacha le Soleil pour que le temps dure. Il attacha aussi le taureau.

« Grand homme, il commandait tout, faisait marcher les pierres. Espagne l'appela. Pour cela il construisit un pont d'or sur la mer, pour arriver en Espagne. Avant qu'il l'eût terminé, Pizzare le tua avec des armes, des balles. Inkarri n'avait qu'une fronde. On lui coupa la tête et on l'envoya en Espagne. Son corps demeura ici. On dit qu'en Espagne sa tête est vivante, sa barbe pousse, tous les mois on la rase.

Maintenant il n'y a plus d'Inkarri. Quand il est mort, est arrivé Jésus Christ, puissant du ciel. Lui n'a rien à voir avec Inkarri qui est sur la terre. Christ est à part, il ne vient pas avec nous. Il a le monde dans la main comme une orange.

Quand le monde se renversera, Inkarri reviendra et il marchera comme aux temps anciens. Alors tous les hommes, chrétiens et « gentiles » [38], nous allons nous rencontrer.

Tout cela le savent les monts et les punas. Inkarri a parlé à Sara sara, Solimana, Achatayhua. Ces montagnes l'ont vu. Ce sont les plus hautes, c'est pour cela qu'elles voient le plus loin et savent tout [39]. »

Aujourd'hui, les hommes de Chacaray parcourent la région en quête de nouveaux herbages pour leurs troupeaux. Vivants symbo les de cette culture andine parvenue à sa plénitude grâce à l'ensei gnement de son héros civilisateur, Inkarri, fils du Soleil et de la Lune. Malgré ses attributs divins il eut fort à faire, « alors, quand il travaillait, il dit à son père le Soleil : « Attends moi ». Et avec quelques sangles de fer il amarra le soleil sur l'Osqonta [40]... Le temps arrêté, Inkarri put alors mener à bien sa mission qui était de fonder Cuzco dans le nouveau règne que son geste avait ordonné; cette mystérieuse capitale de l'équilibre et de l'harmonie cosmique animée par les pouvoirs d'Inkarri, Celui « qui faisait marcher les pierres... ».

C'est maintenant vers ces habitants des hautes terres d'Amérique du Sud, qui engendrent un état d'âme très particulier, vers les Quechuas et les Aymaras actuels que nous allons nous tourner pour apprendre.

Ce sont ces Andins que nous allons laisser s'exprimer; ils nous diront la frayeur ou l'espoir, les rêves ou les désespoirs qui animent encore aujourd'hui les populations indigènes de tout ce continent.

C'est vers leurs dieux Pachacamac et Wiracocha, que nous nous tournerons afin de recueillir le témoignage mystique, magique et religieux de l'histoire amérindienne.

CONCEPTION POPULAIRE DE LA MALADIE

La conception populaire de la maladie, telle qu'on la rencontre au long des trois aires culturelles du Pérou : la côte, les Andes et la forêt amazonienne, est propre à toute culture magique où la menta lité collective est constamment préoccupée par des influences invisibles, celles des esprits et des sortilèges. Croyance qui fait apparaître deux grands principes : celui de la maladie par perte, extraction de la substance vitale; celui de la maladie par introduction d'un agent étranger porteur du germe maléfique dans l'organisme.

L'Indien qui, fidèle à sa logique magique, affronte quotidienne ment des volontés hostiles, animé d'une foi toujours vigilante, va vivre en même temps dans la réalité d'un monde matériel et d'un monde impalpable, invisible. « Sa foi s'exprime aussi bien dans les actes les plus insignifiants que dans les plus importants. Toute sa vie, toute sa conduite en est imprégnée » (Lévy-Bruhl).

Ce Péruvien, qui ne connaît pas la contagion dans son sens médical moderne, ignore généralement l'anatomie détaillée et ne conçoit pas l'existence du microbe au-delà de l'aspect visible du pou [41], va proposer des diagnostics qui ne sont pas en accord avec le cadre clinique de la maladie mais répondent à sa cause animique, magique.

Qu'est-ce que la santé pour l'indigène, interroge Lastres, sinon « le résultat de l'harmonie qui existe entre lui et son dieu; de l'observation des rites de sa religion, d'avoir jeûné dans les grandes fêtes, d'offrir périodiquement des sacrifices, etc. [42] » ?

Bien que cette affirmation ait porté sur le comportement des Péruviens pré-hispaniques, elle est tout aussi valable aujourd'hui; l'indigène conserve en lui cette vision de la santé en tant que résultat de l'observance des règles de la communauté, ou de manquement à leur égard.

Au cours d'une étude réalisée sur ce thème parmi la population indienne de Colombie, on a observé que la santé se traduit en capa-

Maléfices ou envoûtements, poisons ou volonté criminelle, le danger est partout, menace chaque région du corps de l'Indien qui se voit acculé à la contre-offensive, au moyen de charmes et de prières.

cité et en disposition émotive pour le travail et pour la consommation d'abondantes quantités d'aliments (43).

L'indigène péruvien que l'on a souvent qualifié de stoïque face à la maladie, aux rigueurs du climat d'altitude, aux conditions précaires de son existence quotidienne, considère que les conditions internes de la personne (sa résistance ou la faiblesse de sa constitution) de même que les causes externes (froid, vent, soleil), ne peuvent pas provoquer de véritables maladies. Mais si des manifestations, telles qu'une fièvre prolongée ou des migraines tenaces, se présentent en se combinant avec d'autres symptômes plus cachés, l'indigène sait qu'il doit les interpréter (44).

Devant la formule interrogative que crée l'angoisse de se savoir mystérieusement attaqué, la mentalité magique va s'efforcer de trouver une réponse apaisante, en nommant plus ou moins explicitement la cause de la maladie. Celle-ci sera alors classée en fonction de son origine : envoyée soit par un agent humain (maléfice pour *hacer daño,* faire le mal, qui se réfère à des conflits de caractère économique et à des rivalités de familles portant sur des terres, du bétail, ou à des jalousies amoureuses, etc.); soit par un agent divin, c'est-à-dire une vengeance (d'un esprit irrité par la faute d'un indigène lorsque ce dernier n'a pas rendu de culte aux ancêtres, ou bien a dérangé la résidence d'un dieu, etc.) qui se manifeste la plupart du temps par le vol de l'« âme » ou d'un de ses éléments les plus névralgiques (45). L'action médicale que l'indigène va proposer est le résultat d'une intense et constante interaction spirituelle entre lui et les forces cosmiques, entre lui et les divinités, entre lui et la Terre.

Ainsi la maladie personnifiée doit être combattue comme un ennemi en chair et en os. Elle est parfois identifiée à un vieillard de la communauté; c'est ainsi qu'on a assisté à des scènes de lapidation, car « on était convaincu que ces malheureux étaient l'épidémie, ou qu'ils la portaient dans leurs villages (46) ». Cette représentation explique les besoins spécifiquement humains que la croyance populaire prête aux fléaux et particulièrement aux épidémies qui « entrent dans les villages pour manger et boire, et pour éviter cela ils mettent sur tous les chemins des *matés* avec de la nourriture et des *porongos* de *chicha* afin que la maladie puisse passer sans entrer dans les villages (47) ».

Provoquée par des flux de forces néfastes qui l'agressent, soit en violant la défense de son organisme, soit en lui ôtant un élément vital tel que son énergie psychique appelée ici âme, la maladie ne sera pas combattue dans ses manifestations symptomatiques, mais il s'agira de découvrir le responsable et de neutraliser la cause magique qui est à l'origine de ces symptômes.

C'est bien pour cela que « la simple application mécanique, physique, d'un traitement scientifique moderne n'est pas considérée comme suffisante. Il faut le combiner, le réinterpréter et le manipuler d'une façon qui permette de soigner non seulement la maladie mais aussi le malade [48] », dont le psychisme est ébranlé par la connaissance du pouvoir maléfique qui vient de le frapper. Au mal magique devra s'opposer une guérison magique.

FONCTION SOCIALE DES MAUX

Mais si la crainte de la maladie est générale et quotidienne, elle n'en demeure pas moins nécessaire pour l'indigène qui demeure lié aux patrons culturels de son groupe. En effet, il ne se déclarera pas être en bonne santé [49] de crainte de se voir maltraité par les autres membres de la société qui interpréteraient son état comme un signe de trahison au sein de la fraternité du groupe. Cette attitude, répandue à travers toute l'Amérique indienne du Sud et du Centre, a été particulièrement étudiée au Guatemala. L'hostilité des membres de la communauté provient de ce que « l'individu sain physiquement et mentalement est considéré comme dangereux et par conséquent comme un élément asocial. Sa santé et sa vitalité font que les gens soupçonnent qu'il va *p'arriba* (par en haut). C'est-à dire qu'il est en train de franchir des niveaux supérieurs d'acculturation.(...) Admettre ouvertement que l'on jouit de bonne santé serait défier l'ordre social [50] ».

Dans nos sociétés modernes, l'individu qui jouit d'une bonne santé, et donc délié de toute contrainte physique, se trouve privilégié, alors que dans des sociétés traditionnelles comme celle des Andes, le malade occupe une position préférentielle, « car sa condition atteste l'intervention des forces qui contrôlent l'univers ». Il est admis et demeure au sein des manifestations naturelles et surnaturelles qui forment la cohérence de son univers magique. Et cette croyance en la potentialité de flux mystérieux, véhiculés par des spécialistes des pouvoirs que sont les sorciers, ou envoyés par des esprits, nous conduit au concept de l'âme chez les Indiens des Andes, et de sa perte. C'est là la première ébauche de ce drame historique qui représente pour l'indigène la dissolution de la présence, la perte de l'unité de son moi et l'effort pour le retrouver.

Si le christianisme a réussi à faire accepter par l'indigène « converti » la notion d'âme pour l'identité de sa personne, il n'a heureusement pas effacé la croyance ancestrale en une énergie supérieure propre à chaque être animé, homme, pierre ou animal. Cette croyance se retrouve d'ailleurs dans une très vaste aire de diffusion avec les diversités provenant de thèmes culturels différents, mais qui concerne toujours cette énergie perpétuellement menacée par des pulsions incontrôlées, de ne plus être là, et perpétuellement en lutte contre ce risque, afin d'être là, malgré tout.

Pris dans l'incessant remous des forces cosmiques et spirituelles qui l'entourent en l'affectant directement ou indirectement, l'indigène vit dans une continuelle atmosphère d'angoisse qui culmine dans son moment le plus aigu avec la notion du « rapt de l'âme » par une entité tellurique.

Subissant les contrecoups de cette « véritable culture de la répression » qui se manifeste à chaque instant par la peur de la douleur, la peur de la faim, la peur de l'expulsion de son lopin de terre, la peur de la prison, la peur de la colère patronale et la peur du surnaturel [51], l'indigène va opposer une réponse culturelle. L'attitude agressive qui sera dès lors la sienne témoigne, en fait, d'une insécurité individuelle extrême face au monde puissant et menaçant qui tente à chaque instant de l'affaiblir, de l'anéantir en le prenant au piège de sa propre gravitation. Mais si cette croyance en l'inévitabilité des maladies est répandue dans tous les groupes andins ou amazoniens, il existe également la certitude qu'en étant toujours sur ses gardes et la conscience aux aguets on peut déjouer les forces sournoises qui tentent d'une façon ou d'une autre de *debilitar la sangre*, affaiblir le sang. Faiblesse qui est en fait provoquée par de nombreux facteurs [52], les uns innés (sexe, hérédité, climat, etc.), les autres occasionnels. C'est donc vers ceux-ci, qui se manifestent lors de situations contrôlables, que l'attention de l'indigène va se tourner.

ATTITUDES PRÉVENTIVES

En premier lieu il veillera à ne jamais mettre son « moi » hors la loi, c'est-à-dire hors la protection de son groupe social. Or nous constatons que le risque d'avoir son sang « affaibli » se présente dans des moments que la culture réprouve (sociabilité et joie exagérées, euphorie alcoolique, excitation sexuelle, voyages, bals, alimentations éprouvantes, etc.). Ce risque opère donc comme un véritable élément de contrôle social beaucoup plus efficace que la certitude de châtiments ou de récompenses dans l'au delà, car « l'individu se force à se plier au code local de conduite, de crainte de se voir châtié sous la forme du sang faible [53] ». Ce qui serait inconstestablement la conséquence d'une inadmissible rébellion individuelle contre l'ordre ancestral du groupe primaire, en un mot, le sacrilège. On saisira au passage que, si la culture locale réprouve et condamne tout excès sexuel, alimentaire ou sentimental, il ne s'agit point là d'une condamnation morale ou hygiénique, mais du seul souci d'interdire l'innovation afin d'éloigner de l'ensemble de la communauté toutes les sources de troubles, de tensions, qui par leur anormalité risqueraient de remettre en cause l'équilibre de la collectivité.

Ainsi, plus la société sera structurée, plus la notion de parfaite santé équivaudra à une conduite asociale selon la norme établie par le groupe. A l'inverse, plus la société sera libéralisée ou destructurée, moins cette notion aura de conséquences, jusqu'à se dégager totalement de toute relation avec la collectivité.

Dans la mentalité indienne, il est concevable que la mauvaise action trouve sur-le-champ sa punition. Les innombrables croyances en l'apparition de fantômes, de spectres, d'esprits [54] qui se manifestent de nuit et bien souvent au retour d'une joyeuse *borrachera,* peuvent en partie être expliquées en termes d'interdiction de sortir de la maison après la tombée de la nuit, de commettre des vols ou de chercher des aventures extra-maritales [55].

A travers ces créations populaires, qui déterminent une ambiance culturelle très particulière, s'exprime le moyen dont dispose le groupe pour régler le comportement de ses membres. Ceux-ci ont ainsi l'occasion, qui leur est socialement offerte, de vivre une réalité où le naturel et le surnaturel ne sont point séparés, où il n'y a pas de rupture de norme entre l'invisible et le palpable, mais où le comportement est constamment menacé s'il se risque à transgresser l'harmonie établie en commun par les morts et les vivants, par les hommes et les êtres mythiques, et qui fonctionne comme une centrale de sécurité psychologique. La maladie n'est pas envoyée par les divinités courroucées à la suite d'une mauvaise attitude morale de l'individu ou d'une « infraction à un code religieux », mais comme un châtiment reçu à la suite d'une conduite sociale inadéquate [56]. Face à ces situations de « stress », le groupe formule des réponses à la fois fantastiques et apaisantes, non comme s'il s'agissait seulement d'une manifestation de la superstition populaire ou du déséquilibre mental d'un seul individu, mais d'un produit social.

L'influence maléfique, l'envoûtement ou la maladie constituent un rouage important, sinon le plus précieux, de cette mécanique qui fait évoluer le corps social dans le rapport le plus harmonieux avec les corps célestes, vouant chacun de ses membres au salut ou à la perdition.

Nous pouvons déjà pressentir que l'exercice des pouvoirs magiques, qui provoquent ou éloignent les manifestations de puissances adverses, appartiendra à l'homme qui saura mener la lutte la plus intense, la plus incessante contre l'antagonisme des esprits malins ou des hommes hostiles, réduisant ainsi le drame existentiel au niveau socialement accessible par ses membres.

Pour mieux comprendre cette théorie de la maladie, il faut considérer l'importance que revêtent les états émotionnels dans un groupe où l'envie haineuse ou amoureuse est le moteur, et la maladie son frein. La première incitant chacun à se surpasser, à franchir impunément les limites traditionnelles. La seconde s'efforçant de retenir par la crainte; en un mot elle joue le rôle essentiel d'agglutinant social. C'est-à-dire que la maladie veille, par l'effroi qu'elle suggère, à ce que l'énergie du groupe ne soit pas disséminée, ce qui entraînerait la déchéance rapide de chacun.

Vouloir faire abandonner ces créations fantastiques, sans offrir de compensation, sous prétexte que les faits scientifiques sont seuls valables et non les faits magiques, revient à désirer à brève échéance la désintégration du corps social indigène traditionnel. C'est là une sorte de génocide culturel, que nous sommes cependant prêts à commettre par suite du tragique contresens de notre raisonnement qui, pour un univers donné, garantit la présence une fois pour toutes; alors que pour l'indigène primitif et mystique, il y a une participation magique et une foi absolue en « des formes de *réalité* qui, par contre, ne caractérisent ni n'individualisent notre expérience culturelle ».

Nous reprendrons dans les chapitres suivants cet aspect de la réalité, en essayant de ne point nous tenir à une description folklorique des manifestations magiques, mais en essayant de saisir de l'intérieur ce que pense, ressent l'individu face à ces manifestations d'une réalité que, selon nos degrés de modestie, nous qualifions d'impossible, de mensongère ou de pathologique. Car le problème qui surgit ici a pour objet notre concept occidental de réalité. Dès que nous établissons la distinction – oppositionnelle ou parallèle – entre faits magiques et faits réels, nous prenons évidemment parti dans la définition des phénomènes en nous appuyant sur nos critères rationalistes. Aussi, avant de diriger notre attention sur des faits étrangers, il faut nous libérer de nos présuppositions dogmatiques afin de dépasser l'obstacle que dresse notre présomption culturelle. Car ces phénomènes, qualifiés de magiques ou paranormaux, même s'ils n'ont aucune valeur culturelle dans notre société, n'en ont pas moins une authenticité certaine dès lors qu'ils proviennent directement de ce monde magique où les formes de réalité sont différentes des nôtres [57].

Après le passage sanglant des Conquistadores en armure ou en soutane, maniant aussi facilement l'épée que le crucifix, Dieu et le Diable apparaissent dans la conception populaire de la maladie.

MALADIES DE « DIOS », MALADIES DE « DAÑO »

Nous avons vu que dans notre société traditionnelle structurée, la maladie n'a pas de cause « naturelle », mais provient de l'action d'un principe maléfique mis en mouvement par un agent causal magiquement puissant.

Aujourd'hui, bien que les habitants indigènes du Pérou aient conservé les types de croyances ancestrales, si l'on compare avec ce qu'il en était il y a quatre siècles lors de l'apogée de l'empire inca, on peut apercevoir une nette décadence dans ces pratiques et la foi qui les anime. Cependant, si l'on parvient à démêler l'extraordinaire foisonnement de ces faits magiques (complexité due principalement aux différences superficielles provenant de deux manifestations identiques mais situées dans des zones géographiques différentes et personnalisées par le chef de la cérémonie) souvent trop confus pour être clairement approchés, on réussit à dégager des caractères communs à l'authentique tradition andine.

Pour une plus grande clarté de présentation nous suivrons les deux grandes catégories de maux qui se sont établies dans la mentalité indigène tout au long de son évolution historique et apparaissent aujourd'hui sous le nom de « maladies de Dios » (de Dieu), et « maladies de Daño » (du diable).

Les maladies qualifiées « de Dios » qui ont en principe une cause naturelle sont liées aux influences de la religion catholique. Elles concernent un très petit nombre d'affections en relation avec des éléments naturels tels que l'air, le froid, la chaleur. Mais sous cette dénomination entrent plus particulièrement toutes les dislocations *(quichácashka)*, les lumbagos ou hernies provoqués par le déplacement d'objets pesants *(sillqui)*, enfin les cassures et déplacements d'organes *(ñatipu)* pour lesquels l'Indien peut recourir à un médecin légal quand il ne préfère pas s'adresser tout simplement au *huesero* (58) du village. Dans un cas de *ñatipu* qui touche généralement les enfants, les symptômes sont des vomissements et des douleurs abdominales. Le sorcier va soigner par le *suysu,* qui consiste à secouer le malade dans un poncho ou une couverture et à masser la région abdominale jusqu'à ce que les organes déplacés aient repris leur position. En fait, le mot de dislocation est appliqué à tout ce qui n'a plus sa forme habituelle.

Pour l'indigène qui considère que l'énergie calorifique anime son corps en lui donnant la vie, tout agent externe capable de modifier ou de briser son rayonnement aura une terrible répercussion sur son organisme. C'est ainsi que le travail physique excessif est *a priori* mal vu, car considéré comme dangereux pour la santé qui ne manquera pas d'être affectée par une trop grande déperdition d'énergie. Plus encore, l'activité intellectuelle peut conduire à la folie par excès de fatigue du cerveau, celui-ci fonctionnant comme un muscle selon la conception populaire.

Tel cet Indien venu faire soigner son fils à l'« Hospital Obrero » de Lima, qui répondit à la question de savoir pourquoi il s'opposait à ce que son enfant apprenne à lire : « pour ne pas qu'il devienne fou ».

Par ailleurs, il est logique que le froid mordant de ce corridor andin qu'est l'altiplano, l'intense insolation d'altitude et le vent violent qui influent fortement sur les états de santé des habitants, aient contribué à l'édification d'une solide idéologie concernant les causes des maladies « de Dios » ou « de Daño », l'une et l'autre se chevauchant parfois confusément (59). Lorsque ces agents naturels pénètrent dans le corps, ils provoquent des troubles pouvant aller jusqu'à rompre l'équilibre thermique et à « chauffer » le sang ou le « refroidir », en le faisant monter à la tête avec d'intolérables *pega nonay* (migraines), et parfois causer le redoutable « affaiblissement du sang ».

Si l'agression provient de *huayra,* le vent qui ne cesse nuit et jour d'apporter la morsure des glaciers sur les steppes andines et s'introduit dans l'appareil respiratoire, elle provoque la *chocca* (toux). Le mal s'aggravant dégénère alors en *costado,* pneumonie ou bronchopneumonie. Très fréquente sur les hauts plateaux, elle est due moins à la décompression qu'à l'intensité des radiations solaires et aux très brusques changements de température qui prédisposent l'organisme aux attaques des pneumocoques. Par ailleurs, la raréfaction de l'air, la diminution de la pression atmosphérique, placent les poumons dans un état de moindre résistance (60).

Parfois le mal frappe brutalement, comme dans le cas de la paralysie faciale *a frigori,* attribuée à un vent froid. Il survient généralement à la suite d'un soudain changement de température et provoque une contraction des muscles faciaux de la personne exposée. Les gens emploient alors l'expression commune *le ha dado el aire*, il a eu un coup de vent, pour dénommer cette affection qui est souvent aussi attribuée au fait de s'être levé pendant la nuit.

La *uta* ou *llaca (leishmaniasis)*, maladie de peau très répandue au Pérou, semble transmise par un insecte. Pourtant, elle revêt chez la population andine un caractère différent. On la croit en effet occasionnée par le froid excessif, ainsi qu'en témoignent certaines expressions qui lui sont consacrées [61]. Parfois aussi, on l'appelle *qcepo*, mot dérivant probablement de *quipu*, nœud, peut-être pour l'aspect noueux et mamelonné des tubercules, ou encore de *ccipi*, lien, paquet, pour l'aspect entassé des croûtes [62].

Cette crainte permanente de l'ensoleillement ou du froid tenace explique pourquoi l'indigène hésite à se découvrir et préfère garder en permanence les mêmes vêtements, quelle que soit la température du dehors, afin de maintenir son corps dans une ambiance calorifique à peu près égale et non soumise aux brusques variations de l'air.

En opposition à ces maladies de « Dios », de classification relativement récente, nous avons les maladies de « Daño » provenant d'un pouvoir maléfique. La cause en est attribuée à des conflits d'ordre économique, à des jalousies entre familles, à des querelles de voisinage ou à des rivalités amoureuses d'une part. D'autre part, le maléfice peut provenir d'un manquement qui, d'une façon ou d'une autre, oppose l'individu à l'ordre divin. « Car bien qu'il ne connaisse pas son manquement, il sait qu'il est en faute, il n'ignore pas son indignité.(...) Colère de Dieu, maladie, impureté, péché, tout cela se réduit à l'unité : nous sommes opposés à Dieu, même si nous ne le savons ni ne le voulons [63]. »

Sous cet aspect du manquement moral, le maléfice peut provenir principalement de l'envie et de la faute. La manifestation du « daño » varie selon sa localisation. Dans la sierra, où l'homme affronte quotidiennement l'assaut des forces naturelles qui ravagent ses cultures comme sa santé, le danger provient de ce relief qui guette pour prendre l'individu au piège enchanté du fleuve, du mont, de la gorge, du glacier, etc.

Sur la côte, plus développée économiquement parlant, et moins sujette aux catastrophes climatiques, le rival, la force hostile qu'il faut vaincre n'apparaît plus sous un aspect naturel, mais prend l'apparence humaine. C'est l'autre, le voisin, le concurrent qui devient alors source de « daño », et l'on doit se protéger de ses maléfices.

Dans les hauts plateaux battus par les vents, le combat titanesque se livre entre les membres de la collectivité et les puissances surnaturelles qui hantent ce désert divin que sont les Andes. Homme contre Nature. Ici, plus bas, il s'agit d'une lutte ramenée à des proportions humaines, égoïstes, mesquines, homme contre homme. Ayant affirmé sa suprématie sur la nature, qu'il domine en partie sur la côte péruvienne plus développée économiquement, mais faisant de ce fait naître une nouvelle variable : la concurrence, l'indigène va orienter ses intentions contre l'autre, le rival, et tous ceux qui l'entourent de leur envie.

Lorsque la *faute* est à l'origine du maléfice, elle prend l'aspect d'une offense faite à un élément sacré, un ancêtre, un mort, ou d'une hostilité ressentie à l'égard de Dieu, lorsque la notion de péché introduite par la religion catholique se trouve mêlée à l'acte répréhensible. Mais, dans l'un ou l'autre de ces manquements, nous retrouvons la conception identique de ce principe vital, l'« âme », liée au très archaïque mythe du vol de l'âme, dont nous reparlerons plus en détail ultérieurement dans l'analyse de ses conséquences funestes pour l'individu. Nous verrons également la façon dont agit le maléfice qui frappe soit par l'*intromission* d'un corps étranger, *par contact,* ou *à distance* (malédiction, envoûtement), et qui transporte la volonté mauvaise, le « daño », l'*onkoy,* la maladie. Soit par la *soustraction* d'un élément organique vital, de l'énergie motrice, ou même de l'âme elle-même.

Dans le premier cas, le magicien s'efforcera de chasser l'agent étranger introduit dans l'organisme. Dans le second cas, la thérapeutique consistera à localiser le lieu où se trouve l'âme perdue et à lui faire réintégrer son enveloppe charnelle d'origine.

Pour illustrer cette première catégorie de maléfices producteurs de maladies, nous parlerons en premier de l'*urijua,* particulièrement répandue parmi la population indigène, et qui est provoquée par le sentiment d'envie existant dans une même famille. Les jeunes enfants en particulier s'en trouvent affectés. Il s'agit en fait d'un état psychique qui apparaît en plus, pourrions-nous dire, de certaines maladies graves, surtout quand elles sont chroniques, et parfois aussi en compagnie de vices ou d'états d'âme bien déterminés (64). L'enfant devient songeur, mélancolique, pleure constamment, maltraite les autres enfants, perd l'appétit et le sommeil. Ses forces déclinent, il maigrit rapidement et atteint un stade d'épuisement extrême. Pour Escomel (65) l'explication populaire le plus souvent donnée est que l'enfant, qui jusqu'alors jouissait d'une bonne santé, se trouve brusquement, par la naissance d'un frère ou d'une sœur, « détrôné », privé de la considération de ses parents et relégué au second plan. Il devient donc envieux, et c'est alors que se présentent les premiers signes de l'*urijua*, particulièrement bien identifiée par la couleur jaune-verdâtre de la peau. Cela ne doit pas nous étonner, si l'on sait que l'*urijua* se manifeste de préférence au cours d'une gastro-entérite chronique qui ne tarde pas à se compliquer en hépatite et conduit à la mort. Pour l'enfant, cette première manifestation de l'envie ouvre la porte sur l'univers des parents. Bientôt, il saura que son existence ne se maintient qu'au prix de savants et constants sorts et contre-sorts vis-à-vis de la famille, des voisins ou de lointains envieux de la réussite de son ménage ou des récoltes de ses *chacras*, et qu'un seul maléfice bien dirigé peut brutalement anéantir.

S'il habite les hauts plateaux, l'indigène n'aura de cesse de répéter les rites et conjurations consacrés contre l'action du gel, l'ardeur du soleil, afin que chaque grain germé soit une victoire contre l'adversité.

La *khara* (ou *pinta*), maladie de la peau caractérisée par une hyperpigmentation ou dépigmentation particulièrement répandue sur la côte sud du Pérou, est envoyée, selon la croyance populaire, par un agent du « daño », ce sorcier maléfique connu sous le nom de *layka* en Bolivie ou de *paqo* au Pérou, bien qu'il soit aussi habilité pour guérir. (Ce qui revient en fait à retourner sur l'expéditeur le sort envoyé avec une mauvaise intention.) Cet homme, maître en arts spéciaux et dont on a sollicité les services, va préparer un breuvage qui, mêlé aux aliments de sa victime, provoquera sans coup férir cette affection épidermique qui conduit parfois à une desquamation de la peau, particulièrement sur le visage, le torse ou les membres, produisant également de petites taches circulaires en forme de crapauds [(66)]. Cette apparition zoomorphe est le signe incontestable que la personne est *layk'ask'a*, envoûtée. La présence de coloris différents dans ces taches pigmentaires différencie la *pinta* blanche, la noire et la bleue, selon les races. Les recherches médicales entreprises ont révélé que la *khara* apparaît principalement dans des endroits particulièrement chauds et où se trouvent des eaux stagnantes, ce qui favoriserait la fermentation du germe vraisemblablement transmis par un moustique. Mais, pour l'indigène, cette terrible affection cutanée a d'autres causes. Elle provient, soit du fait d'avoir pêché des écrevisses qui, par vengeance, provoqueraient sur la peau du pêcheur ces traces malignes [(67)], soit pour avoir attrapé des crapauds. Toutefois, la croyance la plus répandue est qu'il s'agit là d'un maléfice envoyé par un rival animé de mauvaises intentions.

Le *mal ojo* ou mauvais œil, universellement craint, s'exerce lors de manifestations d'envie ou de jalousie. L'effet d'un regard sera produit par une vapeur subtile qu'engendre le corps de la personne douée de certains pouvoirs. On peut se demander pourquoi une telle potentialité est attribuée au regard; c'est oublier que parmi les puissances corporelles réputées substances d'âme, les unes sont intérieures et se répandent au dehors, comme le sang, le souffle, l'urine, etc., tandis que les autres, appelées « âmes organiques », tirent leur force d'un endroit particulier du corps, la tête, le cœur, le foie, l'œil (68). L'*ojeada*, ou coup d'œil lancé sur une personne ou même un animal, permet de faire passer ce pouvoir généralement maléfique, sur la victime qui est le plus souvent un jeune enfant, en provoquant de la fièvre, des frissons, un manque de sommeil et d'appétit, un affaiblissement général qui peut conduire à la mort, si aucun contre-sort n'est utilisé à temps pour couper l'émission (69).

Il s'agit en fait d'une maladie neuro végétative. Mais, dans la conception populaire, l'*ojeada* est attribuée à une personne de mauvais désirs qui a regardé avec trop d'insistance sa victime, provoquant chez celle-ci une confusion des sentiments et une rapide destruction de son énergie intérieure. Nombreuses sont les mères de famille qui vont supplier la personne soupçonnée de posséder de tels pouvoirs, de ne pas jeter le mauvais œil à leurs enfants. Ou, en prévention, se hâtent-elles de pincer le petit jusqu'à ce qu'il pleure, ultime neutralisation des émanations dangereuses (70). Si cette maladie est très fréquente, elle n'en est pas moins facile à soigner, comme le prouve la variété des méthodes employées à cet effet, la plus usuelle étant la cure réalisée par un *santiguador* de profession qui prononce l'exorcisme en se signant par trois fois et faisant de même sur l'enfant.

D'autres maladies entrent dans la classification des maux par *faute* ou manquement contre la règle de la communauté. Ainsi le *chucaque* ou *pudor* dont l'origine est dans le sentiment de honte, survient lorsque la personne, s'étant brutalement trouvée dans une situation embarrassante qui l'a couverte de ridicule, ou s'étant placée en tort manifeste, vient à souffrir d'une grave altération mentale ou psychique, occasionnant des céphalgies, nausées, vomissements, diarrhées, etc., autant de symptômes d'un violent trouble gastro-intestinal occasionné par un régime alimentaire défectueux (71). Ce mal, qui peut se centrer dans la tête ou à la hauteur du nombril selon les cas, exige les soins d'un sorcier afin de *quebrar el chucaque,* rompre le *chucaque,* c'est-à-dire de redonner à la présence un instant menacée sa place dans la communauté et dans le jeu des forces universelles. La méthode de la *quebrada,* cassure, consiste à tordre les bras du malade dans le dos et à lui « casser » la taille à plusieurs reprises. Ou bien, prenant une gorgée d'eau-de-vie, le sorcier la recrache par surprise à la face du malade qui, de saisissement, se trouve guéri.

L'impératrice Chimbo-Mama Coia, épouse de l'Inca Capac Yupanqui, fut affligée elle aussi du triste « sonko-nanay », ou mal de cœur. Les crises qui l'affectaient régulièrement furent la cause de sa répudiation.

LE SUSTO

Enfin il existe, parmi les nombreuses affections répertoriées dans la vie indigène, un cas pathologique répandu dans toute l'Amérique indienne espagnole, bien que typiquement quechua, selon le docteur Sal y Rosas dont les études sur le sujet sont les plus approfondies et enrichies d'années de pratique dans les Andes. Il s'agit du *susto*.

Cliniquement, l'affection se présente ainsi : le sujet, homme ou femme de tout âge, mais plus fréquemment un enfant et rarement un vieillard, commence à maigrir, est pâle, triste, manque d'appétit, néglige son aspect, tout en devenant chaque jour plus paresseux, plus assoiffé. Il recherche l'exposition au soleil, s'emmitoufle, sans cependant se mettre au lit, sinon dans le dernier moment de la maladie. Généralement, sa température est très basse au début et monte peu à peu. Enfin, des vomissements et diarrhées peuvent se manifester [72].

D'autre part, le malade présente une excessive timidité lorsqu'il s'agit d'un enfant ou une crainte exagérée avec des symptômes d'asthénie et de dépression chez les adultes. Durant son sommeil, le malade sursaute violemment *(tillekshan)*, ce qui est dû, selon la croyance populaire, au fait que le sol le renvoie, ou le lance *(patzam-jitan)*, provoquant des crises de frayeur qui le font sauter du lit, les yeux exorbités. Avec l'évolution de la maladie, le sujet devient de plus en plus jaune, sec et prostré, et sous ses paupières rigides coule un regard trouble et triste, caractéristique de cet état nommé *michko*.

Finalement, conclut le docteur Sal y Rosas, ce qui caractérise le *susto* sur le plan somatique dans la médecine indigène, est « un exténuement et amaigrissement et sur le plan psychique une hyperexcitabilité craintive, suivie de pantaphobie et de dépression [73] ». Cette affection d'origine aiguë ou chronique peut se terminer par la mort. Mais, habituellement, on en guérit très bien par les traitements magiques que nous examinerons plus loin.

Évidemment, l'explication scientifique que nous venons de présenter n'est pas celle que propose l'indigène. Selon la croyance populaire, l'origine magique du *susto* (74) est expliquée par le mythe de *Jani,* qui pour les uns serait une variante régionale de l'*Animo* (esprit) que l'on rencontre dans chaque culture traditionnelle d'Amérique du Sud, et qui met en cause la séparation circonstancielle de l'âme humaine.

Cette forme allégorique du « vol de l'âme », représenté dans bon nombre de mythologies, possède dans le cas andin une valeur particulière qui fait son originalité. En effet, nous assistons là à l'évolution d'une maladie qui prend naissance dans un mythe et dégénère rapidement en manifestation pathologique avec toutes les conséquences funestes que cela comporte. On ne peut manquer de se poser la question de la nature de cette étrange affection, sans doute la plus répandue sur les hauts plateaux andins. Selon le mythe que nous venons d'énoncer, à partir d'une vive frayeur, d'un *susto,* l'âme profiterait de l'entrebâillement du corps pour s'échapper et serait aussitôt happée par la Terre, en vertu de la force captatrice qui émane d'elle.

Aujourd'hui, ce mythe subsiste parmi les populations indigènes avec toute sa vigueur d'origine. On sait aussi que le sujet qui *se asusta,* s'effraye, continue à vivre pendant un certain temps, de plus en plus difficilement, et accepte cette fragilité qui lui est imposée par le destin, jusqu'à ce que le recours au sorcier lui redonne sa substance vitale dont il avait été brutalement privé. Une telle thérapeutique magique nécessite une longue cérémonie, tout d'abord pour localiser l'endroit de la fuite de l'âme, ensuite pour lui faire rapidement réintégrer son enveloppe charnelle.

Dans la région bolivienne, particulièrement dans la zone qui borde le lac Titicaca, on considère que la place de l'âme envolée ne reste pas vacante, mais est occupée par un principe mauvais qu'il faudra expulser au cours de rites propitiatoires, afin de « racheter la peur », (*ccatuna-susto*) (75).

Le *susto* peut survenir n'importe quand, bien qu'il se manifeste plus spécialement sur un terrain accidenté, impressionnant par ses sanctuaires naturels, tels que des gorges sombres, des pentes abruptes, des lacs solitaires, etc., ou dans ces «lieux mauvais» ou enchantés qui ont été le décor de morts tragiques, d'assassinats, ou sont le domaine de créatures infernales. En fait, la figure de l'esprit mauvais est fortement modelée par les expériences naturelles. C'est dans les pays arides, déserts, balayés de vents hostiles, que gîtent les esprits, alors que la sécurité règne dans la limite close des villages. Souvenons-nous que la tentation de Jésus eut lieu dans le désert.

En second lieu, le *susto* provient de la violation d'un de ces espaces sacrés qui sont habités aujourd'hui par les *gentiles,* ces esprits des ancêtres qui ont vu leur puissance première encore accrue par leur décès, et dont la résidence tabou s'appelle *huaca,* c'est-à-dire lieu sacré; ce peut être une tombe incaïque, une ruine, etc. Selon la légende, il y a bien longtemps, le Collao fut peuplé de Pygmées qui vivaient dans l'obscurité et adoraient la Lune et des animaux comme le serpent. Un jour, le Soleil parut et les brûla, les réduisant à l'état d'ossements. C'est pourquoi si quelqu'un pénètre dans une *chulpa* (tombe), il risque d'être saisi par les *gentiles.*

Bien avant le calendrier catholique, la Fête des Défunts avait lieu en novembre, le mois d'Aya-Marcay. Les cadavres embaumés allaient de maison en maison, recevant des offrandes, des louanges, et suivis des parents qui chantaient et dansaient, pour plaire à l'esprit des morts.

LE CULTE DES ANCÊTRES ET LE VOL DE L'ÂME

Si le passant oublie ou néglige de rendre un hommage symbolique à l'esprit des ancêtres, qui, pour n'avoir pas connu la religion chrétienne ne connaissent pas le salut éternel, ceux-ci, encore appelés *antepasados,* risquent fort de se venger en lui volant son âme, c'est-à-dire sa force de vie. Et dès lors, la désintégration de l'être est inévitable, et acceptée sans résistance par le sujet qui reste irrémédiablement marqué par le choc psychique initial. Il s'abandonne tout entier à l'angoisse. Il s'agit alors de *susto* sans *susto,* c'est-à-dire de perte de l'âme sans effroi initial. Sur le moment, la personne n'a pas eu conscience d'avoir perdu son énergie. Ce n'est que plus tard, une fois rentré chez lui, ou des années après, que l'indigène, se sentant mal et présentant des signes évidents de *tillekshan* (sursauts dans le sommeil) et de *michko* (exténuation avec excitabilité peureuse), devinera avec inquiétude ce que le sorcier lui dévoilera bientôt par ses procédés divinatoires. La faute inconsciente du malade ne tardera pas à être mise au jour, ce qui expliquera les symptômes provoqués par la profanation de la *huaca,* en un jour fatal. Et, dès lors, tout redevient clair. Il s'agit de la vengeance des *gentiles,* dont le sorcier va s'efforcer de neutraliser la force néfaste en renvoyant sur les lieux du drame, de préférence, une puissance supérieure.

Ces esprits, nous l'avons dit, opèrent généralement par l'intermédiaire d'un mont, d'une cascade, d'un ravin, etc.; là les morts sont particulièrement à craindre.

L'idée que les défunts peuvent revenir dans leurs anciennes demeures, parmi les humains, et s'attaquer à eux, fait partie des mêmes croyances, universellement reconnues dans les sociétés primitives ou semi-primitives. A cette conception de la mort et de ses effets, se rattache une pratique très répandue dans les Andes, le *despenamiento,* ou soulagement. Il s'agit d'achever un malade lorsque celui-ci est à l'agonie, en l'étranglant avec un cordon rouge, « non pour mettre fin à ses souffrances, mais pour empêcher que l'esprit mauvais enfermé dans son corps et qui n'a pu être vaincu par le guérisseur, ne s'échappe avec son dernier souffle et ne fasse une autre victime [76] ». Pour l'indigène, le mort continue d'exercer une puissance d'autant plus grande qu'il possédait une force importante pendant sa vie; cette force dépend des conditions de son décès. C'est pourquoi, en général, pour l'indigène, la volonté du mort l'emporte toujours sur celle du vivant, en bien ou en mal, et il veille à ne jamais l'indisposer. Il faut lui offrir des sacrifices, le vénérer, particulièrement à la Toussaint, car en ce « jour où les morts se mettent en route il y a de la puissance dans l'air. Qu'on y prenne garde [77] ». L'offrande doit être comprise dans le sens d'un rachat en même temps qu'un don. Les Occidentaux, impressionnés par le concept de mort de l'Église catholique, qui est celui d'un fait absolu, sont loin de saisir que dans le monde primitif, « la mort n'est pas un factum mais un état transitoire, un passage au delà duquel il s'agit de parvenir [78] ». Aussi les rites assurant la continuité de la puissance, continuent-ils également d'honorer la vie de celui qui est mort. Pour l'indigène des hauts plateaux ou des forêts tropicales, la mort est une crise momentanée qui est surmontée lorsque l'enterrement a eu lieu et avec lui la localisation de la puissance entre des limites précises (symboliques ou concrètes comme les murs qui ferment le cimetière). En général, passé le cinquième jour du décès, il n'est plus rien à craindre de la puissance du mort qui se contente de son sort. Mais, auparavant, le jour de l'enterrement on s'est informé de la bonne ou mauvaise mort du défunt, de sa résignation ou de sa révolte, grâce à la mastication de la coca. Si celle-ci est douce, le mort est en paix et ses parents n'ont rien à redouter. Si, au contraire, la coca est amère, cela témoigne du mécontentement du défunt. Pour l'apaiser, la famille doit alors faire des offrandes à son esprit courroucé et malheureux.

Ces croyances sont fort anciennes et on les retrouve mentionnées par les chroniqueurs espagnols, dans des récits qui décrivent les offrandes diverses que les Indiens de l'époque faisaient aux esprits afin d'éloigner leur ressentiment. C'est très particulièrement au cours de voyages qui les envoyaient loin de leur communauté paysanne et les privaient de son système de protection traditionnel, que les indigènes versaient un tribut aux mânes ancestraux des voyageurs, sous la forme de l'*apacheta*, ou cairn sacré. Comme on le fait encore aujourd'hui, chaque voyageur déposait sur cet autel de pierre qui se dresse au passage d'un col de montagne, de la coca, des cigarettes, des fruits, des pierres ou encore une de ses sandales, quand il ne trouvait rien d'autre. Cette offrande symbolique est destinée à confier aux divinités la fatigue du voyageur, qui dès lors se sent animé d'une nouvelle vigueur. Dans d'autres régions, le voya geur se frotte le corps avec des herbes ou des pierres qui sont ensuite jetées au loin, afin d'emporter avec elles la fatigue de la marche. Et, en offrant ce présent qui réjouit la divinité, « très souvent il arrive que de l'intérieur de ces apachitas ou tas de pierre, on leur réponde "bonne chance" » (79).

Dans les Andes centrales du Pérou, c'est plus particulièrement la *Pacha Mama,* déesse protectrice d'une grande bonté, qui peut sur une colère motivée, capturer et manger l'âme de l'imprudent (les indigènes se la représentent sous les traits d'une vieille femme immortelle, aux pouvoirs multiples, sans cesse en train de voyager au centre de la Terre). On dit alors que la victime est *jallpa jappiska,* saisie par la Terre (80). Représentation d'une puissance illimitée et diffuse, la *Pacha Mama* offre à la vénération du profane ses lieux interdits ou simplement dangereux, car chargés d'un concentré de ses énergies intimes.

En ces lieux où passe l'âme de la Terre, le plus grand respect et la plus grande humilité sont exigés par la tradition, car seules de telles attitudes peuvent détourner les effets néfastes de la présence divine. C'est ainsi que s'instaure un culte assez semblable à celui des Romains avec leurs dieux Lares. En effet, la *jallpa* (quechua) ou *orakke* (aymara) représente le foyer de cette déesse terre que l'on doit régulièrement honorer, si l'on ne veut supporter son courroux qui risque de s'abattre alors indistinctement sur les hommes, les plantes et les animaux. (On lui demande d'être exempt de maladies, que les récoltes soient bonnes et l'on prie : « Donne nous la fortune, ne nous rends pas malades, sois agréable, très agréable. » Le danger qui provient de la Terre et des esprits est particulièrement grand en août, période de grande aridité dans les Andes, et où la nature affamée demeure la bouche ouverte.) Devant ce sortilège, lorsque la terre s'empare (*agarra*) d'une victime, celle-ci ne peut se libérer par elle-même de cette emprise mystique et psychique. De nouveau, elle se tourne vers celui qui ose contrôler le drame magique, afin d'accomplir au moyen du *pago,* le paiement cérémoniel et conjurateur.

Pourtant, il arrive que ce rite d'offrande soit insuffisant pour calmer la colère divine. Telle est la cause du mal d'*uchcupaqui,* affection perforante de la peau et des tissus profonds, de caractère chronique (81), que la croyance populaire attribue à la vengeance d'un lieu sacré qui aurait été profané et dont l'esprit aurait craché sur la partie que le malade sent affectée. Contre ce mal, le *pago* dont nous venons de parler est inutile, car dès qu'il y a apparition du syndrôme il est déjà trop tard pour contrecarrer la volonté vengeresse, ou même pour tenter de l'affaiblir. Sal y Rosas conclut que « l'originalité de la conception péruvienne, mise à part la nature de l'agent (...) est que la perte de l'âme se produit au moment où l'individu s'effraie et c'est l'origine d'une véritable maladie mentale, de symptomatologie spéciale et dont on ne trouve trace chez aucun autre peuple (82) ». La notion de séparation accidentelle de l'esprit, comme entité indépendante, sans perte de la vie, est pourtant une croyance universellement répandue et que l'on rencontre dans toute société archaïque où la vision sociale de l'existence est encombrée d'angoisses, d'insécurités. L'individu est alors cerné par ces flux de forces multiples qui couvrent la communauté et agissent sur lui dès qu'il s'écarte de la sphère unie du groupe en transgressant le tabou (pris ici dans son sens le plus large de règlement à valeur d'interdit) et entre, solitaire et vulnérable, dans le monde du non-donné. Cependant, le cas péruvien ou plus exactement quechua est bien différent des autres manifestations de cette perte de l'unité de la personne, tels que les états *olons* (chez les Toungouses), *imu* (chez les Aïnous), *latah, amok* (chez les Malais) pour n'en citer que quelques-uns, où la perte de l'âme est suivie de l'invasion d'une présence étrangère qui vient dominer et diriger les actes de l'individu complètement soumis.

LA PRÉSENCE DANS LE MONDE. PERTE ET RACHAT

Dans les Andes du Pérou, le *susto* ne donne pas lieu à une substitution magique de cette sorte, mais détermine seulement la désintégration psychique de l'individu qui est atteint. On peut alors s'interroger sur la nature profonde de ce phénomène, apparemment très clair s'il est pris sous l'angle scientifique, mais qui n'en demeure pas moins à plus ou moins longue échéance, mortel, sans qu'il y ait de lésion physique. Reportons-nous au moment où l'individu ressent l'émotion traumatisante. Il se produit alors une faille dans sa sécurité existentielle qui va laisser entrer tous les doutes, toutes les suggestions en polarisant sa conscience sur le moment particulier où a été commis l'acte répréhensible. L'obsession de ce fait va peu à peu lever un obstacle qui devient très rapidement infranchissable pour sa conscience traumatisée. Rapidement fascinée, hypnotisée, celle-ci va abdiquer ses fonctions critiques, qui, si elles avaient pu être maintenues, lui auraient permis de se dégager et de franchir le mauvais pas. Au contraire, elle se trouvera anéantie, en tant que présence au monde. La distinction entre l'univers et son individualité s'estompe peu à peu jusqu'à atteindre dans les cas les plus graves une fusion totale, c'est-à-dire le néant. Car désormais la conscience est absorbée par la conscience du monde. Dès à présent, même si l'indigène rentré chez lui branche son transistor ou s'attarde dans le pré voisin où se dispute une partie de football, quand ce conflit s'est manifesté entre deux pôles extrêmes et que s'ouvre la lutte dramatique entre la *perte* de la présence et son *rachat*, nous sommes en plein monde magique (83). Puisque ce risque de perte de l'âme n'a pu être évité malgré toutes les précautions, la famille de la victime va entamer la seule procédure magique capable de « racheter » ce risque, en se rendant auprès du sorcier qui va tenter d'établir un rapport d'entente avec les divinités, afin de restituer par un acte historique, la présence dans un monde historique renouvelé.

Une telle aventure est considérée comme superstition par nos sociétés modernes. Nous partons en effet du point de vue que ce qui est « donné » une fois l'est pour toujours; que ce qui est né existe constamment, une fois pour toutes jusqu'à l'anéantissement final. Or dans la mentalité magique, la présence est temporelle et se caractérise par sa fragilité, son instabilité. Elle se trouve enfin quotidiennement exposée au risque d'être enlevée, détruite, dévorée, en un mot de ne plus être. Cette menace qui pèse sur chaque instant va provoquer chez l'indigène la volonté opiniâtre d'être là, comme présence. C'est cet effort qui exige les rites et pratiques constantes dont l'univers magique est rempli.

Si nous voulons comprendre ce qu'est le *susto* sous sa véritable forme d'institution culturelle, il convient d'aborder son étude dans une vision historique de l'univers très différente de celle que notre ethnocentrisme met au rang de vérité première. Dans la mentalité magique primitive, l'identification de l'être doit être constamment protégée et entretenue contre les influences qui visent à la rendre impossible. Victime de ses craintes quotidiennes qui un jour trouvent la faille dans la défense émotionnelle de sa conscience, l'indigène *asustado* se trouve psychiquement impuissant; sans force aucune pour jeter devant lui l'objet de son trouble afin de dominer, de surpasser sa charge émotionnelle. Il n'a de salut que dans un processus d'objectivation réalisé par le sorcier. Celui-ci, nous le verrons plus loin, saura arrêter la dissolution psychique et, en lui redonnant la « certitude-force » d'être de nouveau dans le monde, accomplira effectivement sa guérison.

Il s'agit là de véritable thérapeutique magique – et non point de charlatanisme – que seule la médecine traditionnelle peut réaliser, alors que la médecine moderne échoue, victime des limitations de ses connaissances et de l'étroitesse de ses propres expériences historiques.

On peut désormais avancer l'idée que la « maladie de peur » ou *susto* remplit symboliquement la fonction de défendre contre, de répondre à des situations extraordinaires, dangereuses parce que provoquant des tensions sociales et comme telles, inacceptables par la communauté qui assure son équilibre dans sa structure harmonique. Nous pouvons remarquer que l'individu victime de *susto* est celui qui a manifesté d'une manière plus ou moins consciente le désir de sortir du rang, de s'écarter de la coutume, c'est-à-dire de mépriser les commandements ancestraux, remettant ainsi en cause, par sa seule excentricité, le bon ordre de la collectivité dont il est issu.

Cet état maladif qu'est le *susto* se présente ainsi comme un puissant régulateur social qui permet de maintenir la cohésion primaire du groupe, tout en favorisant son évolution grâce aux pratiques magiques établies par la tradition afin d'anéantir les puissances néfastes.

Avant d'aborder la nature des arts magiques et l'efficacité de leurs pouvoirs exercés lors de la session thérapeutique, nous reviendrons sur l'aspect particulier de l'âme tel que le formule, aujourd'hui encore, l'indigène traditionnel.

Contrairement à ce que l'on pourrait croire, le christianisme a peu détruit et les rituels n'ont pas été totalement effacés. Parfois seulement « sous l'influence du folklore européen dans les groupes métissés, cette âme inférieure indigène se transforme en fantôme (84) ». L'âme, tout en paraissant une notion confuse dans l'esprit primitif, n'en est pas moins précieuse et souvent menacée, comme en témoigne cette invocation qui termine toujours les prières de l'Indien, quel que soit l'esprit invoqué, divinité indigène ou saint catholique :

« Han ahayo apakaña mathaqui », pour que mon âme ne me soit pas enlevée (85).

En fait, on peut résumer trois des aspects principaux que recouvre la notion d'âme chez les Quechuas d'Amérique du Sud.

C'est tout d'abord une espèce de fumée qui demeure en permanence à l'intérieur du corps et l'anime, le fait parler, marcher, rire, etc. C'est en quelque sorte le souffle vital, il ne peut être volé, mais sa séparation d'avec le corps provoque la mort immédiate de ce dernier.

Puis l'âme apparaît dans le son ou le mot émis par tout être animé. Parole, grognement, sifflement, cri des animaux leur confèrent le droit à cette catégorie d'âme, de même que le feu par ses craquements, la mer par le ressac, etc. Nous avons vu que, dans la structure primitive de l'esprit, l'homme fait partie intégrante du milieu. « Corrélativement, nous ne trouvons aucune distinction de principe entre l'âme humaine et celle du milieu, y compris principalement les animaux et les végétaux (86). »

Cette âme indépendante de la personnalité est très fragile et peut être enlevée. C'est elle qui joue le rôle d'équilibreur de notre organisme.

Enfin il y a l'âme en tant que double, invisible, inaudible, qui rejoint la compagnie des ancêtres après la mort (bien qu'aujourd'hui l'âme chrétienne lui étant assimilée empêche cette réunion). Les Incas croyaient en la survie de l'âme après la mort, et que seul le corps était périssable, étant fait de terre. Ils le nommaient *allpacamasca*, terre animée.

La croyance en la pluralité des âmes montre comment, dans la mentalité archaïque, « l'homme n'est pas une entité spirituelle élaborée mais constitue un ensemble, une totalité où tout peut être âme [87] ». En effet « l'âme ne désigne pas tout uniment la vie, moins encore la conscience, mais le puissant, l'effectif. Elle indique qu'il y a une « vie » qui est quelque chose de plus que le simple fait d'être vivant. Le fait d'exister n'arrête pas l'attention du primitif, qui ne reconnaît aucune distinction entre organique et inorganique. Mais le numineux fait vivre même ce qui n'est pas vivant [88] ».

Ces trois particules d'âme ne sont point sujettes – comme le veut la tradition chrétienne – à un emprisonnement temporel dans leur support charnel jusqu'au jour de la séparation, mais on leur attribue d'étonnantes capacités. Pendant les rêves, la puissance d'âme peut ainsi abandonner son corps et vaguer en d'autres lieux, rencontrer d'autres substances de même ordre, bavarder avec elles, rire ou comploter. Quand il s'agit d'une personne coupable de beaucoup de méfaits, son « âme » se transforme chaque nuit en *karkaria* [89]. C'est une tête volante qui traverse les airs au-dessus du village ou de la campagne voisine en produisant un son assez particulier « Krrrr... Krrr » qui, semble-t-il, est à l'origine de cette appellation locale [90]. Il n'est point de villages de la sierra où l'on ne puisse témoigner de la rencontre avec une ou plusieurs de ces *karkaria* qui parfois prennent l'aspect d'un lama à trois têtes. Et les calomnies vont bon train qui dirigent les soupçons vers tel habitant dont la conduite intrigue.

La présumée *karkaria* est en effet reconnue coupable par la tradition de mener une mauvaise vie et même accusée d'inceste ou de violation de *compadrazgo* « comparrainage ». On dit aussi que ceux qui ont commis cette faute portent au cou le signe de leur infamie sous la forme d'une cicatrice.

Il ressort de cette croyance que toute rencontre avec une de ces créatures volantes est extrêmement dangereuse pour le noctambule qu'elle peut saisir, tuer même, à moins que sa victime ait le courage de lui résister en lui jetant du sel à la face. Méthode que l'on assure être très efficace contre de telles attaques. La foi en ces manifestations indique une décomposition du schéma corporel pendant la nuit, mais n'exprime pas de séparation de puissance entre le corps et l'esprit, pas de contraste entre l'âme et la chair; elle met seulement l'accent sur « d'un côté ce qui reste indifférent, de l'autre le numineux, l'effectif [91] ».

Par ailleurs, elle présente dans la société un type de contrôle social tout à fait remarquable. Dans le domaine des comportements sexuels, la crainte qu'elle provoque auprès des noctambules est certainement plus efficace dans un groupe qui évolue au sein de son propre univers historique magique que la peur d'un châtiment divin dans un autre monde en vertu de lois étrangères difficilement acceptables.

Le comportement de l'âme va donc être soumis, dans le *susto*, soit par la crainte d'être perdue, soit par l'angoisse d'être possédée par une force extérieure, à une structure d'interdits rigides et de châtiments exemplaires pour ceux qui enfreignent la loi du groupe.

Pourtant ce « mal de peur » que l'on retrouve dans toute l'aire andine, ne sévit pas avec la même intensité et ne provoque pas des troubles aussi graves dans chaque région. Plus on s'éloigne des zones traditionnelles peu acculturées, qui attribuent la cause du *susto* à la perte de l'esprit du malade, moins importante est l'affection. Ainsi, dans un groupe culturel métissé, le *susto* en arrive à n'être plus qu'une affection infantile. Si la dégradation culturelle s'accentue, on ne parlera plus de la perte de l'âme de l'enfant mais on dira que son ange gardien s'est éloigné (92). Enfin, à l'extrémité de ce continuum qui aboutit dans les milieux les plus occidentalisés de la capitale, le *susto* n'est plus connu que dans l'expression courante *Me asusté*, j'ai eu peur, d'où tout lien avec l'âme est exclu.

Proche du *susto*, maladie occasionnée par l'intermédiaire de la terre, la *puquiusqa* est provoquée par le *puquio*, la source.

La naissance souterraine des eaux débouchant en un lieu visible où s'extériorise une puissance, celle de « l'eau vierge », passe pour être porteuse de semence divine, et pour cela a de tous temps exercé une vive impression dans les mentalités archaïques. Chaque source a un maître, *duende* ou *auquillo*, que l'on vénère à travers les Andes soit sous la forme d'un bonhomme très blanc, souriant, aux cheveux roux et hirsutes, qui est un génie ayant endossé l'esprit d'un enfant; soit sous l'aspect d'un condor, seigneur incontesté des troupeaux.

En principe, ces personnages sont bienfaisants et apportent leur concours aux travaux des champs, si on leur témoigne du respect et de la sympathie par des offrandes régulières de coca, de cigarettes, etc. Mais, s'ils se sentent méprisés ou délaissés, leur vengeance est terrible. Particulièrement sur les jeunes enfants qui s'endorment imprudemment à proximité de leur résidence sacrée. Ils les réveillent alors brutalement et leur causent l'inévitable *susto*.

Fécondité et croissance sont bien les deux traits les plus marquants de cette potentialité que l'individu ressent et qui, de plus, le conduit à une communion avec la divinité. C'est pour cela que le *duende* des *puquio* est très redouté des femmes. Profitant de la venue de l'une d'elles aux mauvaises heures de la nuit, il la possède sensuellement. Ou même simplement lorsque celle-ci traverse la source en période de menstruation, ou encore si elle s'approche de l'eau sans vêtement. De ce contact charnel avec la puissance du *puquio* s'ensuit inévitablement la naissance anormale d'une créature monstrueuse (93) moitié porc, moitié homme, qui dès sa naissance s'échappe et retourne seule dans la nuit téter le sein maternel jusqu'à provoquer la mort de la mère.

Innombrables sont les récits de tels faits survenus sur les hautes terres andines. Nous retiendrons seulement l'aspect fonctionnel de ces maladies sous la forme d'âmes errantes ou de mauvais génies qui habituellement se manifestent à la « mauvaise heure » de la nuit, entre onze heures du soir et quatre heures du matin, moments dangereux pour les êtres humains qui doivent formellement s'abstenir de quitter leur foyer. Parfois cependant, ces apparitions ont lieu en dehors de ces horaires, dans des conditions de brume intense, de solitude absolue, d'obscurité silencieuse, etc.

On constate la puissance régulatrice de ces croyances dès lors qu'elles réaffirment la communication constante entre l'homme et le milieu qui l'entoure, le condamnant ou le sauvant en ce monde immédiat, selon l'observance ou le manquement aux règles mythiques qui assurent l'équilibre du foyer, de la communauté et de l'univers tout entier.

LE MAL DE CŒUR OU « SONKO-NANAY »

Le « mal de cœur » ou *sonko-nanay* est une autre affection dont la gravité des troubles et la diffusion des symptômes font, avec le *susto*, l'une des plus importantes maladies traitées par la médecine indigène. Elle regroupe diverses manifestations nerveuses qui se caractérisent par des attaques, depuis le grand mal épileptique *(cuta-corral, eri-vientu)*, jusqu'aux simples aspects émotionnels (hystéries, angoisses, etc.) à condition qu'ils se répètent en crises fréquentes [94]. Nous savons, par les chroniqueurs espagnols, que cette maladie faisait déjà des ravages à l'époque incaïque et l'histoire nous rapporte que l'impératrice Chimbo-Mama-Coia, épouse de l'Inca Capac-Yupanqui, en était affligée :

« Cette dame fut très belle, aimable et humble de cœur, mais après s'être mariée elle fut frappée du mal de cœur qui dit-on, se répétait trois fois chaque jour [95]. »

Ces accès, apparemment de type psycho-moteur, furent à l'origine de sa répudiation. L'Inca Capac demanda au dieu Soleil une autre épouse et l'obtint. Le docteur Sal y Rosas apparente le cadre clinique de la maladie à la pathologie ictale en lui reconnaissant des aspects particulièrement propres à l'épilepsie avec laquelle, en partie, cette affection se confond, tout en présentant également des processus ictaux névrotiques et fonctionnels.

Il convient de préciser que cette épilepsie rencontrée depuis des temps très lointains dans les hautes terres andines, ne possède pas les mêmes délimitations que celles établies par la science moderne. Celle dont nous parlons « apparaît comme le prototype d'un groupe d'affections caractérisées par des attaques et dénommées *sonko-nanay*, dont les manifestations vont depuis l'attaque tonique-chronique du grand mal jusqu'à celles d'ordre névrotique [96] ».

Étymologiquement, le *sonko-nanay* [97] est une maladie installée dans le cœur. Nous constaterons que les intuitions populaires dans le domaine des maladies nerveuses coïncident bien souvent avec les observations scientifiques de la médecine moderne.

De cette maladie nerveuse à prédominance épileptique, la mythologie quechua donne quatre types d'explications concernant sa nature et ses causes.

Tout d'abord nous avons le *huanuy onkoy* (maladie de la mort ou maladie des morts). La conscience de l'individu se trouve brutalement paralysée ainsi que ses mouvements volontaires. Il s'ensuit un coma terminal identique à celui qui survient dans les attaques de grand mal, avec apparence de mort subite. D'où son nom indigène.

Aujourd'hui on peut dire que la croyance en la mort du malade durant l'attaque a disparu, mais la terreur superstitieuse ne s'est pourtant pas éloignée de ces crises épileptiques [(98)].

Puis une autre réponse est donnée à travers la nature du *sonkonanay* (mal ou douleur du cœur) [(99)]. En effet, selon la conviction la plus enracinée dans la mentalité traditionnelle, l'épilepsie est une maladie du cœur. Nous verrons ultérieurement que le traitement prescrit se confond avec les remèdes pour le cœur. Il en existe comme le bouillon de crâne de chien qui pourraient laisser supposer une connaissance de la localisation exacte du mal, mais « ceux-ci sont exceptionnels et quant à ce qui se réfère au bouillon de crâne, il s'agit, selon nos enquêtes, d'un recours importé et de plus dérivé de son application aux maladies mentales [(100)] ».

La troisième origine de la maladie est discernée dans l'apparition de la peine *(llaqui)*, ou grande douleur morale à la suite d'un malheur (disparition d'un être cher, déception sentimentale, faillite économique, etc).

Enfin il est très courant de croire à l'action brusque du vent comme cause de ces crises épileptiques. Il ne s'agit pas de n'importe quel vent, mais d'un vent très particulier, *aya-huayra* (*aya* : cadavre; *huayra* : vent) qui viendrait directement du séjour des morts, tombes et lieux sacrés des ancêtres. Très proche de cette conception de la maladie occasionnée par les *huacas*, existe la croyance en certaines émanations nocives, venant particulièrement de l'antimoine, ou esprit gardien du métal, surtout de l'argent. Une fois enterré, il apparaît sous des formes diverses, feux follets, points lumineux, etc., effrayant ceux qui veulent s'en emparer. Ce phénomène est particulièrement fréquent dans les lieux où ont habité des *gentiles* et où l'on suppose que des *tapados* ont été cachés.

Plus rarement, l'épilepsie peut être provoquée par le *susto*, lorsque l'âme de la personne, ayant été happée par la Terre, subit en conséquence des attaques convulsives au lieu des symptômes typiques du « mal de peur » que nous avons décrits. Parfois les deux manifestations peuvent se produire en même temps, *susto* et épilepsie.

Quant à l'épilepsie par maléfice, elle serait provoquée par la volonté malveillante d'un sorcier qui aurait agi pour le compte d'ennemis personnels de la victime.

Cliniquement, le mal est objectivé avec une grande lucidité aussi bien par les médecins que par les malades indigènes qui lui confèrent des origines magiques (101). Tout d'abord on mentionne un syndrome ictal. L'attaque du grand mal se détache distinctement et apparaît comme étant le syndrome principal de l'épilepsie. Les Indiens emploient ici les mots très significatifs de *sonko-pity* et *sonko-chiriyay* (le cœur se refroidit ou est arraché); *tutayachicuy* (crépuscule, obscurcissement), *patatay* (tremblement, trépidation), qui tous expriment bien le développement dramatique de la maladie. Avec le terme *nahuin-ampin*, employé dans le Callejon de Huaylas, « on désigne des crises d'obnubilation de la conscience correspondant au *Petit Mal*. Il existe deux autres termes qui désignent des accès comparables : crises psychomotrices *upayàgurin* (on devient bête ou confus) et *konkéshonko* (le malade ne se souvient plus de ce qu'il a fait), pendant lesquelles il y a perte transitoire de conscience et de mémoire, mais sans symptômes moteurs concomitants. Nous avons eu l'occasion de vérifier un cas de crise psychomotrice avec automatisme ambulatoire et apraxie, nommé *upayacurin* (102) ». D'autres manifestations peuvent se révéler plus épisodiques ; ce sont des états assimilables à la psychose épileptique, on parlera alors de *erikosha* (il a reçu le vent, le vent l'a touché).

Enfin, près de Cuzco, dans la province de Paruro, il existe une expression quechua qui s'applique tout particulièrement à la personnalité tour à tour calme, puis irritable et explosive d'un grand nombre d'épileptiques : *upa-kuntiya* (103).

S'il est vrai que la médecine traditionnelle qualifie et distingue les symptômes de l'épilepsie avec une remarquable lucidité, nous verrons par la suite que les remèdes appliqués n'ont aucune propriété anti-ictale mais bien plutôt une valeur de conjuration contre un sortilège. C'est ce que vont nous révéler les trois mythes étroitement mis en relation avec ces complexes étiopathogènes.

Il s'agit du mythe du *sonko*, du *llaqui* et de la *huayra*.

Selon le premier, le mal épileptique survient chez une personne en lui tuant le cœur et en la privant de ses facultés physiques et mentales. C'est la mort de ce centre vital de l'être (à la fois psychologique et physique) qui ne tarde pas cependant à ressusciter, mourir de nouveau le lendemain et revivre selon un rythme étrange. Il faut alors prescrire des plantes qui aient un parfum très fort, pour qu'il atteigne le cœur et lui redonne son énergie. Car « *sonko* est la vie et l'attaque est la mort. *Sonko* c'est être présent et vivant et avoir conscience, et l'attaque c'est ne se rendre compte de rien, ne rien sentir. C'est l'obscurité et la nuit, le *tutayachicuy* (104) ».

LE MYTHE DE LA PEINE

Le second mythe est celui du *llaqui,* ou mythe de la peine. En effet, la peine morale qui s'empare de l'être humain, anéantissant sa conscience, ne tarde pas à provoquer cette terrible affection nerveuse. Si l'indigène ne réussit pas au bout d'un court délai, à surmonter son abattement, mais au contraire s'abandonne de plus en plus aux pleurs et aux gémissements qui ne font qu'aggraver sa douleur, les divinités finissent par se ressentir de cette faiblesse. Aussi, dans l'intention de châtier l'imprudent, lui occasionnent elles le *sonko,* faisant apparaître d'effroyables et mystérieuses attaques qui vont assaillir son âme misérable. « La colère des monts gronde comme le tonnerre de la tempête. Pum! Pum! chaque fois qu'un homme se laisse aller à la peine, la tristesse atteindra le centre du *sonko* qui mourra cent fois. Malheur à celui qui perd le courage et la force de caractère de nos ancêtres. Malheur à celui qui préfère être molle *leketa* (boue) plutôt que fière cordillère[105]. »

Ici donc, comme le relate également la belle légende du *shonko nane* rapportée par J.-M. Arguedas, il s'agit bien d'un châtiment envoyé contre la peine d'un humain, lorsque celle ci, menaçant la tranquillité divine, menace en même temps celle de la communauté.

Chaque relief de la nature, les champs, les sources, les épis eux-mêmes, possède, au regard de l'indigène craintif, une puissance dangereuse qu'il s'agit de ne pas attirer sur soi, mais d'amadouer quotidiennement par des attentions multiples.

LE MYTHE DES VENTS

Le troisième mythe est celui de la *huayra,* plus connu sous le nom de *aya huayra.*

L'homme qui a passé sur la terre sacrée des ancêtres, avec l'intention de profaner le repos de ses *huacas,* est aussitôt atteint par un violent coup de vent mortel qui le paralyse.

« Soudain un vent glacé et mortel atteint l'homme et l'abat. Il n'existe déjà plus. Mais il ressuscite et de nouveau subitement revient l'air fatal. Qui tue, car il provient des morts. Des tombes sacrées où vivent les esprits du passé, de la protection et du châtiment; de la vie et de la mort... Malheur à ceux qui ont piétiné la *huaca* sans *chacchar* (mastiquer la coca) ni déposer le *jachu* (106). Car ils payeront leur faute et souffriront d'attaques. En violant le saint interdit, ils ont provoqué la colère des monts et la Terre tout entière frémit, courroucée. La *huaca* ne se vengera pas en volant l'âme du téméraire, il n'y aura pas *susto,* mais elle enverra le vent mortel sur les traces du voyageur (107). »

Il s'établit ici une relation intéressante entre le désir de vengeance des esprits et le moyen qu'ils utilisent pour transmettre la maladie-châtiment : l'air. Ses qualités d'invisibilité et d'omniprésence suffisent pour lui conférer le mystère nécessaire à sa toute-puissance.

Si nous remontons au contenu sémantique du mot souffle, « spiritus », nous voyons qu'il établit une correspondance avec l'âme et l'esprit, en donnant à chacun la même valeur que celle supportée par l'haleine. L'Indien des Andes se trouve beaucoup plus près de sa vérité magique que nous, lorsqu'il est convaincu que le monde, parce qu'empli d'air ou de souffles, l'est aussi de potentialités. Les esprits possédant les mêmes propriétés physiques et psychologiques que l'air sont dangereux au même titre que le vent peut l'être pour l'indigène (108). Face à la maladie qu'il n'explique pas selon des critères rationnels, et n'ayant pas la connaissance d'une agression physique qui pourrait occasionner le mal, il va admettre, et la communauté l'a depuis fort longtemps préparé à cela, que le maléfice peut le pénétrer en empruntant comme support une substance aérienne. C'est pourquoi l'indigène s'intéresse à l'apport magique du vent et non seulement à sa présence qui le heurte. Nous verrons par la suite que le sorcier guérisseur des Andes n'agit pas avec l'intention d'extraire ou d'expulser l'air du corps du malade. Il n'existe rien dans le folklore andin du Pérou « qui signale le phénomène de possession de l'individu épileptique par des esprits démoniaques ou divins ». Ici l'action mortelle du vent provient de la charge d'ordre symbolique-tellurique qui lui est attribuée dans toutes les mythologies avec, en plus, la potentialité acquise au contact des lieux sacrés. C'est un souffle divin et comme tel dangereux.

Les affections attribuées à l'action du vent sont innombrables et on y trouve aussi bien des torticolis, des troubles nerveux, des coliques, pneumonies, pleurésies, blennorragies, etc. Ces dernières sont souvent provoquées, selon l'opinion populaire, par l'air, lorsqu'on a « fait ses besoins à l'air libre, ou près d'un fleuve ou d'une source, ou encore, pour avoir uriné contre l'air, expression pittoresque qui est si souvent entendue dans les services vénériens de nos hôpitaux (109) ».

Les chroniqueurs espagnols racontent qu'il y avait « sur les quatre chemins qui sortaient de Cuzco, deux oratoires ou Huacas, destinés à l'Huayra : l'un des deux était sur le chemin de Chinchaysuyu, il s'appelait Guaira et se trouvait à la porte de Cajama. On y faisait des sacrifices au vent, afin qu'il ne soit pas néfaste, et on les enterrait dans le trou qui en marquait l'emplacement. » L'autre se trouvait sur le chemin du Collasuyu. « C'est une gorge de l'Angostura où ils racontaient que le vent se réfugiait. Ils lui faisaient des sacrifices quand des vents violents soufflaient (110). »

Aujourd'hui, ce vent, coupable des plus graves affections chez l'indigène des Andes, est divisé en quatre *huayra* pathogènes.

Tout d'abord le *shullo-huayra* qui provoque des affections cutanées et des urticaires.

Puis le *husnu-huayra* qui occasionne des dermatoses, des eczémas, des impétigos.

Le *kecho-huayra* qui provoque le tétanos, des paraplégies, des lumbagos, des affections nerveuses à évolution rapide et mortelle.

Enfin l'*aya-huayra* déjà cité, qui provient des *gentiles* courroucés, et est à l'origine de l'épilepsie (111).

Dans ces trois mythes que nous venons de présenter, sous un aspect apparemment fort distinct, il existe cependant une unité dans l'évolution des faits que Sal y Rosas présente ainsi : Un homme souffre d'une grande peine (d'où abattement, cessation de toute activité économique et menace pour l'ordre du groupe primaire auquel il appartient). Les divinités de la terre sont dérangées par cet événement non prévu et punissent l'homme. Enfin survient le châtiment qui frappe le cœur, ou *sonko,* centre de la charge animique de l'individu que seule une puissante réparation magique pourra protéger tout en faisant taire la peine de la victime et en faisant réintégrer celle-ci dans le cycle des activités du groupe un moment délaissé.

Nous avons déjà parlé de la notion de tabou qui se crée autour de la *huaca* et se manifeste après la profanation. La tombe des ancêtres n'est pas un lieu de recueillement ou de souvenir évoquant une existence passée. C'est une charge émotionnelle vivante, une matière contenant une puissance active, une énergie qui refuse tout outrage ou menace en provenance d'une autre source de rayonnement telle que celle qui émane de l'être humain animé. L'*ayahuayra* épileptogène est producteur de la maladie-péché que les chroniqueurs nous ont largement fait connaître. C'est aussi un concept que l'on retrouve dans toutes les grandes civilisations archaïques où « quiconque manque à la tradition s'égare[(112)] ».

Selon Villagomez, « ils croient qu'ils sont malades car les *mallquis* et les *huacas* sont ennuyés[(113)] ». Selon Polo de Ondegardo, « ils avaient pour opinion que toutes les maladies venaient des péchés qu'ils auraient commis et pour remèdes ils employaient les sacrifices et en plus de cela se confessaient à haute voix (...) et recevaient des pénitences ».

La session purificatrice la plus respectée sur tout l'empire incaïque était la *citua* ou *coya raimi,* destinée à éloigner les maladies de toute la population, par la consommation du *yaguar sanco,* pâte faite de sang d'un animal réputé pour sa valeur totémique, et de maïs, essence de cette force végétale transmise par la terre. Il s'agit en fait du repas divin, au cours duquel la chair du dieu est mangée.

Si nous regardons les trois mythes concernant le *sonko nanay,* on peut supposer qu'ils ont été construits à des époques différentes, bien que certainement pré incaïques. Pour Sal y Rosas, ce mythe du *sonko* est peut être « la conception la plus ancienne d'inspiration animiste suggérée par la subite mort apparente de l'individu au cours de l'attaque ». Par contre, le mythe de la *huayra* présenterait un aspect totémique (tabou imposé par la *huaca*) non dans les récits qu'en font les Indiens, mais bien dans la nature des remèdes où entrerait la force de l'animal éponyme.

Enfin il semblerait que le mythe du *llaqui* corresponde à une épo que moins ancienne, où les dieux et les démons exposent le coupa ble au châtiment divin, ici, les émanations morbides de l'*aya-huayra.* (En réalité, il appartient à la mythologie, au même titre que les deux autres mythes. La peine étant une marque d'individualisme est interdite par la collectivité).

Cependant, dans aucun de ces trois mythes il n'entre de mythologie solaire, ce qui nous permet d'avancer l'hypothèse que ces conceptions de l'origine du *sonko-nanay* ont pris naissance bien avant l'époque incaïque, de culte solaire (114).

Au cours de cette présentation de la nature de la maladie et de ses causes, nous avons découvert un être humain en péril à chaque instant, jeté dans la tragique aventure de ce monde historique, sans cesse en train de se faire et se défaire, menacé dès qu'il s'éloigne de la communauté et tente d'entrer dans l'indépendante solitude que proscrit la tradition (115). Communiant avec le monde, le primitif pense et agit collectivement, il n'existe pas sans le relief que lui apportent les autres membres de son groupe. Ce dernier, de la même façon, supporte les mêmes troubles, les mêmes souffrances, les mêmes calamités que ceux qui affectent l'un de ses membres. D'où l'importance vitale du rite qui, par l'action de tous, assure la sécurité de tous.

PHÉNOMÈNES ATMOSPHÉRIQUES CLIMATIQUES ET ASTRAUX

Si le risque existentiel se manifeste lors des violations de la coutume, qui, comme nous venons de le voir sont autant de défis lancés à la réglementation d'une puissance [116], il se manifeste également dans des déroulements extraordinaires. d'où toute garantie est remise en question. Il en est ainsi des phénomènes atmosphériques ou astraux qui, en semant le trouble dans la conscience collective, rompent les certitudes de la communauté. Du même coup, il y a de nouveau risque de désintégration de la personnalité.

Chez les indigènes péruviens actuels, comme dans tous les groupes primitifs, les éclipses de soleil *intik-muchuinin* (soleil souffrant) dont le retour quotidien n'est jamais assuré, ou de lune *killa wanuy* (lune morte), sont très redoutées par les populations qui ont conservé l'ancestrale frayeur de la nuit [117]. Dans toute l'Amérique indienne, ces phénomènes annoncent des épidémies, des désastres et des mutations étranges dans les cycles humains ou agricoles. Ainsi les trois premiers jours de pleine lune, faut-il arrêter toutes sortes d'activités agraires, car la graine ou bien ne germe pas ou bien elle subit une mutation défavorable. De la même façon, les femmes enceintes ressentent les effets néfastes de ces phénomènes, non dans leur grossesse, mais dans la naissance qui s'ensuit. L'enfant sera hydrocéphale si sa mère est sortie de chez elle pendant une éclipse de lune, et aveugle pendant une éclipse de soleil.

Si l'on en croit l'explication populaire, l'éclipse de lune a lieu lorsque cet astre, plongé dans un sommeil trop profond, sort de son chemin habituel et risque alors de tomber, de se perdre ou d'être la proie d'un monstre affamé [118]. Pour éviter une telle catastrophe, on recommande de faire le plus de vacarme possible en battant les chiens, les enfants, les casseroles, etc., afin que la lune sorte de sa torpeur dramatique et revienne sur la bonne voie [119]. Ou bien encore, on place un sou dans un récipient plein d'eau. Grâce à cette action symbolique, le disque argenté de Mama-Quilla, la Mère Lune, ne tarde pas à resplendir de nouveau.

Le but de ces rites bruyants célébrés lors des éclipses « serait d'effrayer pour le mettre en fuite, l'animal ou le monstre prêt à dévorer le corps céleste... Le charivari sanctionne les unions répréhensibles, et l'éclipse semble être l'effet d'une conjonction dangereuse : celle du monstre et du corps céleste. L'interprétation du vacarme à l'occasion des éclipses achèverait de convaincre que le bruit doit mettre en fuite, ici le monstre cosmologique qui dévore l'astre, là le monstre "sociologique" qui "dévore" sa non moins innocente proie (120) ».

Dans la province de Parinacochas (départ. Ayacucho) à chaque éclipse de lune on croit que les *gentiles* vont sortir de leurs cachettes et s'emparer des lieux à la faveur de l'obscurité. Pour se protéger, les Indiens constituent de grands brasiers et obligent les enfants à supplier Mama-Quilla en ces termes :

« *Mamaquilla ampucuy mamay, maytan rinqui huahuay quicunata dejarispayqui?*

« Maman Lune, où t'en vas-tu en abandonnant tes enfants ? (121) »

Il est intéressant de voir que ce « mythe de la lumière », valable pour le soleil et pour la lune, exprime la peur de ne plus revoir la clarté du monde. Que ce soit chez les Quechuas, de culte solaire, ou les Kampas amazoniens, de culte lunaire, le lever de la lumière indique la victoire sur le dragon, le serpent, le monstre et la mort. L'éclipse est dangereuse, car elle exprime la rupture d'un ordre cosmologique, et l'indigène sait bien que « la lumière du ciel n'est autre chose que le salut de l'homme (123) ».

Appartenant également aux manifestations météorologiques les plus redoutées, *chirapa*, l'arc-en-ciel (123), est le plus grand responsable des cataclysmes comme des maladies les plus graves, et ce depuis la Guyane jusqu'aux steppes du Chaco.

Au Pérou, il se produit particulièrement à la fin de la saison des pluies; il annonce donc la fin de l'union entre le ciel et la terre. Sa formation proviendrait du jeu que pratiqueraient les *duendes,* ici nommés *ychi-oolcos,* et qui consisterait pour ces esprits des sources à s'installer sur les rives opposées et à s'envoyer par le nombril de grands jets de lumière avec un bruit caractéristique, tandis que de splendides couleurs se dérouleraient dans l'espace. Cependant, l'arc-en-ciel blanc (124), plus rare, est quelquefois mentionné par les indigènes qui lui attribuent les forces les plus dangereuses. Mais qu'il soit terne ou éclatant, l'arc-en-ciel est toujours redoutable. Aussi doit-on éviter de le montrer du doigt, car celui-ci pourrirait aussitôt. Si l'on est blessé lorsqu'il s'étend dans le ciel, il faut se cacher, se jeter à terre, sinon la puissance maléfique profite de l'ouverture occasionnée par la blessure pour s'introduire dans le corps humain et y causer des ravages. Il est déconseillé de le regarder en face ou d'ouvrir la bouche sous peine d'avoir les dents cariées. (Derrière ce danger immédiat se dessine la menace beaucoup plus grande de subir un maléfice par absorption, la bouche étant un des lieux stratégiques de la puissance humaine.) Enfin, on doit éviter de prendre de l'eau stagnante car l'arc-en-ciel l'ayant polluée, elle provoquerait des maladies et particulièrement des eczémas incurables.

On retrouve cette croyance dans les écrits des chroniqueurs espagnols de la Conquête rapportant que « l'arc-en-ciel appelé Cuichu, est l'objet d'une grande vénération. Mais lorsqu'ils le voyaient ils fermaient la bouche, plaçaient la main devant, car, disaient-ils, si les dents apparaissaient, elles se gâtaient (125) ».

Comment savoir si l'on a été victime ou non de cette puissance mystérieuse? En observant ses urines où se reproduisent alors les couleurs du *kuychi*. Dans ce cas, la guérison ne pourra être obtenue qu'au moyen du « saint remède ». Il consiste à réunir douze brassées de douze couleurs de fils ou laines qui correspondent aux couleurs de l'arc-en-ciel. On y joint une branche bénite (le jour des Rameaux) et si possible, des petits morceaux de vêtements pris sur les statues des saints. Enfin on brûle le tout, afin de le dissoudre dans de l'eau bénite et on l'absorbe un vendrédi et un mardi (126).

Pour en terminer avec les phénomènes climatiques considérés comme des sources de maux et de disgrâces, nous citerons une manifestation locale, puisqu'elle a lieu dans les Andes centrales du Pérou à la fin des gelées d'août et donc en pleine transition climatique, et qui est redoutée sous le nom de *asiacc* ou *ccatu*. A cette époque en effet, de grands vents sauvages en provenance du sud, sud-ouest, apportent les premières pluies en faisant tourbillonner la poussière des chemins et des champs en de gigantesques colonnes ocres ou grises. Selon la légende que l'on conserve avec la sagesse des ans, le vent poudreux en forme de tornade est la représentation d'un dragon, serpent ou autre monstre, qui cherche à s'enfuir dans l'espace pour le dominer. Mais le vent fort le rattrape, l'attire vers les nuages d'où la foudre et l'éclair fondent sur leur proie, déchaînant une effroyable tempête au cours de laquelle le dragon diabolique se désintègre avant d'avoir pu réaliser son sinistre dessein. C'est, après la menace de l'enfer, le paradis rendu de nouveau possible, la victoire du Saint sur le Méchant qui s'illustre ainsi à travers la vision locale du thème universel du sauveur.

En ce temps magique « chargé de passé et gros d'avenir », les populations indiennes sont constamment exposées – et les mythes sont là pour le rappeler – au risque de disparaître dans le néant cosmique. On comprendra alors l'importance vitale (non de vie, mais de puissance) de la magie qui « fait » contre la magie qui « défait », seule capable de rétablir un ordre dans un univers bouleversé, et de promettre le salut à l'homme racheté. C'est pourquoi nous allons maintenant nous tourner vers celui qui représente et manifeste officiellement sa puissance face à la puissance divine, ce « héros de la présence, le Christ magique : le sorcier (127) ». C'est vers lui, porteur d'une charge de confiance et de sécurité qui seule peut conjurer et consolider, que l'indigène angoissé va se tourner, avec l'obscur désir de rétablir le contact avec les divinités. Et cela par « la nostalgie d'un paradis perdu ; la soif de connaître, par les *sens mêmes*, aussi bien la divinité que les zones inaccessibles de la réalité (128) », et non par débilité mentale ou superstition stérile. Car la crainte et l'espoir ne naissent pas d'une réflexion mais d'une expérience vécue.

DEUXIÈME PARTIE

Diagnostic

Déjà sous les Incas
il y avait les devins des songes,
et les guérisseurs de corps
qui aspiraient le mal
par succion.

LES SORCIERS

La médecine primitive ne se contente pas de donner un diagnostic général de la maladie, mais elle s'efforce au contraire de découvrir le diagnostic individuel de l'homme en relation avec les forces magiques qui l'entourent. Il s'agit donc d'une véritable description minutieuse de la localisation exacte du mal, de sa raison d'être et de sa manifestation actuelle [1].

Toute approche du diagnostic tel qu'il se présente dans la médecine traditionnelle, devra tenir compte de deux facteurs essentiels : l'homme qui indique, découvre, révèle, et les méthodes qu'il emploie pour accéder à cette connaissance supérieure, principalement basée sur la divination ou sur l'appréciation d'une série de faits, de caractéristiques du malade. Ceux-ci conduisent le sorcier à donner une conclusion définitive d'où s'ensuit une thérapeutique appropriée [2].

Ces hommes qui osent braver le risque millénaire en s'insurgeant au nom de la communauté tout entière contre la menace de la dissolution individuelle, ces hommes et ces femmes qui implorent, conjurent et condamnent mais agissent toujours en fonction du rôle qui leur est attribué par leurs institutions historiques (institutions que nous, rationalistes, méprisons habituellement car elles fondent leur logique sur des pratiques que notre ethnocentrisme dénigre en leur refusant toute réalité), ces spécialistes de l'évocation et de la participation dont le seul nom de « sorciers » fait aussitôt entrevoir l'essence du mal à travers un fouillis de préjugés, qui sont-ils? Comment atteignent-ils cette position au sein du groupe social? D'où tirent-ils ce surcroît de connaissance qui leur confère respect ou mépris, crainte ou confiance, mais partout les revêt d'une puissance particulière aux yeux profanes de la collectivité?

Par la suite, nous prendrons le terme de « sorcier » dans son acception la plus large avec le sens qui lui est généralement attribué par les membres de la communauté, c'est-à-dire de porteur de puissance. Il se présente aussi bien comme guérisseur, devin, météorologue, prêtre, etc., car les noms abondent qui établissent toutes sortes de distinctions entre les catégories de sorciers qui quadrillent l'étendue péruvienne. De la côte à la forêt amazonienne en passant par les hautes terres andines, les qualificatifs varient en fonction des capacités et des localisations géographiques.

Aujourd'hui, la médecine traditionnelle possède encore une classification très semblable à celle établie par les anciens Péruviens.

En premier lieu, vient le *hampik* ou *jampek* (3), véritable médecin dont les pouvoirs très étendus sont à la fois ceux du mage, ceux de l'herboriste et ceux du psychiatre. Il dirige essentiellement ses connaissances sur la nature même de la maladie, en dosant les plantes selon leurs propriétés et en veillant surtout à leur stricte application propre à chaque cas (4). Car le *hampik* connaît et démarque la division des maladies. Parfois il se double d'un *paqo*, lorsqu'il s'agit de ramener l'âme égarée et de la faire revenir dans le corps *asustado*. Ce *jampek* quelquefois hispanisé sous le nom de *curioso*, *entendido* (celui qui s'intéresse, celui qui sait), jouit d'un véritable prestige auprès des indigènes.

Les chroniqueurs nous ont largement fait part de l'admiration qu'ils éprouvaient pour ces Indiens du Pérou que les savants modernes ont qualifiés de « premiers naturalistes du monde, utilisant les plantes dans l'économie domestique, la teinturerie, dans les constructions et surtout dans les différentes maladies (5) ».

Dans les sociétés archaïques, le *medicine-man* (6) occupe une place privilégiée à côté du chef militaire. Cette notion de prestige subsiste encore de nos jours dans toute l'Amérique du Sud indienne avec d'autant plus de force que la société n'y est pas déséquilibrée par l'intrusion de la « civilisation » occidentale.

Les sorciers continuent de pratiquer selon les rites ancestraux avec plus ou moins de succès, mais autant de vénération, dès lors qu'ils s'attaquent aux maladies caractéristiques des sociétés à faible coefficient de sécurité, et qui sont de ce fait souvent de type psychosomatique. La psychiatrie folklorique qui n'en est qu'à ses débuts, par ailleurs très prometteurs, au Pérou, a déjà recueilli des informations et mené à bien des observations de cas par les soins de quelques-uns parmi les meilleurs médecins nationaux (7). Elle a permis ainsi d'obtenir de très intéressants sujets d'analyse et de réflexion, portant sur les manifestations de la médecine populaire dans le domaine de la thérapeutique magique, véritable trésor d'informations en ethnopsychiatrie.

Nous ne nous attarderons pas ici sur les méthodes du « guérisseur » qui pratique au sein de la culture occidentale des villes tout en conservant des attaches avec son milieu traditionnel d'origine et se trouve automatiquement en marge, sinon poursuivi par les lois de la société moderne.

Nous ne parlerons pas plus de ces innombrables charlatans, radiesthésistes, clairvoyants, etc., qui sévissent au Pérou comme dans tous les pays du monde, où les imposteurs profitent de la crédulité de certains pour s'enrichir avec des potions miracles.

Nous nous occuperons seulement de cet homme qui suit la tradition culturelle du groupe et agit en son sein avec une acceptation totale de ses membres même s'il est craint. Ce sorcier est en soi une institution fondamentale et absolument nécessaire à la cohésion structurale de la communauté, et se distingue en cela du « guérisseur » moderne condamné pour exercice illégal de la médecine.

Selon l'intention manifestée au cours des rites, le sorcier peut se présenter comme un *brujo-malero,* agent maléfique de *daño,* ou comme un *brujo-curandero*, agent guérisseur (8). Le premier *brujo* s'adonne de préférence à la magie noire, le second à la magie blanche.

Le *jampek* est considéré comme étant un bon *brujo,* c'est-à-dire un vrai descendant de la nombreuse et illustre lignée des guérisseurs traditionnels que les Incas vénéraient grandement. Il exerce sa fonction avec une dévotion qu'il tient de ses ancêtres et en aucun cas n'est motivé par un désir de lucre. Il ne fait pas de propagande pour son art et n'espère pas non plus utiliser son intuition ni ses pouvoirs magiques pour en vivre. Le plus souvent c'est un paysan, un artisan, un *cuchi-pistak* (désosseur de porcs). S'il s'agit d'une femme, elle exerce la profession de fileuse, tisseuse, *chichera* et est qualifiée de *curandera, curiosa* ou *entendida* (9). L'un et l'autre de ces personnages dédient leurs moments libres à cette activité médicale si précieuse pour le groupe tout entier pour deux raisons. D'une part, c'est le seul recours que l'on ait en ces lieux que ne fréquentent pas les praticiens diplômés des villes; d'autre part, c'est la plus authentique réponse magique qui soit et, comme telle, parfaitement adaptée aux besoins de la collectivité. Plus encore, « en certains cas et face à un grand nombre de douleurs humaines, le *curandero* indigène est irremplaçable (10) », particulièrement dans le traitement de cette affection mentale d'origine mythologique, le *susto,* qui nécessite une psychothérapie fondée sur les éléments culturels du groupe. Le sorcier indigène, non seulement apporte ses connaissances magiques, mais il redonne confiance, ce qui vaut infiniment mieux pour le malade, que tous les titres honorifiques dont peut se prévaloir un médecin de la ville, lequel n'en demeure pas moins un étranger dans le monde spirituel andin. Seul le premier, qui participe du même idiome, de la même terre, des mêmes croyances, peut établir ce bénéfique contact psychologique nécessaire pour faire croire à la validité du traitement magique, c'est-à-dire pour provoquer l'enchantement qui le rendra efficace.

Si le *curandero* utilise principalement, et en les revivifiant, les pouvoirs magiques de ses ancêtres au cours d'impressionnantes cérémonies de récupérations (de la santé, de l'âme, etc.) qui tendent à réintégrer l'être menacé dans son univers historique propre, il développe également une activité empirique. Celle-ci résulte de l'expérience séculaire du peuple et de ses observations sur l'application des remèdes principalement d'usage externe, en provenance des trois règnes de la nature [11]. Nous verrons plus loin qu'on y retrouve surtout les *make-kora,* herbes difficilement accessibles des hauts plateaux, des substances grasses à base de chair de poule ou de *cuy* (cochon d'inde) ainsi que des huiles extraites du corps de serpents.

L'autre groupe de sorciers est celui des *brujos-maleros,* qui se dédient principalement au mal, au *daño,* soit par *contact direct* (par la bouche), et c'est le plus dangereux car il sous-entend l'ingestion d'un breuvage ou d'un aliment nocif pour l'organisme, soit *à distance.* Cette méthode, qui nécessite parfois l'intervention du diable en personne, se réalise au moyen d'un support de la personnalité visée, tels le nom, l'ombre, l'identité, etc. On dit alors que l'on a affaire avec un *brujo empactado con el demonio.* La nature de ce Supay, le démon indigène des Andes, mérite que nous nous y attardions, étant donné son importance dans la mentalité quechua.

Selon la légende, à l'origine il n'y a pas eu deux princes célestes Wiracocha et Supay, mais bien un seul Wiracocha d'où serait né Supay et avec lui la dualité. Cependant, celle-ci serait née d'un même état d'amour [12]. En effet, certains agissements de ce diable laissent entendre que son essence est l'amour.

« Supay est la vie terrestre, il crée par amour, il détruit parce qu'il aime : il est tout amour et rien de plus [13]. »

Il convient de bien saisir cette étonnante notion de la divinité qui réside dans tout cœur indigène, dans chaque sentiment de ce peuple qui n'a jamais connu le mal comme « puissance antithétique et destructrice », et qui, refusant toute conception métaphysique dualiste, n'envisage le mal que comme ce qui est imparfait, le Supay [14].

On voit que cette représentation du démon est bien différente des descriptions monstrueuses de la religion chrétienne, et n'en a pas l'aspect traumatisant.

Supay (ou Wati) n'a pas le faciès grimaçant de laideur et de cruauté, il est seulement Taksa-Wiracocha, le petit dieu, l'Autre, celui dont la particule divine abandonnée sur la terre s'est, à son contact, contaminée et est devenue imparfaite, s'est changée « en ce qui n'est pas bon, ce qui ne détruit pas mais détériore (fait perdre la santé), ce qui est *manan allin*; ce qui, en étant Dieu, est imparfait car resté Supay [15] ».

Cependant, ce dieu déchu qui fit pourtant germer la pierre au contact de l'eau, est amoureux de ses créatures. C'est pourquoi il participe désormais aux rythmes des vivants qu'il aime ou châtie, des saisons qu'il modifie à son gré.

Supay est *isiray* et *piñacuy*, sourire et colère. Il est la sève et la sécheresse, *achca* et *shirau*[16], mais de toute façon Supay est partout sur la terre des hommes, constamment présent dans le déroulement des travaux agricoles; parfois, comme protecteur de récoltes et s'incarnant alors dans le bon *Wamani*, ou comme guide des troupeaux, se présentant sous la forme du puissant *Illan*. Lors de combats, il aide et mène à la victoire; il est alors le *Curuncuna* joyeux qui se présente comme *Puru Rauca*, celui qui met l'ennemi en pièces. Il est aussi le grand *Sapi-Pachan*, celui qui soutient la racine du monde.

Mais n'en concluons pas qu'il ne s'agit que d'un bon petit diable, enclin aux facéties ou aux bonnes actions. Certes, Supay peut devenir un allié temporaire pour le *Runa*, l'Homme, celui qui lui témoigne un certain respect et l'honore régulièrement en ces lieux que d'aucuns disent maudits et n'osent approcher. Supay reste malgré tout le redouté dieu du mal, le chef des démons multiples qui sait prendre une infinité d'aspects pour mieux nuire. Parfois, il se manifeste en la personne d'un esprit malin, d'un *duende* qui tournoie autour de sa victime avant de l'envoûter; parfois il agit et exerce ses puissances maléfiques par l'intermédiaire de ces êtres mystérieux qui hantent les cimetières ou d'autres lieux solitaires. Car, ne l'oublions pas, « Supay est *puncu*, la porte éternelle par où les âmes entrent et sortent en un perpétuel mouvement, génie dynamique éminemment actif; il est le *Chucco*. Il se trouve dans tout ce qui existe. Soit en *Sayaco chirapa* dont la résidence préférée est l'eau, soit dans la personne du *Hapiñuñu* qui habite la terre ferme, soit enfin dans le *Cama-ccari* quand il pénètre à l'intérieur de l'homme en le rendant fou [17]. »

Pour en revenir à la distinction entre le *brujo-curandero* et le *brujo-malero* [18], il faut préciser que ce dernier agit en s'attribuant des pouvoirs qui lui sont transmis par une force maligne. Alors que le premier, tel un expert en guérison, élabore la potion, le remède, ou réalise le rite magique inspiré du mythe étiologique. Cependant, une telle opposition n'est guère valable, car face à la maladie les rôles se mêlent, s'enchevêtrent, et c'est souvent le même homme qui, selon la situation, sauve ou damne, en utilisant ses connaissances et en les orientant par la seule intensité de sa volonté.

C'est pourquoi par la suite nous désignerons ces hommes-médecine, qu'ils soient mages de la santé ou du malheur, sous le terme général de sorciers.

Deux autres types de sorciers se rencontrent dans les Andes du Pérou, bien que dans un rôle plus limité et plus spécialisé.

Il s'agit du *watuq* (ou *huatocc*) et du *paqo*. Le *watuq*[19] est un devin qui, grâce à des moyens d'interprétation dont il a le secret, peut déterminer la nature des maux dont souffre un malade, en consultant les viscères de cobayes, les fèves, les grains de maïs, ou en jetant les « sorts » et en interprétant leurs figures paires et impaires, de la même façon que le faisait l'*achicoq* des anciens Péruviens. Soit encore par les rêves, en tant que *mosoq*. Enfin on peut conclure en disant qu'« il étudie l'état général somatique, psychique et pathologique du patient. En réalité, il se préoccupe du diagnostic[20] ».

Le *paqo*, lui, encore nommé *hatun-paqo*, s'adresse principalement à l'âme[21]. Il la place en synchronie avec le monde du bien, de la santé, de l'équilibre cosmique. Il fait agir l'âme et le corps en évitant autant que possible que les émanations provenant des forces libérées dans le remède, n'altèrent les relations intimes entre le corps et l'esprit. Mais, « quand cela est nécessaire il fait primer l'action animique sur l'action somatique[22] ». C'est aussi vers lui que l'on se tourne pour faire revenir une âme égarée ou volée.

Cependant, dans certaines régions andines du centre péruvien, le *paqo*, connu sous le nom de *pongo*, possède la capacité d'entrer en communication avec les *wamanis* des montagnes, les *huacas* ou encore les *auquis*. Le *pongo*[23] est un serviteur des dieux doué de pouvoirs spéciaux qui lui permettent de dialoguer librement avec eux, de les visiter et d'en obtenir des informations très détaillées sur des affaires obscures. « Il est en relation avec les dieux qui n'ont pas besoin d'intermédiaire pour détruire ceux qui les offensent, mais en ont besoin pour faire une grâce à qui les sollicite. Car aucun homme commun n'est apte à les appeler et à leur parler. Ni l'*auqui*[24]. »

Auqui prend ici une autre signification que celle énoncée plus haut. Il ne s'agit pas de l'ancêtre tutélaire, mais du représentant de la communauté paysanne, de son messager devant le *wamani*, et seulement pendant la durée de la fête célébrée en l'honneur de l'esprit de la montagne. Ce prêtre « manipule le *wamani*, et les forces métaphysiques qui émanent de lui, sans pour autant être investi de pouvoirs occultes[25] » ni posséder de privilège dans la collectivité. Une telle activité exige cependant que l'*auqui* soit dans la plénitude de ses forces; aussi dans leur vieillesse, beaucoup d'*auquis* deviennent-ils *curanderos, hampiq*[26].

S'il connaît parfaitement les chemins secrets qui conduisent par mille détours au cœur de la montagne sacrée et dévoilent les forces immenses des *wamanis*, le *pongo* est aussi un *orqo-jayaqoq*[27] ou « appeleur de monts ». Nous relatons plus loin l'une de ces belles cérémonies d'appel rituel grâce auquel le devin s'entretient avec l'esprit caché de la montagne, l'interroge sur la nature d'un fait, d'un mal, ou d'un avenir incertain.

Ces « techniciens du monde spirituel[28] » s'apparentent aux grands prêtres incas, les *huacapvillac,* qui conversaient avec la *huaca,* ou avec les *malquivillas,* qui savaient interroger les *malquis,* ou encore à ceux qui dialoguaient avec le soleil, l'éclair, et rapportaient aux membres de l'*ayllu* les informations obtenues dans le secret des dieux. Enfin nous citerons les actuels *ccamiles (kamiri)* ou porteurs de remèdes, les *songoyoc* (qui a un cœur), les *nahuiyoc* (qui a des yeux) et les indispensables *enguaychadores,* spécialisés dans la préparation de philtres amoureux si recherchés sur la côte péruvienne. Leurs rites magiques se déroulent aujourd'hui avec la même vigueur que ceux de leurs prédécesseurs, les *runatinguis,* dont le chroniqueur rapporte qu'ils « préparaient des philtres irrésistibles, tels que les *huacanquis* ou talismans, faits de racines de plantes ou de plumes d'oiseaux que l'on plaçait dans le lit ou dans les vêtements de l'homme ou de la femme que l'on voulait séduire[29] ».

Malgré cette distinction qui s'opère dans les rôles, ici encore nous ne pouvons établir catégoriquement une classification, dès lors que le même sorcier est connu selon une appellation locale et que le même agent peut remplir tour à tour les activités du *paqo,* du *jampek* et du *watuq* au cours de rites qui vont de la réduction osseuse jusqu'à l'envoûtement à distance.

*D'une façon ou d'une autre,
le sorcier tire ses pouvoirs des divinités,
avec lesquelles il s'entretient régulièrement
par l'intermédiaire des « huacas »
et autres idoles.*

L'ACQUISITION DES POUVOIRS MAGIQUES

Dans l'ancien Pérou comme dans les divers groupes ethniques à mentalité magique de l'Amérique du Sud, le sorcier, qu'il soit appelé *payé* chez les Tupi-Guarani, *khon* en Terre de Feu, *piache* dans le bassin de l'Orénoque, *mohan* dans la forêt amazonienne, ou *machi* chez les Mapuches du Chili, acquiert ses pouvoirs de deux manières distinctes : *par transmission héréditaire* ou *par révélation divine.*

Dans le premier cas, le novice dont on a remarqué certaines aptitudes [30] va suivre l'enseignement d'un parent et, tel un apprenti fidèle, le secondera quotidiennement dans ses recherches de plantes médicinales comme dans ses pratiques rituelles ainsi que dans ses contacts avec les esprits bienveillants ou démoniaques, afin de devenir à son tour un « homme de connaissance ».

C'est ainsi que s'initia ce *pongo* de Chunupampa, dans les Andes centrales, auprès duquel nous avons assisté à la cérémonie du *orqo jayaqay*. Cet homme fut l'élève pendant de nombreuses années d'un parent éloigné, lui même *hatun-pongo,* qui lui apprit laborieusement le secret des *wamanis,* leur langage, leurs humeurs et surtout les repères ésotériques qui ouvrent la porte de leur domaine et de leur puissance.

Cet informateur nous assura que son maître était plusieurs fois ressorti des entrailles de la montagne sainte avec des offrandes de pierre et d'or que les divinités lui avaient personnellement remises.

Les pouvoirs magiques peuvent également être transmis héréditairement au moyen d'un objet symbolique tel que la *chonta* que le père remet à son fils sur la côte nord du Pérou, lorsqu'il est à la veille de sa mort. Quand le sorcier meurt, victime du Negro (le diable), se pose en effet le problème de la succession des pouvoirs, ici matérialisés sous la forme de ce bâton mieux connu sous le nom de *chonta defensa* ou *chonta preferida* (préférée), et constituant l'un des éléments essentiels dans toute séance magique. Ce bâton doit obligatoirement être légué à l'un des enfants du défunt. Si l'un d'eux se sent concerné par les arts de son père, il accepte la charge qui lui est offerte et se déclare prêt à supporter les forces qui viennent de lui être transmises.

Mais il peut arriver, lorsque tous les enfants refusent de suivre les agissements du père, ou lorsqu'il n'y a pas de descendance, que la *chonta* n'ait plus la possibilité de participer à des rituels magiques. Le problème est particulièrement grave, car elle n'en demeure pas moins chargée de son potentiel initial, et risque, de par son inactivité, de se mettre en mouvement d'elle-même et de causer toutes sortes de torts à la parentèle. Pour se libérer d'un tel danger, la famille se tourne alors vers un autre *maestro,* choisi par elle. Celui-ci va aussitôt emporter la *chonta defensa* vers la lagune noire, la plus puissante des Huaringas, et va l'offrir au lac après l'avoir ornée de rubans et de fleurs. Une fois l'immersion réalisée, le sorcier remporte la *chonta* chez le défunt, afin de *shulalar* (refroidir), c'est-à-dire pour éteindre définitivement l'ardeur des maléfices et des mauvais esprits qu'elle contenait (31).

Une autre manière de devenir sorcier par hérédité est celle que l'on observe dans certaines localités où tout le monde, de génération en génération, pratique l'art d'anéantir pour recréer, de guérir ou de damner. Tels sont, au Pérou, les villages de Cachiche et surtout la région côtière nord comprenant Salas, Motupe, Ferreñafe, Zaña, Monsefù, Illimo, Mochumi, Tùcume, etc., qui ont la réputation d'être des « zones de sorcellerie » par excellence. Nous reviendrons sur cet aspect en tâchant d'en expliquer les raisons.

Dans le Pérou andin (32) et particulièrement chez les Aymaras de la région de Puno, il existe un curieux symptôme reconnu par les parents de celui qui le présente, et d'ailleurs aussi par la communauté en général, comme un indice évident d'une prédisposition à l'exercice des arts magiques. Il s'agit de la curieuse particularité physique connue sous le nom de *chajrahuma (cutis verticis gyrata),* ou cuir chevelu cérébroïde (33). Cette anomalie de caractère racial, et ne provenant pas d'une maladie, que l'on voit prédominer chez les éléments masculins de la population, affecte la surface du cuir chevelu. Celui-ci n'est pas lisse comme à l'ordinaire mais apparaît creusé de sillons et de circonvolutions qui reproduisent le même relief et les mêmes positions que la surface cérébrale (34), le couvercle osseux n'en demeurant pas moins absolument indemne.

Cette déformation n'entraîne par ailleurs aucun trouble mental, mais il n'en reste pas moins certain qu'« elle apporte avec elle un certain degré plus ou moins grand d'insuffisance mentale ou, peut-être, une certaine modalité particulière de réaction psychologique [35] ».

Le futur sorcier dont le signe d'élection divine est apparu à la naissance sous l'aspect dont nous venons de parler, sera considéré par les uns comme un névropathe en puissance, mais, pour ceux de son entourage et de son univers historique, grâce à cette preuve indéniable d'un type de perception extra-sensorielle, il sera considéré comme étant prédestiné à des activités supra-normales.

Cependant, gardons-nous bien d'établir un rapprochement entre une instabilité nerveuse et les pouvoirs dont dispose le sorcier. L'un peut effectivement favoriser l'autre mais n'est en aucun cas une condition nécessaire, ainsi qu'en fit longuement la remarque Alfred Métraux à propos des chamans amazoniens.

En Bolivie, dans le département de Puno, les villages de Icho et Charazani donnent naissance aux fameux médecins-magiciens Callawayas, de souche quechua bien que fortement métissés, qui se transmettent de père en fils leurs connaissances au point de former une véritable caste itinérante. On les rencontre « non seulement dans toute la Bolivie mais à travers les différents pays voisins; les plus fréquentés étant le Pérou, l'Équateur, le Chili et l'Argentine [36] ».

Il y a encore quelques années, « l'apprentissage de la médecine et de la magie s'échelonnait sur une période de dix à douze ans. Dès l'âge de la puberté, le jeune garçon recevait l'enseignement d'un homme d'expérience qui pouvait être occasionnellement son propre père, en voyageant avec lui. » Enfin, lorsque le novice était jugé digne de son maître, les anciens se réunissaient en assemblée extraordinaire à l'issue de laquelle lui était donnée l'autorisation de pratiquer [37].

La rigueur et la durée de l'initiation varient évidemment d'un groupe ethnique à l'autre. Ainsi les Conibos de la forêt péruvienne pratiquent un mois de jeûne et d'abstinence avant de devenir sorciers. Chez les Yamanas de Terre de Feu, la formation d'un *yekamus* ou école pour hommes-médecine. Puis « avant de pouvoir offise terminent avec les restrictions alimentaires dans leur *loima-yekamus* ou école pour hommes médecines. Puis « avant de pouvoir officiellement pratiquer, l'apprenti doit parfaire ses dispositions de concentration et d'autosuggestion, ce qui peut durer plusieurs années [38] ».

En second lieu, l'individu peut se voir brutalement désigné pour assumer une charge magique par *révélation divine,* ce qui apparaît comme une vocation spontanée.

Le chroniqueur Villagomez rapporte que « lorsque des grands prêtres voient un Indien ou une Indienne frappé d'un mal soudain qui le prive de jugement, et reste comme fou, ils disent que cet accident lui est arrivé, car les *huacas* veulent qu'il soit leur *villac* et prêtre; lorsqu'il reprend ses esprits, ils le font jeûner et lui enseignent le métier, étant donné que quand ils parlent avec les *huacas* ils ont l'habitude de perdre le jugement ».

Parfois aussi la découverte d'un objet sacré, tel le *kuntur cuchillo,* minéral cristallisé et semblable à du verre noirâtre, équivaut sur la Puna à un signe des dieux annonciateur d'une chance extraordinaire. Car les indigènes considèrent que le Tout-Puissant a envoyé cette offrande par l'intermédiaire des *auquis,* et « ils la gardent comme une relique et, à la personne qui a fait la trouvaille, ils vouent un grand respect, disant qu'il est fils ou serviteur de Dieu. Et si par trois fois il a la chance de trouver cette sorte de minéral, c'est le préféré absolu, alors appelé *sonqoyoc* ou devin [39] ».

SANTIAGO ET ILLAPA

Mais le signe le plus évident que les dieux adressent aux hommes élus apparaît dans la manifestation de la *chukiilla*, la foudre, la « lance de lumière », l'éclair.

Déjà au temps des Incas, nous dit Cristobal de Molina, il y avait des sorciers « nommés *cammascas* qui prétendaient avoir reçu leur pouvoir du tonnerre, et qui disaient que lorsque la foudre frappait l'un d'eux et qu'il revenait à lui, il confessait alors que le tonnerre lui avait enseigné l'art de guérir avec des herbes ou de donner des réponses aux questions qui lui étaient posées (40) ».

Cette croyance n'est pas limitée au Pérou ni même au continent sud américain. On la retrouve chez bon nombre de populations, par exemple chez les Esquimaux Iglulik, ainsi que le rapporte Rasmussen :

« Tout à coup une boule de feu incandescente apparut dans le ciel et celle ci la toucha et entra en elle avant qu'elle ait pu fuir. A l'instant même elle sentit que tout s'illuminait et elle perdit connaissance. Mais dès lors elle devint une grande chamane. L'esprit du météore était entré en elle (41). »

Rappelons enfin que les Grecs considéraient comme sacré, tout individu frappé par la foudre. Car cela indiquait qu'il était désormais investi d'une grande puissance.

Bien que les théories mesmériennes aient été pour la plupart abandonnées, nous ne pouvons manquer de citer l'une d'elles qui concerne ce phénomène. L'auteur énonce en effet que, lorsque quelqu'un est frappé par la foudre « il entre en possession de pouvoirs spéciaux et d'une capacité intuitive fantastique », provoqués par l'hyper excitabilité de certaines aptitudes mentales qui jusqu'alors dormaient ou vivaient par à coup.

Aujourd'hui cependant, on constate que dans de nombreuses régions andines, à l'image de Illapa, dieu du Tonnerre, s'est substituée celle de l'apôtre saint Jacques à cheval, tenant haut son épée qui symbolise l'éclair, et devenant comme son prédécesseur le protecteur des troupeaux, des hommes, de l'armée [42]. On expliquera facilement ce syncrétisme à travers les influences des envahisseurs espagnols sur cet empire où le dieu Tonnerre occupait la troisième place dans la vénération que les Indiens portaient aux divinités, après Viracocha et Inti, le Soleil. Ils pensaient de lui que « c'était un homme dans le ciel formé d'étoiles, avec une massue dans la main gauche et une fronde dans la droite, vêtu d'habits brillants, lesquels donnaient l'éclat à l'éclair quand il se retournait pour tirer sa fronde, et que le claquement de celle ci provoquait le Tonnerre [43] ».

A propos de cette transformation de Illapa en saint Jacques, de nombreuses explications ont été avancées. On suggère notamment que l'arquebuse espagnole, dont le claquement sec provoquait le foudroiement de la victime, se serait vu attribuer par les Incas, les mêmes pouvoirs que la foudre. Selon le Père Arriaga « c'est peut-être parce que quand il tonne, les garçons d'Espagne disent que le cheval de Santiago galope; ou que durant les batailles les Indiens voyaient les Espagnols tirer à l'arquebuse qu'ils nommaient *Illapa*, foudre et que les Espagnols criaient d'abord "Santiago, Santiago !" [44] ».

Quoi qu'il en soit d'Illapa ou de Santiago comme on l'appelle aujourd'hui, cette divinité peut fulminer de colère et trancher d'un coup de son épée de lumière dix têtes de bétail ou d'hommes si on lui a manqué de respect, ou si on a négligé de faire les offrandes qui lui sont dues.

Saint Jacques est définitivement plus puissant que saint Jean (qui surveille les ovins), que saint Marc et saint Luc (pour les bovins) et que sainte Marthe et sainte Hélène, qui traient. Il est normal par conséquent que la parole de ce saint patron ainsi que chacun de ses actes de puissance soient craints et vénérés par les paysans des hautes terres andines.

Lorsque la foudre frappe des animaux, ce qui est très fréquent sur ces steppes désertiques d'altitude, « s'ils sont carbonisés et si leurs têtes demeurent tournées vers *intik wachinan* [45], c'est un signe de chance, et quand elles sont tournées vers *intik chullan* [46], c'est signe de malheur. Et si l'animal foudroyé est mangé par les chiens, c'est un mauvais présage, mais s'il est dévoré par les condors, c'est au contraire un très bon présage [47] ».

Nous retrouvons dans cette citation l'importance symbolique que la mentalité primitive attache aux points cardinaux, et par dérivation, à la main droite comparée à la gauche.

Sous les anciens Péruviens, « celui qui conviait à boire tenait deux gobelets dans ses mains; si l'invité était d'un rang inférieur, il lui donnait le gobelet de la main gauche, s'il était d'un rang égal au sien, ou supérieur, c'était alors celui de la main droite [48] ».

Aujourd'hui encore, nous perpétuons cette tradition mentionnée dans les psaumes, en jurant de la main droite, en faisant asseoir à notre droite l'invité d'honneur ou, plus prosaïquement, en ne nous levant pas du pied gauche...

Dans la région du Cuzco, là où la foudre a frappé « on plante des petits drapeaux blancs [49] ». Puis on enterre une offrande à l'endroit où la victime est tombée et on recouvre l'une et l'autre de terre [50]. Parfois on consacre le tout en y plantant une *waraq'o* (cactacée). Dès lors l'endroit devient dangereux pour les passants et les troupeaux, qui doivent l'éviter. Mais si malgré tout, par hasard ou par ignorance du tabou, des gens ou des bêtes s'en approchent, ils tombent malades et souffrent d'hémorragies (...). L'endroit reste sacré et l'on est obligé d'y faire le « paiement à la foudre et à l'éclair », pendant trois années consécutives. Si la foudre est tombée trois fois au même endroit, celui-ci devient un lieu particulièrement privilégié, et dangereux pour la réserve des forces surnaturelles qu'il détient désormais [51].

De même l'individu frappé trois fois par la foudre, s'il en réchappe, possède aux yeux de la collectivité des pouvoirs spéciaux qui lui ont été brutalement confiés par les dieux. L'heureux bénéficiaire de ces millions de volts est généralement un homme d'une trentaine d'années, beaucoup plus rarement une femme.

Pour expliquer le sens particulier de ces trois décharges consécutives qui frappent le futur sorcier, l'indigène révèle que « la première le tue, la deuxième lui sépare la tête du corps, la troisième le fait revivre [52] ».

Cette explication est particulièrement significative, car elle nous révèle les trois étapes d'un événement qui joue véritablement le rôle de l'initiation mystique. Pour renaître à la sensibilité sacrée, c'est-à-dire à l'absolu, il est nécessaire de rompre d'abord tout lien avec la sensibilité profane.

Dépouillé de sa sensibilité antérieure lors de la première décharge, l'indigène se trouve ensuite déchargé de sa puissance propre et c'est après la troisième décharge qu'il acquiert véritablement sa nouvelle énergie. C'est donc une résurrection mystique.

Cependant, pour qu'un tel événement soit valable, il doit fournir des preuves de son authenticité aux yeux de la communauté paysanne. Ainsi, à la suite du choc électrique, le corps présente une blessure épidermique avec une très mauvaise odeur de fer, semblable à une espèce de *sarna* très douloureuse (*arkna* ou *qaqya*). Par ailleurs, l'homme qui a été frappé par la foudre ne doit avoir eu aucun témoin, sinon la tempête et la solitude de la Puna déserte. Dans le cas contraire, le futur sorcier tomberait mort, foudroyé.

Rentré chez lui où sa famille apprend avec bonheur l'événement dont il vient d'être le héros, l'homme est mis au lit pour trois jours après avoir été parfumé d'encens et soumis à un jeûne sévère d'où sont exclus les oignons, les piments et le sel en trop grande quantité. Car l'individu foudroyé « entré en conjonction avec le feu céleste », se trouve alors si chargé de puissance qu'il est nécessaire de lui interposer des isolants sous forme de jeûne et d'abstinences. Dans « ces retraites de position exposée », exposée parce que l'excès de « chaleur » corporelle met trop directement et intensément le sujet « en prise avec les autres et avec le monde extérieur » (Taylor), il s'agit de prévenir un abus de communication, pour qu'un court-circuit ne risque pas de se produire (53).

Puis au bout de quelques semaines d'apaisement, ce récent *paqo* sera initié par un *hatun paqo,* lequel a également été frappé trois fois par la foudre, il y a fort longtemps, et saura transmettre à son élève, en plus de ses connaissances divinatoires et de sa science des simples, les exercices nécessaires à sa transformation intérieure.

Dans certains cas, cette étape initiatique, *karpachi-cuy,* peut être complétée par d'importants bains rituels. Ceux-ci doivent être pris sous la haute direction d'un *apu* (54) qui transportera par les airs le jeune sorcier, jusqu'à un lac caché dans un lieu inaccessible des Andes, où il le jettera, en l'obligeant ensuite à nager de façon à tracer une croix sur toute son étendue (55).

Mais quelles que soient les formes que prend cette manifestation visible d'une transformation psychique, elle apporte à l'individu un changement d'activité sensorielle qui, de normale et profane, devient para-normale et sacrée. Ainsi élu, l'indigène « acquiert une sensibilité inaccessible au niveau de l'expérience profane; la révélation du choix divin se manifeste par la destruction de toutes les structures antérieures; l'« élu » devient un « autre »; il se sent non seulement « mort et ressuscité », mais *né à une autre existence* qui, tout en paraissant se poursuivre dans ce monde-ci, est fondée sur d'autres dimensions existentielles (56) ».

La possession de cette force transmise par les divinités au moyen d'un « accident » peut prendre divers aspects. Ainsi chez les Indiens d'Amazonie péruvienne, moins victimes de la foudre que des grands serpents, elle se transmet par l'intermédiaire de l'*apalagua,* ce Boa aquatique qui, en fécondant une jeune fille au bain, provoque la naissance de celui qui sera, aux yeux de la communauté, un grand sorcier. Car le Boa possède en lui le *mandé,* force mystérieuse, magique, qui se transmet à l'homme engendré par ses soins et lui confère ses propres pouvoirs.

Chez les Yamanas de la Terre de Feu, ou les Botocudos du Brésil, c'est le sorcier défunt qui se réincarne dans un autre individu et lui transmet ses pouvoirs et ses connaissances.

En définitive, toute expérience, qu'elle soit « révélée » ou transmise, n'aboutira véritablement qu'après une préparation plus ou moins longue qui va engendrer une modification du système sensoriel (dans une orientation particulière : clairvoyance, guérison) de l'élu. Ce qui revêt, dans la mentalité magique, une signification équivalente à l'illumination mystique.

De tout temps
les sorciers ont possédé
le pouvoir de converser avec les plantes,
les animaux
et tous les éléments naturels.

APTITUDES ET CONNAISSANCES DES SORCIERS

Dans tous ces groupes magiques, le sorcier, parfois chaman [57], est un homme qui possède d'une manière ou d'une autre des pouvoirs supranormaux qui lui permettent non seulement d'établir un rapport intime avec les esprits supérieurs, mais aussi de traiter sur le même plan qu'eux. Cependant, notons qu'avant toute chose le sorcier doit avoir une inébranlable volonté pour « se tenir au niveau de la qualité inhérente à tout acte accompli dans le contexte même de sa connaissance [58] ». Il est ainsi des individus qui ont été désignés par les dieux ou par le clan, sans parvenir jamais à la condition de ce héros de la connaissance. L'apprentissage, de même, qui permet aux qualités initiales de se développer, au jugement de se clarifier, à la lucidité de s'intensifier, est absolument indispensable.

Nous en arrivons au très délicat problème des pouvoirs magiques. Bien qu'ils soient généralement décrits comme des duperies de charlatans experts dans leur art d'abuser, et classés hâtivement comme de vulgaires « trucs », on peut cependant admettre qu'ils proviennent d'un authentique désir de représentation propre à un univers où la notion de réalité est fort différente de la nôtre.

Ces moyens d'action ou de connaissances autres que ceux justifiables par la science moderne, et qui ont été si longtemps dénigrés, n'en font pas moins maintenant une discrète apparition au niveau de la recherche internationale en parapsychologie.

N'étant pas en mesure de garantir l'authenticité de ces faits dont les manifestations apparemment illusoires sont relatées par de nombreux observateurs, nous laissons cet objectif « scandaleux » à la psychologie paranormale, dont les résultats en laboratoire constituent une approche précieuse pour la compréhension de ce monde historique de la magie, si violemment contesté par le « bon sens » des civilisés.

Nous nous contenterons donc de présenter des rites et cérémonies qui mettent en relief certaines des aptitudes des sorciers sud-américains, afin de fournir une matière à la critique et à l'analyse du magisme ethnologique.

De tout temps, la rumeur publique a attribué à certains individus la possession de pouvoirs particuliers issus de leur expérience religieuse ou démoniaque. C'est ainsi qu'au Pérou, comme dans de très nombreuses cultures à prédominance magique, le sorcier possède la capacité de voler à sa guise et de traverser les espaces, soit avec tout son corps soit seulement avec sa tête où son âme s'est réfugiée. On raconte que « la nuit de Vendredi, chaque semaine, les sorciers prennent un bain de corps entier qu'ils préparent eux-mêmes. Au cours de ce bain, leur tête se détache du corps, et prenant l'aspect d'un oiseau, commence à voler à l'aide de ses cheveux en guise d'ailes. Elle parcourt des endroits solitaires aux cris de Waq, Waq, Waq! On assure que lorsqu'une personne se trouve isolée dans un endroit désert, la tête volante se colle sur ses épaules ou passe entre ses cuisses pour lui faire du mal, parfois très gravement, et même occasionner sa mort (59) ».

Pour se protéger, il faut tenir des épines dans les mains et agripper la tête. Celle-ci, une fois prisonnière, promet mille cadeaux en échange de sa liberté. Si elle peut reprendre son vol avant l'aube, elle retrouve son tronc et ses membres et redevient le corps entier du sorcier (60). Sinon, condamnée à errer, elle s'efforcera de chercher une victime, homme ou animal, sur qui elle pourra se coller. Dès lors les deux destins se trouvent unis et il s'ensuit des aventures que les légendes andines content avec force détails.

Nous ne reviendrons pas sur l'aspect régulateur de cette croyance. Mais au-delà de cette fonction purement sociale, le mythe du vol magique est universel, car il symbolise la venue de l'esprit dans la matière. Lorsque le sorcier dit qu'il s'envole, il exprime inconsciemment dans cette ascension mythique, une mutation ontologique, une libération de sa condition humaine vers une spiritualisation, tout en ressentant organiquement un tel vol par des procédés appropriés.

L'histoire du Moyen Age abonde, en Occident, de ces cas de sorcellerie où les femmes maudites étaient brûlées pour avoir exercé ce pouvoir que l'époque leur refusait, en le niant.

Peut-on, aujourd'hui, refuser aussi absurdement toute réalité à ces mystiques primitifs qui, avec ou sans balais, entreprennent le voyage grâce à certaines compositions chimiques où se mêlent les alcaloïdes les plus actifs?

De tous temps on a entendu parler de ce fameux « onguent de

sorcières » qui permettait aux créatures du Diable de se rendre à des sabbats nocturnes, mais on ne s'est guère penché avec sérieux sur la part de réalité ou de fabulation de ces faits, et on ne s'est que rapidement interrogé sur leur nature historique. Ces dernières années, des recherches sur les alcaloïdes ont permis de fabriquer une telle pommade magique où se trouvent mêlés différents sucs de plantes vénéneuses telles que la belladone, la jusquiame et la datura (61). En la faisant pénétrer dans la peau par frottement, particulièrement sur les muqueuses où la finesse de la peau permet une absorption beaucoup plus rapide des alcaloïdes contenus dans la préparation, on a obtenu en laboratoire des résultats probants (62). Après s'être enduit le front avec cet onguent, « nous avons eu des rêves insensés. D'abord flottèrent devant mes yeux des visages déformés. Puis j'ai eu l'impression de parcourir des lieux en volant à travers les airs. Plusieurs fois, une chute profonde a interrompu ce vol. Au cours de la phase finale, j'ai assisté à une fête orgiaque pleine d'hallucinations (63) ». Et encore, « il ne s'était pas passé cinq minutes, quand mon cœur a commencé à battre follement et j'ai été en proie à une forte sensation d'étourdissement (...), lentement tout s'est assombri autour de moi et je me suis senti soulevé de terre avec une rapidité de plus en plus grande. La clarté revint et dans une sorte de flou à travers un voile rosâtre, je me suis aperçu que je survolais la ville (64) ».

Aujourd'hui, des « onguents de sorcières » semblables par leurs effets continuent d'être élaborés par certains sorciers particulièrement instruits des secrets de leur art à travers les étendues sud-américaines. Au Pérou comme dans les pays voisins on cite ainsi d'innombrables cas de sorcellerie volante. Il n'est point de village, surtout sur la côte nord, où l'on n'accuse presque ouvertement un voisin, un parent, de prendre part à ce genre d'activités nocturnes.

A côté de certaines aptitudes psychiques sur lesquelles nous reviendrons, que possèdent à des degrés différents ces « élus », et qu'ils combinent avec un art psychologique approfondi, leur connaissance des plantes et de leurs constituants chimiques est très étendue. Ce qui fit dire au docteur Alonso Huerta, lors de l'inauguration de deux chaires de médecine à l'Université San Marcos à Lima, que ces chaires n'étaient pas nécessaires « car en ce pays il y a beaucoup d'herbes médicinales pour beaucoup de maladies et blessures, que les Indiens connaissent mieux que les médecins, et ils se soignent sans avoir besoin de l'intervention d'un médecin ».

En effet, au cours de cérémonies rituelles, le sorcier connaît très exactement, semble-t-il, la dose toxique qu'il doit absorber ou faire absorber à ses patients, grâce à l'expérience accumulée au long de nombreuses générations. L'exploitation de breuvages ou de pommades diverses atteste bien une extraordinaire connaissance empirique de l'effet des alcaloïdes et de leur vitesse de pénétration dans le système sanguin. C'est ainsi que dans les potions entrent, au côté des solanacées toxiques, des ingrédients apparemment inutiles, mais qui en fait sont là pour équilibrer parfaitement des effets qui, sans cela, pourraient être mortels (65).

Nous verrons par des exemples pris, soit sur la côte péruvienne, soit sur le versant amazonien, que les techniques suggestives utilisées à de bonnes ou à de mauvaises fins sont toujours associées à l'emploi de substances toxiques qu'on fait d'ailleurs alterner. Il n'est point de traitement « standard » pour le sorcier qui établit chacun en fonction de la nature physique et morale de celui à qui il est destiné, donnant ainsi la préférence à des sédatifs ou à des excitants choisis dans les plantes mâles ou femelles. Au Pérou, les premières, *orkko,* ont un aspect généralement robuste. Au contraire, les femelles, *china,* se distinguent par leur délicatesse, leur élégance, et par leurs propriétés intrinsèques, douces, bénignes, atténuées (66). Par ailleurs, il existe également un autre aspect de la plante qui aide à déterminer son sexe et qui correspond à sa puissance effective, à la violence des réactions qu'elle produit dans l'organisme. Ainsi les sorciers guérisseurs savent que la plante *yuca* est *kon* (chaude), mais que sa racine est *chiri* (froide). Le manguier est chaud, son fruit est froid. Mais plus encore, la mangue est froide seulement lorsqu'elle est employée dans les maladies respiratoires, etc.

Lors de rites de désenvoûtement ou de préparation d'antidotes, le sorcier commence par extraire les racines du lis qui sont, les unes mâles, les autres femelles. Les premières étant employées dans les cas d'envoûtement, les secondes contre les empoisonnements. Puis il en coupe de fines rondelles et les fait sécher, les mélange avec un peu de *wahi* et de *khuru* (67). Le tout se porte en scapulaire, dont les effets sont aussi efficaces contre les mauvais vents que les mauvais esprits. Cette racine qui protège des sorts et des poisons a un tempérament très chaud. Aussi ne doit-on en aucun cas l'absorber, ce qui entraînerait de violentes intoxications provoquées justement par la qualité « chaude » de cette plante.

Il est remarquable que l'indigène ait fait semblable rapprochement, à partir d'observations quasi scientifiques : ce qui est puissant dégage de la chaleur.

Aussi certaines plantes médicinales dont les pouvoirs sont intenses, créent une telle énergie qu'elles sont censées provoquer de la lumière (68), telle la *wira-wira,* dont nous parlons plus loin.

Les indigènes savent que le milieu ambiant n'est pas peuplé de végétaux-objets ou ornements muets et insensibles, mais que ce sont des êtres souffrants et animés d'énergie propre, avec lesquels le sorcier agit et parle, puisqu'il en connaît le langage.

Au temps des anciens Péruviens, on réalisait, lors des récoltes, des fêtes importantes en l'honneur des céréales et plus particulièrement du maïs. Certains épis qui se distinguaient par leur taille, leur forme, étaient nommés *madre del maiz,* mère du maïs, et les sorciers s'entretenaient avec eux. Il y avait d'une part la croyance que « les épis n'étaient pas insensibles à la musique, au chant et aux danses avec lesquels on les conduisait des champs au grenier, et, de l'autre, le respect des hommes qui entouraient de faste la phase finale de la vie du maïs, comme pour souhaiter qu'il passe sans s'en rendre compte de vie à trépas (69) ». Dans le monde entier le temps des semailles était marqué par le deuil et l'on retrouve dans de nombreuses populations traditionnelles la croyance que la dernière gerbe est représentative de toute la puissance de la récolte. C'est pourquoi elle est connue sous le nom de « mère du grain » (70).

Jimenez Borja rapporte ainsi le récit que lui fit l'un de ses malades à propos de la personnification des végétaux.

« Quand la *papa* est seule, la *papa* pleure. Elle pleure par ses petits yeux. Elle a de petites larmes blanches. Moi je les ai vues. Quand je vivais à Cajacay, je suis descendu de mon cheval pour ramasser ces petites pommes de terre abandonnées. Je les ai recueillies pour qu'elles ne pleurent plus. Je les ai plantées dans un petit jardin que j'avais. Elles m'ont donné beaucoup de très jolies pommes de terre. La récolte a rempli un grenier. Les gens m'ont dit : "Buenaventura, où donc as-tu trouvé une graine de *papa* aussi bonne (71) ?" »

Ce genre de croyance universellement répandue en Amérique indienne provoque de la part des paysans ces gestes de respect que l'on surprend parfois chez l'un d'eux.

De même en voyage est-il recommandé de faire très attention et « quand on rencontre sur le chemin quelque grain de pallar, de maïs ou d'autre plante, on la recueille avec un profond respect, on l'embrasse et on la garde, car ce sont des êtres vivants qui pleurent tant qu'ils sont là (72) ». Et cela, car Nature et Culture ne font plus qu'un. L'une et l'autre relèvent d'une seule volonté, d'une seule puissance. Cette croyance détermine également le sentiment que la nourriture est vraiment vivante. On craint de la blesser, de l'offenser, « entre elle et l'homme se remarque une affectueuse relation presque de personne à personne (73) ». C'est ainsi que l'indigène évitera de mettre de la viande cuite au contact de viande crue, car, dit-il, cette dernière n'aime pas le voisinage d'un cadavre.

Pour en revenir aux aptitudes des sorciers, considérons maintenant ce pouvoir de transformation en animaux, qui est le leur. Parfois ce sont de mythiques condors, dans les Andes, ou des jaguars dans la forêt amazonienne, parfois aussi de simples animaux domestiques. Mais il s'agit toujours de rappeler cette très proche parenté entre l'homme et les animaux, que les vieilles légendes d'Occident nous remémorent encore (74). Dans les groupes ethniques à mentalité primitive et semi-primitive, la métamorphose de l'homme indique bien souvent le désir d'acquérir la puissance de l'animal, son indépendance, qui peut être représentée par le totem de l'origine. Mais c'est aussi la solution la plus logique que peut emprunter le sorcier pour se déplacer, puisqu'il est capable d'abandonner son corps habituel pour une autre forme. Celle-ci n'est en principe pas choisie au hasard, mais déterminée par des motivations qui nous sont inconnues, et que le sorcier va mettre au point durant de longues années.

Aujourd'hui au Pérou, il semble que toute mutation procède surtout de l'intention de nuire sans être reconnu et d'assurer ainsi l'impunité à l'agent maléfique. La littérature populaire est pleine de ces histoires survenues à de paisibles villageois qui se sont trouvés un jour victimes des agissements de certains sorciers ou sorcières transformés en animaux.

Ainsi, près de Chicama, relate-t-on l'aventure de ces deux frères qui travaillaient comme peones dans une hacienda. « Une nuit, après s'être couchés tard ils s'éveillèrent brusquement. Il était environ minuit. C'est alors qu'un condor apparut derrière la fenêtre et entra dans la chambre. Heureusement, sous le lit des métis, dormaient les chiens qui sautèrent sur le rapace. Celui-ci se défendait furieusement avec les ailes. Julian se leva, saisit une machette et se mit à lui assener de violents coups. C'est alors que la sorcière se retransforma et apparaissant nue devant les métis : « ne me tuez pas, je vous en prie! ne me tuez pas! » leur cria-t-elle en se cachant les yeux et le ventre. C'était Dona Frontao. Ils lui firent faire une déclaration et quand ils eurent tout connu, ils lui prêtèrent un poncho afin qu'elle s'en aille. Elle resta six jours au lit et c'est ainsi que tout Chicama apprit la nouvelle (75). »

Cette aptitude extraordinaire que possèdent certains individus et qu'ils utilisent en se réunissant en *aquelarre* ou sabbats nocturnes, sur le continent sud-américain, est également la manifestation du châtiment qui pèse sur une personne coupable, comme nous l'avons dit précédemment. Ainsi sait-on que la femme qui a entretenu des relations sexuelles avec un ecclésiastique ou avec le diable se transforme entièrement ou partiellement en mulet ou en âne [76]. Et pour en être sûr, il suffit de jeter de la cendre dans les pas de la femme soupçonnée. La trace d'un sabot y apparaîtra.

Si les sorcières sont particulièrement aptes à subir de telles transformations et à affliger les passants, les sorciers, eux, ont une plus grande tendance à tuer les voyageurs nocturnes afin d'en extraire la graisse, symbole même de la force animique.

Cette croyance fort ancienne semble avoir été réactualisée et renforcée à l'époque de l'oppression espagnole. En effet, l'agression du sorcier s'est peu à peu transformée en une attaque commise par le blanc étranger contre l'indigène. Le premier exprimant le mal sournois, caché, et l'exploitation subie par la race indienne [77]. Ces sorciers-cannibales d'un nouveau genre, redoutés sous le nom actuel de *pistac* au Pérou, ou de *kharisiri* [78] en Bolivie, possèdent la figure d'un moine. Celui-ci s'approche aimablement de sa future victime en lui parlant doucement, puis l'endort. Il fend alors sa peau, en retire la graisse convoitée, soit pour améliorer le rendement des moulins et fonderies, soit pour la vendre à l'évêque qui s'en sert pour préparer les saintes huiles.

Cette croyance particulièrement vivace se perpétue, tout en se modernisant au gré d'une actualité qui favorise ces frayeurs [79]. Ainsi, selon H. Martinez, certains Boliviens même parmi les plus évolués, surtout les femmes, sont persuadés que le docteur est un *kharisiri* qui prend la graisse des hommes, et c'est pourquoi il reçoit son malade toujours seul dans son cabinet.

Pouvoir de vol, donc de libération, pouvoirs de transformation, de clairvoyance et de précognition, pouvoir d'exorcisme ou de maléfice, telles sont les principales qualités des sorciers sud-américains.

Malgré un mode de vie parfois identique à celui des hommes ordinaires, mais compensé par un état psychique plus ou moins développé sur le plan sensoriel qui fait de lui un être d'exception, « vivante synthèse d'initiative et de tradition » au sein de la collectivité, le sorcier arrive à posséder un ensemble de pouvoirs et de connaissances empiriques qui le rendent apte à servir de médiateur entre les forces des esprits et celles de la communauté humaine.

LIEUX RÉPUTÉS POUR LEURS ARTS MAGIQUES

Si l'existence de ces hommes est attestée sur toute l'étendue du territoire péruvien, elle est cependant plus fréquente dans les régions volcaniques dont les caractéristiques géologiques ou autres produisent une végétation et des herbes particulières, ainsi que des modifications de l'atmosphère (rayonnement solaire, sécheresse ou humidité, etc.).

Selon Yarrow, « la côte aurait été le théâtre du premier acte de sorcellerie que connut le Pérou, avec le récit qui nous est conté de la conversion des hommes créés par le dieu Kon en chats noirs, grâce aux sorcelleries de Pachacamac[80] ». La magie blanche et noire aurait persisté dans toute sa diversité jusqu'au jour où les tribus venant de Tiahuanaco s'étendirent sur tout le pays, apportant avec elles le fondement de l'école magique de la sierra. De celle-ci restent aujourd'hui les pratiques magiques de Pasto (Colombie) et de Charazani (Bolivie), d'où seraient originaires ces réputés hommes-médecine que sont les Callawayas.

On retrouve encore en certains lieux les anciennes traditions, malgré les influences de la christianisation ou au contraire de l'indigénisation du catholicisme. C'est ainsi que sur la côte sud du Pérou, le département d'Ica est particulièrement fameux pour la grande vertu de ses sorciers. Bien que Ricardo Palma mentionne, pour l'année 1611, la personnalité exceptionnelle de cet homme de connaissance qui, non seulement guérissait, mais pouvait prévoir et annoncer les tremblements de terre et changements de climats – ce qui est fort précieux dans une société agraire – ce sont fréquemment des femmes qui, à notre époque, acceptent des places de choix dans ces représentations magiques.

A Cachiche (cinq kilomètres d'Ica), Melchorita Zugarray reste dans les mémoires fidèles comme la plus fameuse sorcière que la contrée ait jamais possédée. Cachiche, terrassé par l'oubli, en surface, c'est aussi « la terre des dattiers péruviens les plus sucrés;

Cachiche, terre ensoleillée, calme, où le silence et la tranquillité sont là pour tous; Cachiche, sol natal de Melchorita Zugarray, la sorcière la plus fameuse de la verte vallée d'Ica, et aussi Marronga Lévano, et Dominguita del Socorro, et Chambo Illescas, toutes prêtresses et haruspices vernaculaires de la très illustre « université » et autre notable berceau de la sorcellerie d'Ica, et surtout de la récemment disparue Angelica Felipa de Garcia, qui connaissait comme bien peu le secret des « sorcières », qui vivait seule dans son *aquelarre* (chaumière), préparant en secret ses *quehaceres* et de temps en temps allant chercher de l'eau, montée sur un balai ou un bourricot, ce qui pour elle était la même chose [81] ».

Aujourd'hui, ce petit village écrasé de soleil, aux maisons de pisé géométriquement ordonnées, semble abandonné, mort. Et pourtant on se sent observé par chaque fenêtre entrebâillée. Les arbres du village contribuent également à créer une ambiance de malaise, une certaine densité malsaine pour ceux qui s'aventurent dans la région. On y voit surtout le *huarango* (Caroubier) qui est considéré comme un arbre enchanté, et de nombreux palmiers qui sont utilisés dans la fabrication des balais. Par ailleurs, si l'on demande son chemin pour rejoindre Cachiche, les gens comprennent aussitôt que l'on a une seule raison de s'y rendre.

Très semblable est, sur la route de Casablanca, Sacta, isolé, retranché du monde, et à qui l'on attribue des enchantements multiples.

Plus au sud encore et près de la frontière avec le Chili, nous trouvons enfin Arequipa, la deuxième ville du Pérou. Ici la sorcière règne en parfaite harmonie avec la nature et le climat ambiant, se considérant « comme le trait d'union entre l'humanité souffrante et le diable [82] ».

Il faut remarquer que la sorcière rencontre un décor très favorable à ses agissements dans le milieu climatique aréquipénien, « terrain hypernerveux, *ennevado* électrique, très propice pour faire germer la graine du merveilleux qu'elle incarne, enrichie encore par l'impressionnabilité suggestive de la population [83] ».

Le climat d'Arequipa, ville d'altitude, est caractérisé par une très grande sécheresse de l'air avec des variations brusques de température et des *nevadas*. En fait la *nevada* [84], curieusement appelée ainsi bien qu'il ne neige jamais dans cette ville, est un curieux phénomène qui fait coïncider la très haute charge d'électricité de l'atmosphère avec, chez les habitants, une forte secousse nerveuse (excitation ou dépression). Cette hyper-excitabilité provoquée par la *nevada*, si elle n'est pas capable à elle seule de transformer une personne parfaitement équilibrée en névropathe, « est une des causes de la névropathie, et des plus importantes, car on verra à Arequipa des faits de névropathie qui n'ont été observés dans aucune autre ville d'Amérique, d'égale importance sociale, et qui s'expliquent très bien par cette action névropathogène réitérée de la *nevada* (85) ».

Cette névrose provoquée par une secousse psychique et qui disparaît avec l'orage, semble particulièrement affecter les intellectuels plutôt que les campagnards. Il est assez difficile d'en décrire les manifestations qui varient. On remarque qu'elle revêt parfois une forme excessive de joie, d'optimisme, si le sujet atteint a tendance à être de nature gaie; dans le cas contraire, le sujet sera affligé de tristesse extrême, de pleurs et même atteindra le stade du suicide. Ces manifestations sont parfois accompagnées de douleurs si intenses que le malade est forcé de garder le lit. Et l'auteur conclut, « j'avais toute une catégorie de malades que j'attendais d'avance dans mon cabinet de consultation, car je savais que c'était le jour de *nevada,* et qu'ils viendraient me demander un soulagement (86) ».

La sorcière d'Arequipa est très habile pour envoûter les individus mais aussi les biens de ceux qui sont victimes d'une obscure jalousie.

Ainsi en fut-il de cette commerçante qui, voyant son négoce décliner chaque jour, les clients se raréfier, comprit rapidement que quelqu'un avait payé une sorcière afin de lui *taqiar la puerta* de sa boutique, ou de *trancarle al odiado rival,* en un mot de lui causer un grave tort (87).

Dès lors, le recours à une autre sorcière est pressant. Après avoir décelé exactement la nature et surtout l'origine du mal en question (88), celle-ci va alors proposer le contre-sort infaillible pour *destrancar las puertas,* déverrouiller les portes. Ce procédé consiste habituellement à préparer un mélange d'huile sainte (recueillie à l'église) avec de l'eau bénite, les cendres d'un *amito* (morceau d'habillement religieux), et la pierre *ara* finement pulvérisée. Puis, minuit venu, on prend cette préparation et on en arrose la porte soupçonnée d'être l'objet d'un maléfice, tout en récitant trois Credo. Enfin on répartit ce mélange dans trois flacons placés en forme de croix, en veillant à ce que ceux qui constituent le tronc central de la croix dirigent leurs orifices vers la porte.

Mais cette pratique n'est plus tellement employée, car les propriétaires de négoces devancent le risque en faisant préventivement enterrer sur le seuil de leur boutique une amulette du type des *maqui* ou mains miniaturisées, dont nous verrons dans le chapitre suivant la description détaillée. Pourtant, certaines sorcières possèdent une telle charge maléfique qu'elles passent outre les protections, amulettes et talismans. La *Magnifica* elle-même ne les arrête pas[89]. C'est dire que les forces qu'elles émettent surpassent la puissance dégagée par certains organes de protection, et réussissent à opérer selon la volonté qui les dirige. Certaines d'entre ces fameuses *brujas* peuvent aussi « saler » une personne ou ses biens, à distance. Ce sont les *quenchas*. Lorsqu'elles ont décidé de « saler » quelqu'un, elles enterrent sur le pas de sa porte des grains de sel de table mélangés à de la terre de cimetière, avec de l'huile ou de la poudre de crapaud[90].

Vers la côte nord du Pérou, ce sont des villages entiers de *brujos* que l'on découvre, et parmi eux certains sont pourvus d'une réputation qui franchit les frontières grâce à des cas de guérison spectaculaires. Parmi les patients anonymes qui viennent se faire traiter, se côtoient indigènes et chefs d'État, paysans et politiciens.

Lorsque le maître est de grande classe et jouit d'une réelle célébrité, il est appelé *sinones* et soigne les maux que la médecine moderne est incapable de comprendre. Pourtant, son rôle consiste davantage à *rifar la suerte*[91] et à indiquer au patient les résultats ainsi obtenus, en lui recommandant celui de ses confrères qui pourra le mieux le soigner.

L'un de ces très fameux centres de sorciers est, depuis fort longtemps, le petit bourg de Salas, dans la région de Lambayeque où, dit-on, la semaine a seulement cinq jours. Cinq jours durant lesquels les villageois se livrent aux activités habituelles à leur position sociale (paysans, marchands, etc.), tandis que les deux autres jours, le mardi et le vendredi, mages et devins, guérisseurs et sorciers, délaissant la réalité des temps occidentalisés, assument de façon collective une autre réalité.

Nous n'avons pu recueillir d'explication satisfaisante sur le choix de ces deux jours précisément réservés aux agissements magiques. Considérons-les comme des moments de significations particulières dans la durée, des temps choisis parce que ceux de l'exacte occasion, en un mot des jours favorables aux desseins de ces porteurs et orientateurs de puissances que sont les sorciers.

A Salas, la sorcellerie est une véritable institution qui finit par constituer un sérieux apport économique par le nombre important des malades venus de l'extérieur, qui deviennent pour quelques jours des consommateurs appréciés par les commerçants du village. L'absence d'immigration vers les villes de la côte en est une preuve indéniable. Salas déploie une activité commerciale directement liée aux activités qui se pratiquent les mardi et vendredi. Enfin, c'est un village facile d'accès par les lignes d'autobus qui l'atteignent quotidiennement.

Certains *maestros* possèdent leur pharmacie à l'air libre, où les malades peuvent acheter le jour ce qui leur a été prescrit la nuit précédente au cours de la session. On y trouve aussi bien les « médecines » contre les puces et pour les porcs, que celles qui combattent la grippe ou les innombrables types de cancers. Enfin on peut découvrir que l'un des sorciers tient le petit hôtel transformé en centre de cure prolongée pour les malades dont la guérison nécessite plusieurs nuits de traitements.

Selon un dernier recensement national, on a dénombré à Salas et dans le voisinage, plus de trois cent cinquante sorciers qui voulurent se faire inscrire comme médecins mais finalement durent conserver leur statut de berger, de paysan, d'ouvrier, etc. (92).

Bien que tous affirment ne point s'adonner à la magie noire, mais seulement soulager des maux que les médecins modernes sont parfois incapables de traiter, on n'en garde pas moins le souvenir vivace, dans les traditions de Lambayeque, de ce mystérieux Noir de Salas à qui il suffisait de fixer le portrait d'un individu pour que celui-ci meure, victime du *daño*. Le succès frappant obtenu par ces cures magiques a consacré Emilio Cespedes, Manuel Reyes, Ismaël Salazar et Anselma Huaman, parmi tant d'autres (93).

Aujourd'hui, les dignes successeurs de ces maîtres se modernisent, en ne se réunissant plus en sabbats mais en congrès. Ainsi le *Comercio,* journal péruvien, titrait il (le 17 novembre 1972) : « Les sorcières de Salas se mobilisent. » Cependant, celles ci, effrayées par l'arrivée brutale d'une meute de journalistes avides de sensation et prêts à tourner en ridicule ce qu'ils ne comprendraient pas ou ne sauraient pas voir, ont sagement reporté à une date, tenue cette fois secrète, les assemblées que tenaient déjà leurs ancêtres.

Toujours dans le Nord, mais cette fois dans la sierra andine, à 3 500 mètres d'altitude, se trouvent les non moins fameuses Huaringas, aux sept lacs dotés de pouvoir particuliers (94).

Près de là, Silahua est connu, dans la province d'Ayavaca, sous le nom de « nid de sorciers ». Cette région sauvage, difficile d'accès, ne peut être atteinte qu'après de longues heures de trajet au sortir du Huancabamba. Deux chemins sont possibles pour atteindre les Huaringas. Le premier passe par Catalun et réduit considérablement la distance, tout en étant plus dangereux par son étroitesse et les ravins qui le bordent. Le second itinéraire passe par Sapùn, où la route – plus longue – est aussi beaucoup plus sûre tout en étant également très belle. Parmi ces sept lacs d'insondable profondeur, il en est un qui fait l'objet d'une vénération plus particulière.

Son rivage abrite les rites et les cérémonies les plus graves, il s'agit de la *Laguna negra,* véritable sanctuaire naturel de la puissance vivante qui réside en ce lieu obscur et lui confère son caractère sacré.

Les sorciers des Huaringas passent pour avoir *buena mesa* et *poderosos artes,* que nous traduirons littéralement par « bonne table (autel) » et « arts puissants ». Dire d'« un tel » qu'il possède *buena mesa* indique qu'il est un véritable homme de connaissance et, comme tel, exerce des pouvoirs considérables.

La *mesa,* nom espagnol, indique la « nuit rituelle » au cours de laquelle sont suscitées des influences subtiles; c'est aussi l'ensemble des objets et des éléments utilisés dans la cérémonie. On y voit figurer des plantes variées, des minéraux, des morceaux de céramiques précolombiennes, etc. La composition de ces *mesas* varie évidemment de la côte à la sierra, et aussi en fonction de la volonté qui s'y exprime en les ordonnant [(95)].

Symboliquement, la *mesa* de même que l'autel, est une représentation de l'espace sacré. C'est une « place » réservée à la puissance qui s'y rend à travers des objets rituels que le sorcier a assemblés.

Dans une autre région andine, dans le département d'Ayacucho, le village de Chumpi est également connu pour réunir les sorciers les plus nombreux et les meilleurs de la sierra, qui constituent une véritable caste.

Dans le département de Piura fonctionne un autre centre d'apprentissage en pouvoirs magiques. C'est le village de Salala, situé au pied du lac de Shimbe dans la sierra de Huancabamba que l'on atteint après une périlleuse traversée andine à dos de bêtes.

Là, parmi d'autres, Don Florentino Garcia, quarante-huit ans, de bonne éducation, soigne les malades de l'âme et du corps [(96)]. « Il n'est jamais nécessaire que le patient explique son mal », dit-il. « Je m'en informe pendant les nuits où je dresse ma *mesa,* où je bois le San Pedro, et mettant mes pouvoirs en action avec des parfums et du tabac, j'appelle son ombre et celle-ci me dit de quelle maladie elle souffre [(97)]. »

Mentionnons encore les sorciers de Huaral, de Carquin et d'Aucallama. Non loin de ce village, se trouve le lac de Boza où l'on conduit le malade les yeux bandés afin de lui faire prendre un bain purificateur au milieu de chants et récits. Nombreux sont les cas de guérison survenus ainsi, particulièrement dans les affections rhumatismales, la lèpre ou d'autres maladies de la peau et du sang.

Non loin de Trujillo, on connaît les sorcières de Magdalena de Cao. Là se trouve la demeure de la plus célèbre d'entre elles, Valdomera, qui mourut en 1963 et qui savait mieux que quiconque guérir les enfants victimes de *susto.* Elle leur mettait « un collier fait de crêtes de coq et d'ail, leur faisant boire un peu d'eau avec des poudres de *isphingo,* de la rose de Castille et quelques gouttes de vinaigre. Parfois elle augmentait l'efficacité du breuvage à l'aide d'une pierre « loup de mer ». Car la pierre, disait-elle, saisit l'âme qui s'est enfuie et la ramène dans le corps (98) ».

Dans le département de La Libertad, les sorciers de Chicama ont récemment tenu leur convention, placée sous les auspices propres à cet art, et l'on voyait des bois croisés et des oiseaux disséqués fermer symboliquement l'accès du lieu de réunion. Mais là encore, traqués par la publicité qu'en firent les organes d'information, les sorciers durent annuler le congrès prévu pour le 1er novembre, dans le village de Puerto Chicama, et le reportèrent en un lieu gardé secret (99).

La « spécialité » des sorciers et sorcières de Chicama réside dans leurs pouvoirs de transformation, où il réussissent parfaitement, si l'on en croit les versions populaires. Ainsi, on sait que « tous possèdent un lac à l'intérieur de leur maison, et dès que les premières ombres apparaissent après le coucher du soleil, ils se déshabillent et se plongent délicatement dans ce lac d'où ils sortent transformés en condors, aigles, poules, etc. (100) ».

Enfin, sur le versant amazonien du Pérou, où se trouvent parmi d'autres tribus, celles des Cunibos, des Cashibos et des Kampas, le *matchi* est le sorcier souvent qualifié de véritable chaman à cause des états de transe qu'il obtient au cours des cérémonies magiques. Nous verrons plus loin l'importance, au sein du groupe social, que revêt la personnalité de ce sorcier, et le contrôle qu'il opère effectivement sur les autres membres de la tribu.

Nous avons tenu à indiquer certains hauts lieux de la magie au Pérou, mais qu'on n'en croie pas la liste close. En effet, toute l'Amérique indienne regorge de villages, de hameaux et de sites naturels où s'exercent des énergies incompréhensibles pour nous, mais que le sorcier tour à tour prêtre, devin, guérisseur, spécialiste des remèdes végétaux ou de l'extase, manipule pour mieux explorer, évoquer, voir.

Il existe bien sûr une hiérarchie au sein de la caste des magiciens, mais si les circonstances qui nécessitent leurs activités et si l'exercice de leurs pouvoirs varient, la finalité est la même pour tous.

Consacré dans son double rôle par son institution culturelle, partagé entre les forces matérielles et celles de l'esprit, le sorcier se présente bien comme le médiateur légal entre les dieux et les hommes. Sachant se poser en égal du « Grand Risque historique » et pactisant avec lui, il arrive, sinon à le maîtriser, du moins à l'influencer.

Mais si cet homme fait défaut, « les esprits deviennent libres; comme personne ne les contrôle, ils commencent à entrer dans les membres du clan et à produire divers effets néfastes.(...) La communauté est comme paralysée. Son existence est mise en péril [101] ». C'est pour surmonter ce déséquilibre qui annonce la dissolution prochaine que la communauté va recourir au plus vite à son réorganisateur mystique, dont elle ne peut se passer, lorsqu'elle est fortement et traditionnellement structurée.

Si le groupe sait la valeur et la fonction indispensable du sorcier pour maintenir l'harmonie en son sein, il semble que certains savants modernes commencent eux aussi à percevoir l'étendue de cette nouvelle réalité historique à laquelle ils sont pourtant étrangers. Ainsi, lors du Premier Congrès international de psychiatrie qui s'est tenu à Lima [102], le docteur Seguin [103] n'a pas hésité à recommander l'étude scientifique de la sorcellerie, et, si cela était possible, de créer une chaire afin de la représenter au sein des facultés de médecine de ce pays, reconnaissant courageusement que sorcellerie et psychiatrie forment un binôme inséparable.

Dans les nombreuses méthodes de divination
il y a toujours à la base
l'observation de phénomènes naturels
ou provoqués
par le sorcier lui-même.

LES MÉTHODES DE DIVINATION

Dès lors qu'un mal se manifeste à travers des symptômes plus ou moins évidents, sa victime exige de connaître sa nature exacte, la puissance de ses effets, afin d'engager une contre offensive suffisamment précise pour anéantir l'élément qui la menace dans son principe vital.

Les méthodes de diagnostic et de pronostic reposent essentiellement sur la divination, soit extatique, soit résultant d'une interprétation réfléchie de signes qui sont également les causes des manifestations.

L'homme qui sait, le *yachak, yatiri,* etc., va donc s'efforcer de répondre aux questions angoissées de son patient, afin de découvrir, de saisir, de deviner la puissance qui est en train d'œuvrer sournoisement quelque part, ici ou là bas. Car il n'y a pas de hasard pour le sorcier qui va soumettre une partie fondamentale de l'univers à ses pratiques divinatoires, afin d'y découvrir la position et la charge de cette puissance.

Nous allons présenter sept types de recherches, directes ou indirectes, particulièrement employés au Pérou ainsi que dans toute l'Amérique andine.

La limpia

La méthode du *cuy* (cobaye). Déjà fort pratiquée à l'époque incaïque par les sorciers nommés *cuyricuc* ou *hacaricuc,* cette technique de divination concerne principalement les victimes présumées de *susto.*

Elle consiste à frotter le corps du malade avec un cobaye noir et très jeune de préférence *(porque saca todo)* en faisant correspondre les membres de l'animal avec ceux du patient. Puis, après avoir ouvert et sacrifié le *cuy*, la praticienne [104] interprète en fonction de l'état que présentent les organes internes, la nature des maux qui affligent son client. En effet, cet animal possède le pouvoir de « sortir » la maladie pendant la friction et de la prendre dans son propre corps qui va aussitôt présenter des lésions identiques à celles qu'il a parcourues.

Selon la croyance populaire, le mal passe a la *cria* ou jeune *cuy*, par l'effet de la force électrique organique que possède ce petit rongeur. Il arrive que l'on emploie d'autres animaux tels que chats, lièvre, vizcacha, etc., qui sont eux aussi de puissants récepteurs électromagnétiques. Cette technique par transfert, considérée comme une méthode indigène du système des rayons X, n'est pas réservée aux seules populations andines. On la retrouve chez les Esquimaux où le *cuy* est remplacé par un jeune chien.

Une session de *limpia del cuy*, ou *jaca-cupe* [105] présente un aspect curatif qui est secondaire, et un aspect divinatoire principal qui se déroule en six phases [106].

Tout d'abord, la période des actes préliminaires. Avant d'entreprendre l'opération, la *curandera* s'assied sur le sol de l'habitation et se met à invoquer tour à tour Dieu, les saints catholiques, les saints locaux et les protecteurs de sa profession tels que saint Cyprien, patron des sorciers. En sa compagnie, parents du malade et malade, tous présents, mastiquent la coca. (Si l'officiant est un homme ses suppliques s'adresseront uniquement aux esprits des ancêtres afin qu'ils l'accompagnent dans son aventure et la fassent réussir.) Puis la praticienne récite un Notre Père ou un Credo [107], trace une croix au-dessus du patient couché et complètement nu et fait le *jaqué* qui consiste à consacrer l'animal en soufflant sur lui la fumée de sa cigarette. Elle répète en même temps :

« Salut, Marie très pure, je veux que tu sortes la maladie de Pedro et que tu me dises ce qu'il a. » Dans toutes les civilisations primitives et semi-primitives, l'usage de l'haleine-âme-souffle, est fréquent dans les procédés divinatoires, mais elle est aussi utilisée dans les seuls rites de consécration par la valeur du souffle qu'elle transmet symboliquement. Chez les Kallawayas de Bolivie, un objet non consacré par l'haleine d'un de leurs sorciers n'a pas de valeur. Les Kampas de la forêt amazonienne craignent le souffle, qui peut, en plus de chasser les maladies, transformer à distance, etc.

Les deuxième et troisième phases ont lieu presque simultanément. Elles comportent *la friction* et *l'écorchage*.

Prenant le *cuy* par les deux mains posées l'une sur le dos l'autre sur le cou, la *curandera* commence par passer très lentement le corps du rongeur, alors vivant, sur celui du malade, en commençant par la tête pour finir par les pieds, faisant toujours correspondre les membres respectifs. Tout au long de cette opération, la *curandera* ne cesse de presser le cou de l'animal qui pousse des petits cris perçants au fur et à mesure qu'il s'asphyxie. *Pena Taita, pena,* dit la femme[108]. En principe, sa mort doit coïncider avec la fin de l'opération, persuadant ainsi la famille du malade de son succès. La *curandera* prononce alors la conclusion laconique : « *Huañolonña,* il est mort! »

La femme procède ensuite au *desollamiento.* Certaines praticiennes dédaignant le couteau écorchent seulement avec l'aide de leurs doigts qu'elles introduisent dans la bouche tout en la déchirant avec les ongles d'une oreille à l'autre. Parfois on sort le crâne par cette même blessure, puis on extirpe le tronc et les membres en conservant intacte la peau de l'animal pour un usage ultérieur.

La phase suivante est celle connue sous le nom de la *prueba del goteo de sangre,* ou preuve par l'égouttement du sang.

Cela consiste à recueillir le sang qui coule, dans une cuvette d'eau froide, puis à examiner très attentivement l'aspect qu'il prend en se mêlant au liquide. On peut dire que c'est à partir de cette phase que débute véritablement la méthode du diagnostic.

La *curandera* sait, par expérience, que s'il y a véritablement *susto,* comme elle le soupçonne, les gouttes de sang vont se délayer instantanément dans l'eau en lui donnant peu à peu « une couleur rose uniforme, ou avec une couche superficielle plus foncée[109] ».

Si le malade souffre du « Mal de corazon » (attaques épileptiques), les gouttes de sang forment alors une sorte d'« écume de bulles fines qui produisent une couche caractéristique à la surface. Phénomène que la *curandera* attribue aux effets de l'air que le malade posséderait dans son corps et dans son sang. Au contraire, si le sang ne se mêle pas à l'eau, mais forme un dépôt de couleur sombre dans le fond de la cuvette, c'est, pour toute personne instruite, le signe certain d'une inflammation. » Enfin, cas le plus grave, si le sang est clair, peu épais et reste à flotter à la surface du liquide, la preuve est formelle : la maladie provient de la sorcellerie.

On en vient à la phase suivante de la cérémonie de la divination, la plus importante dans l'ensemble du rituel et qui concerne *l'inspection* externe et interne de l'animal.

Tout d'abord, avant d'ouvrir l'animal, la femme qui officie procède à un examen très attentif du *cuy,* dirigeant particulièrement son attention sur la tête, le dos et les flancs. En effet, si l'analyse du sang a montré dans la phase précédente l'existence probable du *susto,* c'est maintenant qu'il va y avoir pleine confirmation, dès lors que la chair apparaît jaunâtre avec un excès de fibrillations. S'il n'en est pas ainsi, mais qu'on y distingue des formations d'écume (particulièrement entre le tissu cellulaire et l'aponévrose) sera diagnostiqué un cas plus ou moins grave d'épilepsie. Mais si le corps tout entier est enflé au point de paraître « soufflé » par l'écume, il s'agit là du *sonko nanay* parvenu à son stade ultime.

Enfin, dans les cas où il y a des traces d'hématomes (la *curandera* dit que cet endroit est *chachu,* irrité), avec une coloration sombre, le malade souffre d'une fièvre typhoïde. Si l'hématome possède une coloration plus claire, il s'agit seulement de traumatismes avec une localisation précise.

Une fois terminé cet examen, qu'elle a mené à même le sol de l'habitation, la *curandera* procède à l'examen des organes internes de l'animal écorché.

S'asseyant plus commodément dans l'épaisseur de ses *polleras* (110), elle place alors le *cuy* sur un tissu blanc, dans un endroit bien éclairé, et à l'aide de ses ongles incise par le milieu le thorax et l'abdomen, dont elle écarte soigneusement les bords afin de rendre visibles les organes. Puis elle procède à une délicate autopsie, tâtant, soupesant, effleurant tout en cherchant des transpositions d'organes (111) afin de découvrir l'indice, le signe qui viendra corroborer son diagnostic. Si le malade est vraiment victime de *susto,* l'animal doit présenter un péritoine et des viscères jaunes. S'il s'agit de *sonko nanay,* on retrouve une écume de fines bulles un peu partout dans les organes et cavités, et les intestins sont turgescents, gonflés d'air. Enfin, si le patient est victime de sorcellerie, le *cuy* présente des filaments très emmêlés dans le cœur et les intestins.

Lorsque le diagnostic est bien établi et que le malade sait de quoi il est atteint, il veut ensuite savoir s'il va guérir ou non. Le pronostic est fait au cours de cette même opération de *limpia del cuy.*

Si, à la fin de celle ci, l'animal reste en vie malgré ses cris perçants, la prévision est favorable et la maladie jugée bénigne d'après le bon état physique de l'animal. Mais si celui ci s'évanouit ou meurt pendant la friction, il faut s'attendre à une nette aggravation de l'état du malade, pouvant même conduire à sa mort. Ceci étant confirmé par d'autres observations, telles que l'aspect flasque et plat des viscères, surtout du cœur, du foie et du gros intestin. Si on y jette quelques gouttes d'eau froide sans qu'ils retrouvent leur couleur et leur volume normaux, c'est extrêmement mauvais pour le malade.

L'intestin grêle apporte aussi quelques précisions sur les possibilités de vie du malade. « Si dans l'intérieur du tube apparaissent des *jaca-mullca,* ou sphères fécales très espacées, non seulement le malade vivra, mais il atteindra une longévité inhabituelle. Au contraire, si les boules sont très rapprochées ou agglutinées, on en déduit avec certitude que le malade est à la veille de la mort [112]. »

Nous avons pu constater que cette méthode de divination si populaire parmi les indigènes et les métis du Pérou est très souvent préférée à l'examen radiologique de l'hôpital, et qu'elle donne des résultats très satisfaisants pour ceux qui s'y soumettent, soit immédiatement, soit après l'échec d'un traitement suivi dans un centre de médecine moderne [113].

La Katipa

Voici maintenant une autre méthode de divination très pratiquée dans les Andes et qui s'effectue non plus par l'intermédiaire d'un animal, mais d'un végétal, la coca [114]. Cette technique divinatoire est connue sous le nom de *katipa* ou *coca-choccay*.

Mais, tout d'abord, que représente la coca pour l'Indien des Hautes Andes, quelle force cachée lui attribue-t-il depuis des millénaires?

Un auteur péruvien a parfaitement exprimé le sens religieux caché de cette plante indispensable à la vie physique et spirituelle des Andins.

« La coca n'est ni opium, ni tabac, ni café, ni éther, ni morphine, ni hachich, ni vin, ni liqueur. Et pourtant elle est tout cela à la fois. Elle stimule, rend abstrait, réjouit, attriste, saoule, illusionne, hallucine, rend impassible. (...) Une *chaccha* [115] est une jouissance, une *katipa* une prière. Dans la *chaccha* l'Indien est une bête qui rumine, dans la *katipa* une âme qui crée. La coca est une Bible verte de milliers de feuilles, dans chacune d'entre elles dort un psaume de vie.(...) *Katipar* c'est célébrer, mettre l'homme en communion avec le mystère de la vie [116]. »

On a recours à la méthode divinatoire de la *katipa* dans toutes les circonstances qui exigent une information sur un événement caché ou à venir (voyage par terre ou par air, entreprise amoureuse, etc.). Cette « occasion » à saisir, cette position de la puissance à découvrir se réalise par l'observation des feuilles de coca dont on relève chaque indication symbolique (couleur, forme, orientation, etc.). Et la mastication de la coca doit être ininterrompue, afin d'atteindre un état mental propre à la divination. De même, le sorcier fume une cigarette dont la manière de brûler apportera un élément supplémentaire d'information.

Le cérémonial de la *katipa* varie d'une région à l'autre et d'un officiant à l'autre. Appelé *catiputero* dans la province de Huànuco, *katipak* dans les Andes du Nord, ou *yachaq* dans le département d'Ayacucho, l'homme qui entreprend cette opération doit être capable d'ajouter à ses pouvoirs une grande capacité de concentration.

Le cérémonial que nous allons ici présenter provient de la région de Huaraz.

Le sorcier commence par s'installer en un lieu tranquille, puis jette une bonne quantité de coca sur une toile réservée à cet effet, généralement en laine de différentes couleurs, et nommée *uncuña* en Quechua ou *cocatari* en Aymara de Bolivie. Elle appartient parfois au sorcier ou à la famille du patient.

La *katipa* peut alors entamer la première des quatre phases, qui comprennent les actes préliminaires à caractère propitiatoire; l'interprétation divinatoire selon les représentations fournies par les feuilles, la mastication rituelle de la coca, enfin les informations complémentaires obtenues par la cigarette (117).

Si nous reprenons depuis le début, nous avons d'abord les *actes propitiatoires* composés de trois moments : une invocation aux esprits tutélaires, une conjuration à la coca et enfin le *jaqué*.

Le sorcier commence par prendre dans ses paumes une bonne quantité de feuilles de coca et les frotte les unes sur les autres tout en invoquant les divinités du ciel, des collines, et parfois les saints catholiques, afin que tous assurent le succès de l'opération. Puis, approchant ses mains de sa bouche, l'officiant conjure la coca dans les termes suivants :

« Petite Mère Coca, feuille miraculeuse qui sais tout, si tu vas le dire, dis-moi tout. Au nom des ancêtres, le malade va-t-il guérir ou non (118) ?

Enfin, les yeux fermés, il réalise le *jaqué,* rite indispensable pour conférer la valeur magique à ce qui autrement resterait mort, inutile. Pour cela, le sorcier souffle à plusieurs reprises entre ses pouces sur les feuilles qui lentement prennent vie entre ses mains, acquérant la puissance de l'haleine et dès lors aptes à établir la relation de connaissance avec les divinités qui d'adversaires deviennent alliées.

S'adressant à son patient, le praticien lui commande de célébrer le même *jaqué* et de révéler à la coca toutes ses intentions.

Il s'établit ainsi un courant fermé entre ces trois points qui sont le sorcier, le patient et la coca. Celle-ci permettant le contact direct entre l'esprit du *katipaq* et celui de son client, acceptera de livrer les informations qu'elle détient, au fur et à mesure de la cérémonie. Il s'agit véritablement d'un dialogue entre le *catiputero* et la coca.

Le premier interroge, la seconde répond, si elle est bien disposée.

Dans la région de Puno le sorcier remplace parfois la coca par le *quirquincho,* petit animal avec lequel il converse longuement, lui expliquant tout d'abord ses préoccupations; puis il se tait pour entendre les réponses que lui fournit cet intermédiaire (119).

Mais dans l'un ou l'autre cas, le sorcier ne s'attribue jamais la connaissance de ce qu'il révèle, il s'en reconnaît seulement l'interprète.

La seconde étape de la *katipa* concerne *la divination* proprement dite qui s'effectue grâce à l'interprétation ésotérique des feuilles. Il existe tout un code avec son système de signes et de signifiés préétablis qui permet une lecture très détaillée pour le savant mais ambiguë pour le non-initié.

Le sorcier commence par ouvrir les mains où apparaissent les feuilles dans les diverses positions prises après leur frottement. Puis il les laisse tomber lentement sur le tissu qui contient déjà la quantité de coca non utilisée (120). Dans un silence quasi absolu, le *catiputero* fixe intensément un point central constitué dans ce cas d'une feuille longue et absolument horizontale qui, tout en symbolisant le patient étendu sur son lit, joue un rôle essentiel dans le processus d'autosuggestion. Autour de ce point hypnotique, le sorcier va procéder à l'examen approfondi des feuilles et tout d'abord en examinant soigneusement leur *aspect.* Sont elles entières, de couleur vert clair, de forme arrondie et robuste, sans plis ni cassures, le présage est bon. Dans le cas contraire, il s'agira d'une aggravation de la maladie pour le patient. Leur *position* est ensuite examinée. Si les feuilles sont verticales (bon augure) avec le pétiole vers le bas (excellent), si elles sont inclinées et horizontales (néfaste). L'orientation de la pointe de la feuille est également révélatrice. Vers le soleil levant, le signe est faste, vers le couchant, néfaste. Et « dans le cas où une seconde feuille se superposerait à celle orientée vers le soleil couchant, cela voudrait dire que le malade guérira, mais avec beaucoup de difficultés (121) ».

Enfin l'examen s'achève par l'observation de certaines figures conventionnelles formées par la confluence de plusieurs d'entre elles. Trois figures sont ainsi très éloquentes pour le devin (122).

La première, *huétáramun* (cela fleurit, est en train de fleurir), est le meilleur signe que l'on puisse obtenir au cours d'une *katipa.* Les feuilles de coca d'un bon aspect se disposent alors d'elles mêmes autour d'un point ou d'un axe central, imitant la disposition des pétales d'une fleur.

L'autre signe est *sepultura,* qui indique la fin fatale : on voit apparaître un ou plusieurs espaces vides délimités par des feuilles d'un aspect douteux aussi bien dans la forme que dans la couleur.

Le troisième et dernier signe est *tzapa,* frustration, qui n'a de véritable sens qu'en relation avec un autre signe. Si cette figure apparaît avec un signe de mauvais augure, l'interprétation est très mauvaise, et les efforts de guérison seront mis en échec. Mais, dans le cas contraire, *tzapa* renforce le signe faste et l'on peut être rassuré, le malade guérira.

La troisième phase de la *katipa* est, après la divination selon les feuilles, le moment réservé à *la mastication* rituelle de la coca.

Le sorcier effectue quelques signes cabalistiques avec le *puru* (123) qu'il tient dans la main droite et agite dans l'air en invoquant les esprits. Puis il introduit quelques feuilles dans sa bouche, les mâche légèrement et en retire bientôt une, en la prenant par le pétiole. Si la feuille sort entière ou presque, cela équivaut à la figure *tzapa* : quelque chose viendra faire obstacle à la guérison. Mais si la *tzapa* qui vient maintenant a été précédée de bons présages, c'est au contraire le signe qu'un sort funeste qui menaçait le malade va être frustré, anéanti. Si le devin retire de sa bouche une feuille sans texture, le pronostic est particulièrement bon et, s'il reste seulement la nervure centrale, le malade guérira. Il arrive également que des fragments de feuilles sautent dans la gorge du praticien lors de la mastication. Il en déduit de la même façon : *tzapa.*

Cependant, l'aspect visuel n'est pas seul à décider du message; l'aspect gustatif l'accompagne toujours. Durant la mastication, si la coca dégage un goût doux, agréable au palais, *mishquin,* le pronostic est très favorable à l'intéressé (124). Et le devin exprime son observation par les mots : *cucäka állin* « la coca me sort bien ». Au contraire, si la coca est amère, le sorcier s'exprime sur l'évolution funeste de la situation en opinant : *cucá askan, mánan allinótzu* « la coca me sort mal, cela ne va pas bien aller ». Et parfois il s'afflige plus encore : *Amarga, Tayta, amarga taytita* « amère, bien amère ».

Enfin l'ultime phase de cette session de *katipa* se réalise avec l'interprétation des signes offerts par la combustion d'une cigarette (125). Mais, avant de la fumer, le devin en prépare un petit mégot selon le même procédé que celui cité plus haut pour la coca, en le consacrant par le *jaqué* et en lui adressant une conjuration identique. Le malade ou un parent doit répéter ce même geste, tandis que la mastication commune se poursuit sans cesse depuis le début jusqu'à la fin de la cérémonie. Bientôt le sorcier aspire de longues bouffées et c'est alors qu'il va interpréter les divers modes de combustion, les réactions du papier, l'orientation et les dessins des volutes, l'allure des cendres. Ainsi seront considérées de bon augure : une étincelle qui saute vers l'officiant; une grande quantité de cendre qui tombe dans sa main ou dans ses vêtements, la formation d'une bande claire s'étirant vers le haut des cendres. Les manifestations opposées seront interprétées défavorablement. Mais, ici encore, les trois principaux signes retenus pour la divination sont : *huetaramun*, lorsque de petites pellicules de cendres claires se disposent en pétales. Le devin se prononce très heureusement : *allipákmi!*

Tzapa, frustration, se manifeste par une sorte de large bande de cendre provenant du papier brûlé. Si la bande est de couleur claire, cela signifie que la frustration est en faveur de l'intéressé. Mais, si elle est sombre ou noire, la situation va s'aggraver jusqu'à l'irrémédiable, *antzankam*, va empirer.

Enfin, *sepultura* est identifiée par un petit trou rond qui se forme dans la cendre ou au bord de la ligne de combustion. De là jaillit le pronostic le plus terrible, *huanunkam!* le malade va mourir.

On voit donc que le sorcier va répondre à la question qui lui a été posée initialement, par l'une des trois expressions lancées plus ou moins laconiquement après l'observation de chaque signe découvert dans les cendres de la cigarette :

Cachacankam, il va guérir; *antzankam*, cela va empirer; et *huanunkam*, il va mourir.

Il arrive parfois que l'opération soit répétée trois fois, soit que les réponses aient été par trop ambiguës et même contradictoires, soit que le sorcier n'ait pu atteindre cet état psychique particulier que crée une forte ingestion de cocaïne, et donc n'ait pu entrer en relation avec l'esprit de la plante.

Au terme de cette observation, il convient de souligner une fois encore cette croyance généralement répandue chez les Andins, qu'il existe un lien de parenté réel plus ou moins consciemment ressenti entre les humains et la petite mère coca qui, dans la mythologie quechua, figurait comme la remarquable divinité *Mamacocha*.

Sous l'inspiration d'esprits divins, elle peut connaître les problèmes des hommes, lors de la *katipa*, et révéler par un langage réservé aux initiés, le cours de l'événement craint ou espéré. La mastication rituelle de la plante narcotique dans la cérémonie citée, comme durant tout acte magique, pourrait être envisagée comme un acte totémique qui correspondrait à la nécessité de manger rituellement la plante éponyme dotée des vertus divinatoires, afin d'en acquérir les pouvoirs.

On assiste parfois à une autre technique de divination où, particulièrement sur la côte, la coca est remplacée par la *cimora*, boisson hallucinogène constituée d'un mélange de plantes toxiques et médicinales. Nous en reparlerons dans la troisième partie, au cours des rites de guérison qui utilisent cette drogue comme élément catalyseur de la session.

Toujours sur le plan végétal, nous rencontrons une multitude de pratiques divinatoires par symbolisme telles que la divination par les fèves, qui est d'origine espagnole.

Si nous avons présenté les séances de divination précédentes dans une optique thérapeutique, rappelons qu'elles sont destinées à trouver des réponses précises devant une situation imprécise et incertaine. Donc en aucun cas réservées aux seuls problèmes de santé. Il est ainsi fréquent que la police d'un village, ayant échoué dans toutes ses recherches concernant un vol, se rende chez le sorcier afin d'obtenir de lui des indications sur l'affaire qui l'intrigue. C'est surtout dans le département d'Apurimac que les sorciers ont des rôles de véritables policiers (126).

Lorsqu'on lui demande son concours, le sorcier pose tout d'abord quelques questions pertinentes sur le moment du vol, le lieu exact, le montant, etc. Puis il visite l'emplacement du délit et rentre chez lui muni de ces nombreux renseignements. Alors il fait chauffer de l'eau dans une marmite et lorsque celle-ci est brûlante, il y jette un nombre précis de fèves de différentes sortes et couleurs, l'une ayant été préalablement choisie pour symboliser le voleur, l'autre représentant le bétail, une troisième le propriétaire, etc. Puis il entreprend la phase principale de la divination qui consiste en une véritable reconstitution du méfait, en s'aidant uniquement des fèves qui, sous l'effet de la chaleur, réagissent. Le sorcier interprète alors (127) :

« Ceux-ci sont tes chevaux et voici tes vaches. Cette fumée que tu vois c'est la nuit. Elle est très sombre, les animaux s'agitent, ils dorment mal. Regarde maintenant le voleur, derrière le mur. Vois comme il se tient immobile. Il écoute. Les chiens ne l'ont pas senti. Ceux-là dorment bien. Ce sont de mauvais chiens. Il faut en avoir d'autres. Regarde maintenant le voleur qui saute le mur. Les pauvres bêtes continuent de s'agiter. Elles ont peur. Regarde le voleur qui vient, regarde comme il vient s'emparer de tes bêtes. Il les emmène. Lui aussi a peur. Regarde comme il s'arrête, comme il écoute. Les chiens ne servent à rien. Chasse-les. Vois maintenant comment le voleur sort par le mur détruit. Il s'en va. Il s'en va. Il faut le suivre. Maintenant il est content et n'a plus peur. Vois, là il y a un complice qui l'attendait, dans ce champ de maïs épais. Ce doit être un homme gros. Maintenant ils passent un pont. Ils n'ont plus peur. Maintenant ils atteignent une colline. Là ils se reposent un peu. Ils sont là [128]. » Ainsi, la voyance ne s'en tient pas aux généralités, mais entre dans les détails.

Près du lac Titicaca, les Camiris frictionnent la carapace du Quirquincho avec une substance quelconque, ce qui, par effet d'analogie, provoque aussitôt sur le visage du voleur une violente éruption de *granos* (acné) qui le fait rapidement repérer.

Évidemment, ce devin-policier dont nous venons d'esquisser le portrait, se double d'un fin psychologue. Par ses habiles questions, il arrive à connaître une bonne partie de la scène du délit. N'oublions pas non plus que le sorcier est souvent noctambule, ce qui lui permet d'en savoir un peu plus sur les activités des villageois. Cependant, à ce pouvoir de concentration supérieur qu'il possède en plus de certaines capacités de perception extra-sensorielle, peut s'adjoindre l'hypothèse d'une « divination intérieure » capable de rendre évidente une réalité soigneusement cachée [129]. Il peut nous paraître tout à fait absurde et invraisemblable d'obtenir une information de cette manière, à nous qui sommes modelés dans nos formes de pensée depuis la naissance. Mais le mystique primitif répond qu'il n'y a pas de hasard, que tout participe de tout et que les fèves prennent véritablement la personnalité que le devin leur assigne, grâce à la puissance du mot. Ainsi ces « fèves à oracle » (qui dans d'autres cas sont des grains de maïs) détiennent une force réelle, dès lors qu'elles appartiennent à la réalité magique d'un système de choses en lequel le devin a foi, de même que le chrétien a foi en le système de mots qu'est sa Bible. Dès lors, c'est en lui-même que le sorcier peut « voir » le déroulement des faits et y trouver la connaissance attendue.

Dans la province de Parinacochas (département d'Ayacucho), la *katipa* se déroule d'une manière sensiblement différente. Le jour et l'heure ayant été convenus d'avance, le sorcier prépare sa *mesa,* le moment venu, après avoir ingurgité plusieurs gorgées d'alcool. Il sort de sa besace de petites pierres de couleur, des coquillages et des étoiles de mer ainsi que divers objets, qui tous possèdent une valeur symbolique nécessaire au bon déroulement du cérémonial destiné à savoir pourquoi le malade, en l'honneur de qui a lieu la réunion, souffre de son affection. Après avoir mis en place ces éléments significatifs, le sorcier commence par jeter la coca en disant : « C'est par ici que se trouve cette bête nuisible [130] ». Puis il sort regarder le ciel, revient en assurant que tout va bien et demande que deux personnes seulement l'accompagnent. Toutes ses affaires ayant été remises dans sa besace, il charge celle-ci sur son dos, prend le tissu qui contient la coca, dans sa main, et tous les trois sortent de l'habitation, le sorcier ayant déjà pris les devants. Son orientation est déterminée par la coca qu'il consulte constamment à la faible lueur d'une bougie jusqu'à l'endroit où la coca parle en tombant verticalement. Le sorcier s'arrête pour chercher et finit par trouver l'emplacement exact du maléfice, et ce par la seule aide du *quinto* de coca (131).

Les Sorts

Une autre méthode de diagnostic par divination est connue sous le nom des « sorts », *las suertes,* particulièrement employée par les Yatiris. En fait, sous cette rubrique des « sorts » apparaissent divers moyens dont chacun possède la vertu de *sacar la suerte,* « lever le sort ».

L'une de ces techniques se pratique avec du plomb ou de l'étain (132). Jetés dans une marmite conservée à cet effet et chauffés jusqu'à la fonte, ces objets ou barres semblables à celles qu'utilisent les plombiers sont ensuite versés dans l'eau froide. A ce contact, le métal fondu reprend sa solidité sous des formes assez nouvelles et capricieuses. Celles-ci sont alors « lues » par l'officiant qui dirige la cérémonie et annonce au fur et à mesure de leur apparition, la présence d'un chemin, d'un champ, d'une église ou d'une tombe dont il établit aussitôt la correspondance avec la vie de l'intéressé. Il s'ensuit une riche déduction destinée à informer très exactement des événements prochains.

Semblable à cette technique, est celle réalisée avec de l'encre. Le devin en jette quelques gouttes sur une feuille blanche, la plie plusieurs fois et en la rouvrant interprète les formes et figures ainsi obtenues (133).

On peut également voir là une variante simplifiée de la méthode divinatoire par le *cuy,* quand le sorcier fait goutter le sang de l'animal sur un papier blanc ou dans de l'eau, afin d'interpréter la nature du *daño* selon les formes obtenues.

De même, on utilise des œufs en versant lentement le blanc dans un verre d'eau. Au fur et à mesure qu'il se solidifie, il prend des aspects très divers qui seront lus par l'*entendido* (134).

En dehors de cette divination par l'étude symbolique des formes obtenues au cours d'une opération de destruction-régénération, il existe aussi une interprétation par la symbolique des couleurs.

Louis Girault relate une de ces cérémonies réalisée afin de diagnostiquer un cas de *susto* (135). Il s'agit d'observer des laines de différentes couleurs au cours de leurs modifications – et donc de leur message – sous l'influence d'un agent chimique extérieur qui les fait virer en une autre teinte ou, au contraire, n'agit pas sur elles. Méthode qui n'est pas loin de celle employée dans la preuve par le papier tournesol dans notre chimie scientifique. Pour cela « on choisit des laines blanches, jaunes et rouges. Avec chacune d'elles le guérisseur forme des petits tampons qui, à tour de rôle, lui servent à frictionner le corps entier de l'enfant. Puis il les étire et les trempe dans de l'urine fermentée de la petite victime et les y laisse pendant environ un quart d'heure. Ce temps passé, il les retire pour les examiner, afin de formuler son diagnostic. Si la blanche est restée telle quelle, c'est bon signe. Mais si elle a viré au gris c'est mauvais. Si la jaune a blanchi, c'est très bon signe; si elle a tourné au vert, c'est très mauvais signe. Si la rouge ne change pas de couleur ou, à la rigueur si elle tourne à l'orangé, c'est un excellent signe. Par contre si elle a viré au brun, c'est un signe catastrophique. »

Dans cette description, nous retrouvons plusieurs des aspects déjà mentionnés. Tout d'abord le chiffre trois symbolique (ainsi que ses multiples) dans la mentalité indigène. Puis la valeur des couleurs. On constate en effet que l'aggravation de l'état du malade est fonction de l'obscurcissement des laines. Si cet assombrissement frappe la jaune ou la rouge, le cas est très grave. Si seules la laine blanche et la jaune sont concernées, l'enfant n'est point trop atteint par le mal. Enfin si la laine blanche seule est transformée, la guérison est proche, mais si la rouge tourne au brun la maladie va rapidement s'intensifier. Parfois ce sont les trois laines ensemble qui s'obscurcissent, indiquant ainsi sans hésitation aucune la mort très rapide du patient.

Nous sommes là en présence d'une méthode certes tout à fait empirique, mais qui n'en demeure pas moins efficace dans bon nombre de cas. En effet, le véritable but de l'opération consiste à recueillir dans les laines le condensé chimique de la sueur du malade et, en l'exposant à un réactif acide, en ce cas l'urine, à obtenir une information sur la présence d'un déséquilibre annonciateur de la maladie (136).

La Kkollpasskka

Il est une autre pratique divinatoire très usitée pour les maux d'origine douteuse, la *kkollpasskka* (137).

Il existe trois méthodes pour réaliser ce procédé.

La première consiste à envelopper trois petits grains de *kkollpa,* dans de la laine blanche de vigogne ou d'alpaga et à passer le tout sur le corps du malade en disant :

« Par la vertu du remède tu resteras sain, et à tous les maux, air et vent, tu échapperas et tu resteras sain et dépouillé et tout s'en ira dans le sein de ces trois grains de *kkollpa.* » Ici seuls sont utilisés les sulfates qui présentent les grains blancs *(yurak kkollpa)* et bleus *(ankkas kkollpa),* en vertu de l'importance symbolique des couleurs, et par l'énergie qu'elles dégagent. Puis l'officiant passe le paquet sur les membres du malade en suivant la forme d'une croix sur le corps tout en répétant : « *Kuti, kuti, kuti,* reviens, reviens, reviens! »

Cette méthode est connue sous le nom de *ch'aki kkollpa* ou *kollpa* sec.

La seconde manière de procéder consiste à prendre cette fois six grains (trois fois deux) enveloppés avec un *quintu* (trois feuilles de coca). Avec deux grains on répète l'opération précédente et l'on récite en plus un Credo, tandis que la friction du malade se fait depuis le front jusqu'à la pointe des pieds. Avec deux autres grains, on répète la même chose mais cette fois depuis le bras droit jusqu'au bras gauche.

Enfin avec les deux grains qui restent, on suit la forme complète d'une croix puis, avec ces six grains, qui désormais renferment le mal, le sorcier sort immédiatement de l'habitation et part dans un lieu éloigné pour jeter le paquet maléfique.

La troisième méthode de la *kkollpasskka* se réalise avec douze grains; c'est pour cela qu'on la surnomme *la docena,* la douzaine. Les sulfates sont enveloppés dans un papier fin avec un peu de *ruda* (138), trois fleurs d'œillets et une douzaine de *kintu.* On y ajoute un peu de *maycha* (139), trois petits morceaux de soufre et trois autres nommés *pes de Avila.* Puis le tout bien serré est passé sur le corps du malade. Au préalable, le sorcier a fait chauffer la *jispay pocko,* urine du patient gardée depuis quelques jours. Dès que la friction est terminée, le sorcier jette dans l'urine l'ensemble qui a servi à enlever le mal, et couvre le tout avec un vêtement du malade. Peu après, en observant les dépôts qui s'y trouvent « on assiste presque à une séance de cinéma ». S'il va guérir on voit une forme blanchâ tre semblable à un visage humain ou à une rose. Dans le cas contraire, la marque provenant de l'écume de la cuisson semble s'ouvrir « comme un grand œuf, sombre comme une tombe ».

Dans d'autres régions du Pérou le paquet ayant servi à la friction est composé différemment. Le sorcier fait chauffer dans une marmite en terre un morceau de *kkollpa* avec un peu de *taco* (terre rouge) et un peu d'*unto* (graisse de poitrine d'un lama). La friction a lieu avec cette étrange pâte qui sera, de la même façon que dans le cas précédent, jetée dans l'urine, et en se désagrégeant produira une écume grisâtre aux formes bizarres. C'est alors que le sorcier se prononcera sur le sort de son patient.

Naturellement, le succès de l'opération dépend de la participation du public et du malade qui, en aucun cas, ne doit voir ou entendre ce qui se passe. Il risquerait d'être impressionné par la séance et le déroulement de la cérémonie en serait faussé. C'est pourquoi, bien souvent le sorcier préfère terminer à l'extérieur de la demeure les rites divinatoires.

Le passage de la *kkollpasskka* à trois grains à celle à six ou douze grains indique une précision dans la méthode employée et une multiplication des puissances libérées qui sont en relation avec la gravité de l'état qui affecte le patient. Si le sorcier n'obtient aucun résultat par la première et plus simple méthode, il passe progressi vement à la seconde ou à la troisième, s'il se trouve confronté à une situation extrêmement critique qui nécessite une contre offen sive urgente face aux pouvoirs maléfiques.

Il peut arriver que ces trois méthodes n'aboutissent pas à l'information claire et détaillée que le sorcier et la famille du malade attendaient. Toute identification du mal ayant échoué et donc sa conjuration, en dernier espoir on se dirige vers le *pongo,* ce maître d'une cérémonie assez spéciale, puisque celle ci consiste à dialoguer non plus avec l'esprit intermédiaire de la coca ou d'un animal, mais avec le dieu en personne qui réside dans les profondeurs de la montagne, le *Wamani.* Confrontation pleine d'exigence et d'humilité, de doute et de certitude, ainsi que nous le verrons plus loin.

Rêves, augures, présages

Nous parlerons auparavant des récits et expériences oniriques et de la place qu'ils tiennent dans les méthodes divinatoires.

L'analyse des songes à des fins prophétiques est universellement connue. De tous temps on retrouve cette préoccupation de leurs représentations, dans les groupes primitifs et semi-primitifs, ainsi que dans les sociétés modernes et scientifiques.

Ainsi en Amérique du Sud et plus précisément au Pérou, les phénomènes perçus durant l'état onirique instruisent, en fournissant une authentique information qui n'est pas seulement superstition, mais bien indication précieuse sur la nature de la force qui se manifeste. En effet, chez le « primitif », la réalité expérimentée en rêve est aussi respectable que celle apportée par l'expérience éveillée. Le poids de la réalité intervient également sans opérer de distinction entre ces deux états.

Dans ses études sur les Fuégiens, M. Gusinde rapporte que « les Selknam se meuvent très souvent et très activement dans un univers onirique, où chaque élément, chaque histoire est empreinte d'un sceau de véracité tel que si un Selknam ou un Yamana voit en songe un de ses parents malades, dès le lendemain il enverra quelqu'un afin de s'informer de son état de santé ».

La psychologie moderne nous a permis d'admettre que la vie du rêve n'est pas moins réelle que celle de la conscience éveillée. Pour le « primitif », l'acte répréhensible commis en rêve aura ses conséquences dans la vie diurne, car le rêve est nanti d'une force probante parfois plus grande que celle de la conscience éveillée.

Le rêve est, dans la mentalité archaïque, aussi vivant que le mythe sans passé ni avenir et il offre la possibilité de dominer le monde d'une manière magico-mythique. Le rêve est la vie de même que la vie est le rêve.

Chez les Incas, le *mosoq*, spécialiste de la divination onirique, opérait de la façon suivante. Si le patient était un homme, il prenait un de ses vêtements – par exemple son poncho ou s'il s'agissait d'une femme, sa *chumbi* (jupe) – sur lequel il donnait sa consultation. Selon les rêves racontés par le patient, le *mosoq* interprétait à sa manière et donnait les réponses attendues grâce à un système de référence assez semblable à ceux qu'utilisent les psychanalystes actuels.

On retrouve aujourd'hui encore tout ce répertoire des rêves avec leur signification propre (140). Quand on rêvait d'*urunina* (vers luisants) c'était l'annonce d'une très proche maladie. Si l'oiseau *chicollo* se montrait, une dispute était à craindre; rêver *quiroyni llocio* (ma dent est tombée) annonçait la mort du père ou de la mère; enfin si l'on rêvait *acuyraqui mayuta chacata chimpani intiquilla uanun* (malchance, j'ai croisé un fleuve, j'ai vu mourir le soleil, la lune) le père ou la mère devait mourir (141). Bien que nous ne puissions énumérer ici tous les symboles exprimés dans les rêves, sachons que le sorcier les tient catalogués dans son esprit et, face à l'interrogation du patient, sa connaissance lui permet de trouver aussitôt le cas soigneusement répertorié par ses prédécesseurs durant des siècles. Il formule ainsi des mises en garde contre un parent, un avertissement, un retard à imposer à un voyage, etc., ou au contraire un encouragement à l'action immédiate.

Il ne faudrait pas croire pour autant que n'importe quel songe possède un sens symbolique dans la société andine du Pérou. En effet, pour être significatif, le rêve doit être culturellement déterminé, c'est-à-dire avoir une position réaliste vis-à-vis de la vie quotidienne.

Dès que le sorcier a accordé une crédibilité au rêve de son patient et lui a donc apposé un visa de validité, il lui attribue également une notion de responsabilité qui engage son comportement futur. C'est pourquoi, pour un individu qui évolue dans une société à mentalité magico-religieuse, la rupture temporelle et logique entre deux états de la conscience n'existe pas. Pour le primitif, il n'y a qu'un seul *continuum* où toutes les contradictions inhérentes à notre mentalité moderne profane n'apparaissent point. L'énergie cosmique traverse son monde, de même qu'elle traverse l'homme sans lui imposer de limites de réalité.

La foi absolue en ces représentations oniriques et en leur figuration règle les attitudes et les comportements de l'indigène qui ordonne son existence quotidienne en fonction de cette expérience vécue en rêve, parfois annonciatrice d'une autre expérience. Cela occasionne alors des troubles psychiques qui mettent l'individu en demeure de suivre l'information « rêvée », parce que celle-ci, grâce à son pouvoir de suggestion, a prédisposé l'organisme à recevoir l'information reçue en songe. Cette prédisposition aux présages, augures, signes, etc., propres à toute mentalité primitive ou semi-primitive, est provoquée par un sens religieux intense, qui parfois, se sentant pris en faute ou en infraction aux lois du groupe, se libère en développant des créations « imaginaires » compensatrices.

En même temps que s'est précisée la désacralisation du monde occidental, ont disparu toutes ces valeurs qui assuraient la communion, le rattachement sécurisant entre l'homme et la nature (142), c'est-à-dire l'homme et les dieux, dès lors que le groupe a choisi pour se mouvoir des forces indépendantes, sinon hostiles, à la dynamique de l'univers.

Le voyage psychique qui s'effectue en état de rêve, ne sera imaginaire que dans le contexte de notre limitation historique qui refuse tout prolongement magique de la réalité éveillée à une autre réalité. La croyance en l'irréalité du songe qui nous assure au sortir d'un cauchemar que ce n'était qu'un moment d'illusion, n'est valable que dans notre conception culturelle de la réalité. Car, si nous acceptons de faire table rase de ces intoxications que des siècles d'enseignement ont érigées en dogmes, et si nous ouvrons nos consciences au doute, nos propres certitudes s'effondrent et avec elles nos garanties scientifiques.

Les augures et les présages qui obéissent à la même orientation de la pensée symbolique, sont très écoutés, car ils se présentent

Quelques exemples d'interprétation

SONGES		SIGNIFICATION
cavalier	:	peine
croix	:	tourments
jouer du *charango*	:	peine
maladie	:	santé
étoiles	:	froid
chemin	:	obstacle
chapelle	:	malheur
mort	:	pluie
viande	:	pommes de terre
embrasser	:	mépriser
ennemis	:	amitiés
lama	:	espérance inutile
poncho	:	mauvais signe
fleuve	:	obstacles
sel	:	larmes
taureau	:	maladie
renard	:	voleur
chat	:	mauvais signe
poule	:	sorcellerie
laine	:	désillusion
brebis	:	vaine espérance
blé	:	dépenses
terre	:	mauvais signe
neige	:	grandeur
nuages	:	tristesse
chien	:	voleur
puma	:	mauvais signe
jouer de la flûte	:	malheur
rire	:	ennuis
sépulture	:	convalescence
saint	:	bon augure
sangre	:	*susto*
montagnes	:	bon augure
crapaud	:	argent
mastiquer la coca	:	peine
feu	:	médisance
danser	:	tristesse

TABLEAU 1

généralement avec une charge d'information sur les potentialités à venir. Certains présages ont un aspect humain, végétal, animal ou ressortissent de certains événements extraordinaires que le devin considère comme des repères d'un temps critique. Aujourd'hui comme autrefois les Péruviens savent que si un oiseau de mauvais augure, une chouette, un serpent entrent dans la maison, un humain va mourir.

Les phases lunaires continuent de faire ou de défaire les maladies. L'Inca ne se baignait jamais sous la nouvelle lune ni en son dernier quartier, car « en ce jour et à cette heure, circulaient les maladies et les dangers du corps et la mort; les éléments éthérés vaguaient libérés de leur nature, à l'encontre du corps (143) ».

Si le hibou crie avec insistance sur le toit de la maison, si la chouette vole à proximité, si l'on trouve le squelette d'un crapaud dans un mur, le présage est mauvais, il faut s'abstenir de toute entreprise ce jour-là. Un renard qui entre de plein jour dans un village annonce une épidémie ou une disgrâce proche. Un éboulement de la montagne Huayrara (province de Parinacochas) laisse prévoir un tremblement de terre ou un appel au service militaire (144). Quand le *huayhuash* (furet) croise notre chemin, c'est annonce de mort. Pour conjurer le danger il faut tuer l'animal et rebrousser chemin. Rêver d'une corne, objet maléfique par excellence, n'annonce rien de favorable, surtout s'il s'agit de *lloke wakra*, la corne gauche (145). A ce sujet, il existe une croyance intéressante dans les Andes. Lorsqu'il tombe de très fortes pluies, ce qui est fréquent de décembre à février, les paysans redoutent la crue de la rivière qui dévasterait leurs *chacras* de maïs et de papas. Aussi enfoncent-ils sur la rive la plus menacée, une corne de bœuf, car « ils supposent que les crues sont déclenchées et guidées par le diable qui, en voyant cette corne, pense qu'à cet endroit se trouve caché un de ses compagnons, et pour ne pas s'attirer d'ennuis avec lui ou le blesser, il dévie alors le courant de l'autre côté (146) ».

Certains objets jouent également un rôle d'augures. Ainsi une maison *pesada,* hantée, indique qu'un trésor y est enterré.

Parfois la force du destin ne nécessite pas de messager et se manifeste directement à travers des symptômes somatiques, sans passer par un tiers, animal ou autre. De cette façon, si on sent des brûlures dans l'oreille gauche, cela veut dire que quelqu'un dit du mal de vous. Pour arrêter cette mauvaise influence il est recommandé de mordre le revers de son vêtement, ce qui provoque la morsure de la langue du médisant, etc.

Mais quels que soient leurs noms, augures, présages, prémonitions, etc., toutes ces formes de manifestations expriment avec un certain fatalisme, la tragédie existentielle de l'individu constamment exposé aux lois de l'univers qu'il affronte.

Au travers de ces quelques exemples qui font craindre un événement malheureux, on voit que dans la mentalité indienne l'esprit démoniaque est beaucoup plus agissant que l'esprit du bien, et que la conjuration est une mesure destinée à empêcher le fait annoncé de se réaliser. Même si le résultat n'est pas positif, cette démarche d'exorcisme, de par sa nature défensive, apporte un certain apaisement à l'esprit angoissé.

De la même façon que les animaux, les végétaux qui participent aux relations des forces de l'univers au même titre que ce qui est animé, sont chargés de puissance et donc capables d'émettre des signes jugés fastes ou néfastes. Ainsi les paysans andins savent que, s'ils ont la grande chance de trouver dans leur champ un *missa-choklo* (147), la prochaine récolte sera très abondante, et l'épi-amulette annonciateur du bienfait divin sera respectueusement conservé.

Fêtes à caractère prophylactique

Dans la religion et la magie, la représentation du temps obéit à des absolus. Tel celui de la continuité du temps ou durée, qu'interrompent des coupures qui assurent la recréation de ce temps. Lorsqu'elles apparaissent, périodiquement ou accidentellement, elles inaugurent une période de pronostics. C'est-à-dire que tout phénomène observé à l'ouverture de cette période apporte une prophétie valable pour tout le déroulement de cette phase : « Le début engage la suite ».

En ces heures distinguées, en ces dates qualifiées où l'homme peut enfin « marquer un temps d'arrêt » et saisir l'occasion de célébrer, se multiplient les recommandations et les précautions à prendre face à ces réserves de puissance prêtes à exploser et à se déchaîner sur l'imprudent au moindre de ses faux-pas. Qui dit potentialité dit danger.

Lorsque l'année subit son processus de régénération symbolique dont l'agriculture supporte l'un des aspects, ont lieu dans le département du Cuzco, les *Cabañuelas*. C'est là une méthode de pronostic selon laquelle les journées d'août préfigurent les mois à venir (148). Il s'agit bien d'un archétype selon lequel « il n'y a rien de neuf sous le soleil » et tout se régénère en se répétant.

Dans les derniers jours de juillet les paysans, riches et pauvres, s'affairent à nettoyer de fond en comble leurs habitations. Les pièces sont lavées, balayées, les ordures brûlées au grand jour. Puis dans la nuit du 31 juillet au 1er août, lorsque tout est propre et rangé, on attend l'arrivée de cette date la plus importante de l'année, le Nouvel An (149). Vers minuit, on réalise le *koymi*, qui consiste à brûler certains parfums, résines, essences végétales de toutes sortes sur de la bouse réduite en braises. C'est un jour différent qui se lève sur le village où monte la fumée du *koymi*. Cette date est particulièrement critique, comme celles qui annoncent la fin d'une continuité concrète, la rupture grâce à laquelle il est possible de se trouver face à face avec les divinités. Mais c'est aussi le début d'une ère nouvelle en vue de laquelle les indigènes s'efforcent de retrouver bonne conscience, c'est-à-dire leur propre unité, car sur le plan humain ou végétal il s'agit d'établir un retour à l'harmonie primordiale.

A l'époque incaïque, ce désir de purification par expulsion périodique des démons, donnait lieu à l'une des fêtes les plus importantes, la *citua* (150). Derrière l'ensemble des manifestations spirituelles auxquelles on assistait, cette cérémonie avait un contenu de thérapeutique collective, semblable en bien des points à ce que nous appellerions une psychothérapie de groupe, permettant à la société impure, « malade », d'annuler le temps lourd et fétide, pour repartir à zéro, fraîche et dispose.

Cristobal de Molina, qui en fit de riches descriptions, rapporte que cette fête se célébrait en août, car c'est alors que commençaient les eaux et avec les premières eaux viennent habituellement de nombreuses maladies. Le but de cette manifestation était de « jeter les maladies et les maux hors de la Terre ». On commençait par chasser de Cuzco les chiens, pour qu'ils ne hurlent pas, puis les étrangers et les infirmes (151) « qui l'étaient par suite de leurs fautes... » afin qu'ils n'entravent pas par leur infortune l'action des influences bénéfiques. Ensuite, le peuple, armé de pied en cap, se réunissait sur la grande place de Cuzco en criant : « Maladies, désastres, malheurs, dangers, sortez de cette terre! » Quatre cents émissaires partaient dans les quatre directions de l'empire du Tahuantinsuyu (152) afin de remettre à des relais qui les emporteraient aussitôt vers quatre fleuves sacrés, des emblèmes représentant les maladies. Puis la foule secouait châles et toiles de toutes sortes en disant : « Que le mal s'en aille! Oh, combien nous avons désiré cette fête! Oh, Créateur des choses, laisse-nous atteindre l'autre année afin que nous puissions voir une autre fête comme celle-ci! » La période de jeûne et de confession rituelle, sorte de catharsis, était suivie d'un bain général. Enfin le moment culminant était annoncé par l'arrivée du *sanco*, pain rituel à base de maïs. On regroupait les idoles sur la place, puis l'Inca, les grands prêtres et le peuple communiaient à l'aide de ce *sanco* arrosé de sang animal *(yahuar sanco)* (153).

Aujourd'hui, l'indigène à la veille du 1er août ressent le besoin d'être libéré de ses fautes, sous peine d'être exposé dans l'année à venir aux maux et désastres les plus imprévus. Ce sentiment l'obsède même s'il ne prononce plus l'expression employée par les grands prêtres du Soleil avant de consacrer le *sanco* déposé dans des plats d'or :

« Voyez comment vous avez mangé ce *sanco,* car celui qui le mangerait en état de péché et avec deux volontés et (deux) cœurs, le Soleil notre Père le verra et le châtiera; et ce sera de grands travaux pour vous; et celui qui d'une seule volonté le mange, le Créateur, le Soleil et le tonnerre le gratifieront; et ils vous donneront des fils et des années heureuses, beaucoup de nourriture et tout ce qui est nécessaire avec abondance ». Aujourd'hui, ces majestueuses cérémonies ont été décapitées par des lois ignorantes et parfois brutales. Cependant, sur les hauts plateaux survit encore le fondement de cette croyance en ce « temps milieu » qu'est le mois d'août et qui, par une sorte de nécessité, vient rompre une continuité dange reuse. En effet, dans sa monotonie, celle ci risquerait de faire peu à peu se dissiper l'attention, le respect de la puissance si n'y alternaient des diversités de temps, considérées ici comme des diversités de rythme.

Ce premier jour d'août, se comptent donc les *Cabañuelas* (154). Le 5 août correspond au mois de janvier, le 6 à février, le 7 à mars, le 8 à avril, le 9 à mai. Ces jours-là sont ceux qui retiennent le plus l'attention des paysans, étant en relation avec les mois des cultures et des récoltes. Puis le 10 représente juin, le 11, juillet, le 12, août, le 13, septembre, le 14, octobre, le 15, novembre et le 16, décembre. A partir du 15 le compte se fait à rebours; ainsi le 17 août renvoie également à décembre, le 18 à novembre, etc. Enfin, certains jours et mois ont un intérêt particulier pour leur correspondance :

le 24 août correspond à mai et répète le 9 août;
le 25 août correspond à avril et répète le 8 août;
le 26 août correspond à mars et répète le 7 août;
le 27 août correspond à février et répète le 6 août;
le 28 août correspond à janvier et répète le 5 août.

La journée entière du 30 août est particulièrement observée. C'est habituellement un jour nuageux qui annonce de faibles pluies pour novembre, mois des cultures. Mais s'il bruine, c'est mauvais signe; l'année sera pluvieuse plus tôt que de coutume et les récoltes en souffriront.

Le 29 août, correspondant à décembre, doit avoir quelques ondées sans trop de violence, ce qui laisse entrevoir une bonne récolte de maïs.

Pendant cette période d'information, on procède à de nombreuses autres interprétations. On examine si le sable du fleuve cache ou non des pierres, si la vache mugit, si les positions astrales sont normales pour la saison, etc. Ainsi observe-t-on la taille des étoiles, l'emplacement de la Croix du Sud, le rapprochement des « Trois Mariés » (l'anneau d'Orion). On s'efforce de distinguer si le *unu killa* (première apparition de la nouvelle lune) est pâle ou non, si l'ouverture du croissant s'incline vers Cuzco (ce qui laisse présager de fortes pluies), enfin si la Voie Lactée est très encombrée de marque noires, ce qui annoncerait une année de peste ou de mort (155).

Un tel symbolisme de répétition du grand moment de la Création, ici exprimé à travers ses caractéristiques agraires, « trouve ses fondements dans la mystique lunaire; on peut donc, du point de vue ethnographique, l'identifier déjà dans les sociétés pré-agraires ». Cependant, du fait de son aspect populaire, on comprend l'universelle diffusion de cette coutume de divination. « C'est encore parce que le Nouvel An répète l'acte cosmogonique que les douze jours séparant Noël de l'Épiphanie restent encore actuellement considérés comme une préfiguration des douze mois de l'année. Les paysans de l'Europe entière n'ont pas d'autres raisons quand ils déterminent le temps de chaque mois et sa ration de pluie au moyen des signes météorologiques de ces douze jours (156). »

D'autre part, ce besoin que l'on retrouve si souvent dans les cultures, d'en finir avec les marques et les formes d'un temps achevé (exprimé par le nettoyage ou la destruction symbolique de vaisselle, de vêtements usagés, etc.), manifeste le désir de renaître, de rendre possible une réactualisation du monde.

Du 23 au 24 juin, la nuit de la Saint-Jean (157) est particulièrement propice pour deviner le sort des personnes, leur avenir et pour leur assurer la vigueur qui doit les entraîner dans le temps cyclique. Les vieux habits sont brûlés afin que « la pauvreté soit brûlée » et l'on assiste à un véritable déchaînement d'activités physiques (concours équestres), verbales (joutes de villageois) ou spirituelles (évocations).

On raconte en effet que cette nuit, vers neuf heures, alors que le ciel brille plus que jamais de son froid étoilé et jusqu'à minuit, les villageois disposent des brasiers qu'ils alimentent de bois ramassé par-ci, par-là. C'est alors que commencent les récriminations « et cela à distance suffisante pour qu'ils puissent se comprendre, vociférant des cris furieux. Et que se disent-ils? Ils récriminent dans un langage symbolique, ironique et même insultant. Et ils ne mettent pas seulement au grand jour leurs défauts physiques, mais le pire, tout ce qui peut blesser l'honneur du prochain [158] ».

La signification de ce rite est double : l'annulation d'un temps symboliquement anéanti par les feux cérémoniels de la Saint Jean, de son passé pesant, et la renaissance d'un temps nouveau, vigou reux, pur, sans histoire, en même temps que la purification et la sur valorisation individuelle. C'est de cette oscillation entre la mort et la résurrection du temps qu'est né le calendrier, instauré afin de retrouver l'ordre des fêtes. C'est à dire afin de signaler à l'attention particulière ces périodes chargées de pouvoir, dotées d'une indivi dualité telle que quelque chose doit nécessairement y arriver, et l'homme obligatoirement s'y arrêter sous peine de graves dangers. Le calendrier a donc pour l'indigène qui s'y réfère aveuglément une finalité essentielle, « il donne son expression au rythme de l'activité collective et en assure la régularité [159] ».

Une fois le passé anéanti et avec lui les erreurs commises, commence donc la phase purificatrice propre à toute naissance. Les membres de la communauté, conscients de se trouver à la charnière des deux temps, celui qui vient de disparaître et celui qui s'annonce, vont mener un combat rituel symbolique sur le plan verbal, afin de vaincre le risque et de reprendre une place de force dans la période nouvelle.

Au-delà des insultes, critiques acerbes, dénonciations publiques de difformités, tares et autres maux cachés, que des propos obscènes n'hésitent pas à dévoiler assez crûment, se retrouve la puissance du mot.

Chez de nombreux groupes traditionnels primitifs ces joutes injurieuses constituaient un véritable rite à valeur de consécration. Cela par le fait que nommer une chose c'est lui donner la vie, et « parler de choses puissantes amène la puissance ». Or, de tous temps, ce qui traite des affaires sexuelles ou des sécrétions du corps humain est revêtu d'une grande puissance. Aussi importe-t-il peu que l'accusation portée sur la victime soit juste ou non. Ce qui rend en effet cette personne coupable, c'est le mot, et seul un autre déploiement de puissance reste susceptible de la purifier [160].

Dans nos sociétés modernes, nous avons conservé un vestige de ce rite, dans le défi. Un homme à qui l'on dit : « Tu n'es pas capable de faire cela, tu es un lâche, etc. », sait qu'il devient réellement ce dont on le qualifie, s'il ne réalise pas l'acte en question. Dans le cas contraire il sort grandi et lavé de la culpabilité que le mot avait fait peser sur lui.

Lorsque après cette fête, le jour se lève de nouveau sur le village et les travaux des champs, chacun se retrouve identique à ce qu'il avait été l'année précédente, mais pourtant totalement neuf, animé de cette énergie qui, en revivifiant la nature, a replongé l'homme dans le même flux que celui de l'univers.

L'appel au Mont
Les Wamanis

Nous en arrivons à l'ultime aspect que nous voulons présenter des principales méthodes divinatoires employées au Pérou. Après les techniques de divination indirecte, voici la *llamada*, l'*orqo jayaqay*, l'appel au mont, et par là, la communication directe avec le dieu de la montagne, le Wamani. Cette confrontation peut dans certains cas faire déplacer la divinité jusque vers l'emplacement où se trouve le sorcier, à moins que ce ne soit celui-ci qui se rende sur le seuil du territoire de ce dieu puissant, maître des choses et des hommes.

Dans les Andes centrales du Pérou, près de Huancavelica, les indigènes vénèrent les Wamanis comme un ordre de divinités hiérarchisées. Ils connaissent en effet « des montagnes aînées et des montagnes cadettes, des *qatun wamani* et des *sullka wamani*. Les premières dominent les secondes du fait de leur « richesse » et de leur « puissance ». Mais la qualité de majeur ou de mineur, de *qatun* ou de *sullka* est relative : une montagne peut, en même temps, avoir des montagnes dépendantes et dépendre à son tour d'autres montagnes (161) ».

Mais qui est Wamani et quels sont ses pouvoirs? Aujourd'hui, les membres des communautés andines savent que, si on commet un manquement vis-à-vis de cette divinité, de protecteur qu'il est fondamentalement, le Wamani peut devenir un justicier terrible et provoquer toutes sortes de malheur pour les hommes, les animaux, les cultures. Car lui, « le Wamani est la Terre comme s'il était Dieu, l'être de nos animaux. Tout vient de lui. De lui jaillit la bénédiction de Dieu, l'eau, la veine de Dieu (162) ».

C'est ainsi qu'une fois l'an, a lieu une cérémonie importante dans le contexte culturel quechua, connue sous le nom de *señalacuy* ou marque du bétail, immédiatement suivie de la *sequia* ou fête de l'eau. Ce rite répond à une double finalité : marquer le bétail en légalisant la propriété privée ou communale, et rendre hommage à la fertilité des deux très puissantes forces qui veillent sur les hommes et les animaux : le Wamani et la Pacha-Mama. Cette dernière identifiée avec la Mère est en relation avec la terre et l'agriculture, tandis que le Wamani identifié avec le Père, est en contact direct avec les montagnes, la Puna, le ciel et le bétail.

L'un organise autour de son centre vital la subdivision du monde dans sa moitié supérieure (les montagnes), l'autre dans sa moitié inférieure (les champs, les vallées), l'un et l'autre se retrouvant grâce à la relation offerte par la troisième divinité Amaru, le serpent, dont l'élément principal est l'eau. C'est par elle, qui coule vers les terres basses, que Wamani et Pacha-Mama entrent en communication et déterminent ensemble le destin du bétail, des cultures et des hommes (163).

Il n'est pas rare que les montagnes les plus puissantes possèdent un nom quechua associé au Wamani et un nom espagnol associé à un saint chrétien. C'est le cas par exemple du Wamani Waytarino également nommé San Mateo (saint Mathieu) par la population. Arguedas nous rapporte que « Don Pedro est le plus grand des Wamanis de Puquio, mais de tous les Wamanis de la région, aussi loin que ce que les originaires de Puquio considèrent comme zone familière, le Qarwarasu est le plus grand Wamani (164) ».

Quand on se représente le Wamani on ne peut avoir de certitude sur son visage, humain ou non, disent les indigènes de la région. Cependant, s'il apparaît par hasard lors d'une rencontre tout à fait fortuite, il peut prendre les traits d'un policier, d'un *gamonal* ou d'un *gringo* à cheval, bien vêtu, qui n'hésite pas à tuer les propriétaires si ceux-ci tardent à réaliser l'annuelle *herranza* ou *señalacuy* (165).

Notons que ces trois personnages, l'étranger *gringo,* le policier et le patron d'exploitation qui, chacun, représentent un type de l'oppression séculaire qui frappe les indigènes, sont ici utilisés comme des supports visuels de la puissance abstraite du Wamani, donc du Père.

D'autres informateurs assurent que les Wamanis se présentent sous l'aspect d'un oiseau, lorsqu'ils sont spécialement appelés par les sorciers, au cours d'une cérémonie divinatoire.

Si nous reprenons la première méthode de contact avec l'esprit de la montagne qui consiste à faire venir le Wamani au sein d'une assemblée afin de connaître le déroulement futur ou passé – mais demeuré secret – d'un fait (vol, accident, maladie), nous avons deux cas particuliers à présenter.

Le premier décrit une séance de recherche de ce genre d'information à travers un dialogue direct avec l'esprit de la montagne (166). Sont présents le malade, quelques parents et le *paqo* serviteur et grand prêtre. Après la rituelle mastication de coca, le sorcier fait éteindre toutes les lumières, ordonne de fermer les yeux, demande un fouet dont la présence rappelle que la discipline doit être observée parmi le groupe, et dit à tous de réciter des prières. « Le plus profond silence règne dans la pièce. Un murmure de prières et certains sifflements sourds s'échappent du sorcier. Immédiatement, on sent un tremblement sur les toits et comme un rebondissement inattendu dans la poitrine du *paqo,* un barbotement sur les feuilles de coca, et une petite voix étrange se fait entendre qui semble bien être celle du *paqo* lui-même ventriloque(167). » Ainsi le *paraje* est présent. Il salue tout le monde et se nomme comme étant telle montagne, en demandant les raisons pour lesquelles on l'a fait venir. L'assistance est pleine de respect et d'humilité et le salue : « *Papay, papay!*(168). » Puis il parle au malade en l'assurant que sa guérison est possible, s'il consulte en tout son sorcier, donne des prescriptions et ensuite se retire. Quelques autres *parajes* se succèdent, qui montent et descendent, et la cérémonie prend bientôt fin.

L'invitation du Wamani ou *paraje* doit être préparée avec beaucoup d'attention. Lorsque la cérémonie d'appel a lieu dans la demeure du sorcier ou de la famille de l'intéressé, celle-ci doit faire au préalable une offrande, organiser la *mesa.* Cela veut dire préparer une table garnie de boissons, d'aliments qu'apprécie tout spécialement l'esprit invoqué. En général, on trouve toujours dans ce genre de « buffet » divers bouillons de poule et des *mazamorras* de riz, ainsi que du vin doux, des sucreries, des cigarettes et trois œillets dans un vase. Le tout peut être placé à même le sol ou installé plus luxueusement sur une table. L'absence de ces préparatifs alimentaires conduirait à l'échec de la cérémonie ou sinon engendrerait un violent courroux du Wamani offensé.

Le récit que nous présentons maintenant, a été recueilli par l'écrivain Arguedas, originaire du village andin de Puquio, où l'un de ses compatriotes a rencontré ce Wamani(169). Cet homme était alors gouverneur de la communauté paysanne de Pichqachuri. Doutant des pouvoirs d'un sorcier dont on parlait beaucoup dans toute la région, il convoqua ce *pongo* et l'obligea à pratiquer ses arts devant lui. Plus tard, le gouverneur rapporta ce qu'il avait vu. Dans l'obscurité totale, le *pongo* prépara la *mesa* et se mit à appeler les Wamanis; « ils se présentèrent rapidement et volèrent dans la pièce, en faisant un bruit d'ailes terrible. Le gouverneur dit qu'il put en voir un, car il avait laissé une fenêtre entrebâillée, et que le Wamani avait l'aspect d'un aigle incroyablement imposant. Il dit aussi que les Wamanis parlèrent avec majesté et colère. Que le plus vaillant, le plus insolent était le Qarwarasu. Les Wamanis prédirent l'avenir au gouverneur, lui donnèrent des ordonnances pour qu'il pût soigner tous ses maux et lui parlèrent. Chaque Wamani avait une voix différente. Le gouverneur fut subjugué et conversa».

Ces deux récits qui rapportent la rencontre avec l'esprit des montagnes sont identiques sur le fond; elle ne peut se dérouler avec succès que si le silence et l'obscurité la plus complète sont respectés. On peut se demander pourquoi ces heures tardives qui avoisinent minuit sont si importantes dans la bonne marche de la cérémonie. Il semble que le sorcier craigne le moindre bruit capable de troubler l'attente du groupe, ainsi que la plus petite source de lumière pouvant distraire la concentration. Mais n'oublions pas que minuit est, dans toutes les représentations magiques, très propice aux agissements non ordinaires, c'est à dire qui ont un rapport avec les esprits. Minuit est aussi appelé « l'heure ouverte », l'intervalle entre deux temps, le moment qui laisse aux forces de tous ordres une liberté de circulation absolue.

On apprend dans les notes des chroniqueurs espagnols, que les Incas avaient trois moments favorables réservés à leurs pratiques magiques, à savoir minuit, midi et six heures du matin, c'est-à dire le lever du soleil. Actuellement, ces trois moments critiques sont respectés, bien que minuit soit le plus apprécié par les agents magiques.

D'autre part, si la cérémonie a lieu en pleine journée, le sorcier exige que toutes les ouvertures soient bouchées afin que l'obscurité totale soit faite dans la pièce. Certains observateurs en ont hâtivement conclu à une pratique destinée à augmenter la charlatanerie en accroissant le mystère de la cérémonie. Il faut au contraire y voir une preuve de la bonne foi du sorcier. Car si la mastication de coca est nécessaire aux membres présents pour atteindre un état psychique extraordinairement réceptif, la recherche des ténèbres a pour but d'aider la conscience de chacun à quitter le monde en supprimant la vision de ce monde. Cette obscurité est indispensable pour un dégagement spirituel en permettant une concentration beaucoup plus intense sur un pôle, une fixation sur un point représentant le moment central de la cérémonie : l'appel.

Le besoin des ténèbres se retrouve comme technique magique chez tous les peuples où prédomine un magisme chamaniste. Il ne s'agit donc pas seulement des sorciers sud-américains, car on le retrouve chez les Toungouses sibériens, les Mandchous, les Esquimaux, etc., car pour tous il est évident que « les esprits viennent mieux dans le noir [170] ».

Un deuxième aspect commun à ces deux récits est l'arrivée des

Wamanis. Ils font une véritable irruption, avec grand bruit, sous forme d'oiseaux de proie, mais sont parfaitement capables de dialoguer audiblement avec l'assistance humaine.

Ce genre de manifestations se retrouve dans un grand nombre de documents ethnologiques où ils sont généralement attribués, sans preuve, à des « trucs » de sorciers passés maîtres dans l'art de mystifier les gens. Mais si l'on veut vraiment s'interroger sur la possibilité d'une telle réalité magique, nous nous retrouvons de nouveau confrontés avec le problème des pouvoirs et de leur efficacité, que l'ethnologie est bien incapable de « résoudre ». S'agit-il d'une suggestion si forte sur une conscience déjà prête à recevoir des images – d'une part, grâce à la mise en scène et, d'autre part, par ses prédispositions culturelles – qu'elle croit vivre l'expérience suggérée? A-t-on seulement affaire à des manifestations de ventriloquie menées à la perfection? Sommes-nous en présence d'hallucinations collectives? Ou bien ces « voix séparées » ont-elles une origine propre, et s'agit-il là de la manifestation très simple d'une force si puissante qu'elle peut recréer une réalité? Quoi qu'il en soit, ceux qui ont assisté à ces nombreuses cérémonies d'appel qui se déroulent dans les hautes Andes sont unanimes. Ils ont bien « senti » la présence comme une force qui leur serait communiquée par le sorcier et se concrétiserait intelligiblement, sous l'effet de l'émotion qu'ils éprouvent au contact du sacré.

La seconde manière de réaliser l'Appel peut être employée lorsque le sorcier va effectuer son rite aux pieds mêmes de l'esprit de la montagne, afin de l'obliger à se prononcer sur l'une ou l'autre alternative : le bétail sera-t-il protégé? Le voleur sera-t-il retrouvé? Le malade va-t-il guérir ou mourir?

Et c'est précisément cette question qui fut posée au cours de la séance divinatoire à laquelle nous avons assisté auprès d'un *orqo jayaqoq*, dans les Andes centrales du Pérou.

L'invocation de l'esprit de la montagne ne peut être réalisée par n'importe quelle classe de sorciers, mais par un spécialiste, de *caracter fuerte* comme disent les indigènes, sans quoi l'imprudent serait puni par l'esprit lui-même. On cite d'ailleurs de nombreux cas de jeunes téméraires qui, pour obtenir des révélations urgentes de la divinité sans y avoir été préparés par un long apprentissage, ont été retrouvés sur les lieux mêmes du Wamani, l'esprit égaré et l'écume aux lèvres, victimes de la dangereuse puissance de l'esprit.

Le sorcier arriva donc dans la ferme de l'altiplano vers sept heures du soir, accompagné de son jeune fils qui devait plus tard lui servir d'assistant. Assis par terre, le *pongo* se mit à vérifier à la faible lueur d'une bougie si tous les éléments nécessaires à l'*orqo-paqay*, le paiement rituel qui précède la cérémonie, se trouvaient bien parmi ce que nous venions de lui remettre. Il y avait de la coca de belle espèce, quatre pommes, du *mani* (cacahuètes décortiquées), des *pasas* (raisins secs), des bonbons, une petite fiole de vin et des cigarettes de tabac brun. Cela représentait ce qui allait être offert et laissé à la jouissance de l'esprit de la montagne, en guise de cadeau. Puis dans la deuxième partie des éléments se trouvait le *llampu* (171) dont la présence devait exprimer le souhait que la divinité serait bienveillante, et qui serait récupéré par le sorcier. Enfin des grains de *cuti* et un petit flacon de *ñahuin chicha* (172), des œillets blancs et rouges (173).

Visiblement satisfait de son examen, le *pongo* distribua des deux mains une portion de coca à chacun des membres de l'assistance et tout le monde se mit à *chacchar* consciencieusement, avec de fréquentes interruptions pour boire un petit verre d'eau-de-vie que l'on faisait circuler avec régularité. Puis bientôt le sorcier se mit à parler avec calme, racontant parfois, avec des pointes d'humour, certaines de ses expériences, ses frayeurs, et répondant volontiers à toutes les questions qui lui étaient faites. Cependant, lui-même ne s'enquit aucunement de la personne malade en faveur de qui la cérémonie avait été organisée. Mais il s'informa à plusieurs reprises du sérieux de la demande, répétant que le Wamani n'aimerait pas être dérangé sous un faux prétexte. Puis, apparemment convaincu de l'honnêteté de nos intentions, il reprit sa conversation agréable. Les heures passèrent ainsi dans une ambiance détendue à laquelle contribuaient grandement la coca et l'alcool abondamment consommés, bien que par petites doses. Vers minuit, le sorcier déclara que c'était le moment de se rendre sur les lieux de l'office. La marche dura près de deux heures en silence, derrière le *pongo* qui nous conduisit jusqu'au pied d'une paroi sombre et massive qui cachait presque le ciel. Il s'agissait du sommet à interpeller, l'un des Wamanis les plus influents de la région, car seuls quelques-uns répondent, confia le sorcier (174).

Puis il s'écarta un peu afin de dresser *la mesa* dans un creux du terrain et d'y déposer l'offrande. Ceci fait, il revint et s'assit en conseillant de faire de même, s'adossant à un abri rocheux. De nouveau la coca, l'alcool et les cigarettes circulèrent, dans une attente glaciale. Enfin le *pongo* se leva, plaça son fils à son côté et nous derrière, face à la muraille qui se détachait sur un ciel très noir. Notons la primauté du geste sur la parole dans la préparation à la prière. Être debout signifie prier, mais non point dans une attitude soumise, c'est le signe d'une volonté humaine qui prend position face à la volonté divine. Par ailleurs, cet appel qui va être lancé est une prière chargée de plus de force que la simple formule répétée à voix basse et dans une enceinte close. Ici, de façon spontanée, il apparaît comme un véritable avertissement, toujours plein de respect, dirigé vers la puissance du Wamani.

Ainsi, plusieurs heures durant, les mains en porte-voix autour d'un visage tendu par l'effort et le désir, le *pongo* parla de toute sa ferveur, faisant alterner les questions et les silences chargés de réponses :

« – Père de la montagne, je vais t'interroger, Père, je vais t'interroger, de quoi souffre le malade, Père?

– Informe-moi bien Père, de quoi souffre le malade?

– Le malade va-t-il guérir, Père?

– Est-ce qu'on peut encore le soigner, Père?

– Y a-t-il sorcellerie, Père?

– Comment s'appelle le remède, Père?

– Le malade va-t-il mourir, Père? », etc.

Silencieux à ses côtés le jeune fils du sorcier écoutait de tous ses sens chaque bribe de son que la montagne renvoyait, et les murmurait plusieurs fois. Le rite d'appel fut renouvelé en trois séries successives, interrompues par l'avertissement que le *paqo* donnait à l'esprit de la façon suivante :

« Nous allons nous reposer un peu, Père. Quand tu seras reposé, informe-moi bien, Père, informe-moi bien. » Puis au début de chaque nouvel appel le sorcier interrogeait : « As-tu bien mastiqué la coca, Père, t'es-tu bien reposé? »

Et à chaque fois on se rasseyait, on mastiquait, on fumait en espérant que la montagne répondrait lors du rite d'appel suivant, plus clairement qu'elle ne l'avait fait la première fois. Cette confusion dans l'information provenait, aux dires du sorcier, de ce qu'une autre montagne mêlait sa voix, empêchant ainsi d'entendre clairement les réponses du grand Wamani invoqué. Mais finalement le *paqo* exprima laconiquement l'aveu de l'esprit : *huañucunqacha,* le malade mourra!

Puis, comme le ciel devenait brusquement noir et très chargé, le sorcier déclara que c'en était fini pour cette nuit. Le Wamani ne répondrait plus. Alors il se tourna une dernière fois vers le sommet en criant dans les violentes bourrasques de vent qui déferlaient :

« Je vais revenir, Père, une autre fois je reviendrai pour que tu me répondes plus clairement ».

Plus tard, lorsque nous lui demandâmes si les voix difficilement perceptibles que nous avions malgré tout bien captées, ne provenaient pas d'un simple écho provoqué par ses appels lancés contre la paroi de la montagne, le sorcier acquiesça. Tout en précisant cependant que c'était là le moyen d'expression utilisé par le Wamani pour communiquer avec les hommes, puisque ceux-ci ne connaissaient pas son langage. Ce *pongo* révélait ainsi sa foi en la réalité de la présence divine. Réalité magique de « l'au-delà de la présence, mais organisée par l'écho, le prolongement, l'ombre, le double de la présence elle-même (175) ».

Dès lors, quand l'homme de connaissance lance son cri, sa prière, à cette force de la matière animée que symbolise le Wamani, c'est un véritable appel cultuel, semblable à cette requête que l'on retrouve dans un grand nombre de constitutions apostoliques : « Fais descendre ton Saint Esprit sur le sacrifice ». (176)

Cette croyance en la personnalité vivante et sacrée de la montagne, si fortement ancrée dans la mentalité « primitive », n'est évidemment pas propre aux indigènes du Pérou. On retrouve cet intérêt, cet étonnement vis-à-vis des pouvoirs de la montagne dans presque toutes les civilisations du globe (177). Symbole du centre du monde qui unit le Ciel et la Terre, la montagne est l'axe sacré qui permet le passage de l'une à l'autre. La vénération qu'on lui porte ne provient pas de sa hauteur, mais de la force qui vibre en elle, de l'énergie qui s'y consume et consume les impies.

Dans les représentations populaires, cette puissance apparaît sous la forme de palais somptueux édifiés dans les profondeurs intimes de la montagne, et qui contiennent de multiples richesses. Seul le *paqo* ou *pongo,* ce « portier » de l'esprit, peut en témoigner après les visites privilégiées au cœur de la puissance d'où il lui arrive de rapporter quelques cadeaux que le Wamani lui a remis en témoignage de leurs relations.

Dans l'image mythique de ce « centre du monde » qu'est la montagne nous voyons apparaître le symbolisme de ce contact retrouvé entre les hommes et les dieux, entre le Ciel et la Terre, comme cela était, avant que le Soleil ne meure. Le mystique primitif sait qu'elle est l'ouverture centrale qui permet de perpétuer la communion semblable à ce qu'elle fut avant le grand chaos, de même qu'il sait, comme le précise la Bible hébraïque, que « le secours viendra des montagnes ».

L'ARSENAL THÉRAPEUTIQUE

A travers toute l'Amérique indigène espagnole, la vente d'objets magiques, empruntés aux trois règnes de la nature, donne lieu encore aujourd'hui à un commerce important. Cela va des échantillons de pacotille servant de support à des croyances populaires importées, jusqu'aux remèdes magiques les plus élaborés dont les origines culturelles sont souvent bien difficiles à déceler avec certitude.

En effet, lorsqu'ils ont été mis en présence de la très vaste connaissance de ces « grands herboristes », tels que les qualifièrent les chroniqueurs, les conquérants n'ont pas seulement conservé intacte la tradition indigène vis-à-vis des plantes et de leurs propriétés merveilleuses. Ils ont aussi modifié certaines croyances par leur propre savoir, où la superstition occupait une grande part, mêlant ainsi des vertus réelles à des notions fantastiques, comme l'atteste l'actuelle pharmacopée indienne.

Connues au Pérou sous le nom de *chifleras,* ces vendeuses de plantes médicinales aux fins multiples se retrouvent dans chaque marché de ville ou de petit village, avec leur arsenal de sèves, poudres, graisses et racines qui constituent une véritable panacée. Et « si l'on songe que chacune de ces substances, outre ses propriétés particulières, entre encore dans la composition de mélanges hétéroclites et variés, on aura une idée du nombre de recettes médicales dont disposent les Indiens du haut plateau [(178)] ».

Appelés *arroceros* au marché central d'Arequipa, où l'on trouve une prédominance de drogues et d'éléments médicinaux à côté d'amulettes de pierre ou de fœtus de lama, ces marchands de santé ou de destins sont installés à Cuzco sur les bas-côtés du *hampikatu,* le marché des remèdes, où les produits magiques l'emportent de beaucoup sur les herbes médicinales.

La description qui va suivre de ces médecines indigènes et de leur utilisation dans les rites médico-magiques au Pérou, est évidem-

A l'époque des Incas,
décembre était le mois d'Inti-Raymi
le Dieu Soleil
qui chassait les impuretés de la terre.

ment incomplète, étant donné l'extraordinaire abondance du matériel utilisé aujourd'hui par toutes les populations andines, forestières ou côtières [179].

Le règne végétal

Le blé, introduit sur le Nouveau Continent par les Espagnols, est toujours présent sur les étals des *chifleras*. Son utilisation est multiple. Il peut être employé à la fabrication du « pain de saint Nicolas » [180] ou être considéré pour la seule puissance de ses grains. Ainsi, lors de la guérison des *tictes* ou verrues, est-il fortement conseillé de compter autant de grains de blé que de verrues. Puis, après les avoir enfermés dans une petite bourse d'étoffe, on les jette dans la rue sans être vu. La première personne qui recueille ce paquet magiquement chargé du mal prend sur elle les *tictes*. Il s'agit là d'une pratique courante de magie par analogie.

Le maïs, *sara,* est également omniprésent dans les marchés indigènes, car il entre dans de très nombreuses préparations, soit sous sa forme grillée, *cancha,* soit par l'utilisation de sa barbe, de ses feuilles ou dans l'élaboration de la *chicha.*

Il y a deux sortes de *chicha* dans les pays andins. Les unes alcoolisées, les autres qui ne le sont point, telles la *chicha morada, la chicha de mani* (cacahuète), de carottes, de pois, etc., parmi les plus courantes. Les *chichas frescas,* alcooliques, n'ont cependant pas encore commencé leur fermentation. Enfin parmi les vraies boissons alcoolisées nous avons principalement la *chicha de jora* (maïs germé); la *chicha muqueada* préparée en mastiquant la farine de quinoa, qui à l'aide de la salive sera conduite à fermentation. Enfin la *chicha de molle* à laquelle on ajoute souvent de l'alcool de canne.

Dans cette catégorie de *chichas* alcoolisées, celle de *jora* est la plus difficile à préparer [181]. En effet, à la matière de base s'ajoutent divers ingrédients, fleurs, fruits ou plantes narcotiques écrasées. Le tout est laissé à macérer assez longtemps et on y mêle parfois de l'acide sulfurique, particulièrement dans certaines régions de Bolivie. Il semble cependant, d'après les recherches de Mario Vasquez, que la forme de *chicha* la plus élaborée se trouve en Équateur, « où l'on ajoute en plus de ces éléments traditionnels, des urines humaines, de l'ammoniac, de la boue, du jus d'agave ou de la viande de bête pourrie ».

En fait, cette boisson que l'on retrouve dans toute l'aire andine, remplit trois fonctions précises d'ordre social, magico-religieux et médicinal.

Une fonction sociale, car dans toute communauté traditionnelle, cette boisson rituelle est l'accompagnatrice indispensable des cérémonies, le lien de base entre divers rites, qui, en s'accomplissant, permettent la transmission des charges et honneurs de groupe. Une fonction magico-religieuse, car la *chicha* devient la boisson sacrée des divinités ancestrales que l'on vénère avant d'entamer toute cérémonie, en réalisant la *tinka* ou libation offerte à Pacha-Mama, aux Wamanis ou aux Achachilas.

Enfin la *chicha* a une fonction médicinale précise. On la prend soit en infusion pour calmer la toux, soit en décoction avec des feuilles de coca. De même la *pasnacha,* sorte de « punch » de *chicha,* est-elle recommandée pour ses propriétés curatives dans les cas de pneumonie ou d'affection respiratoire grave.

On assiste cependant au recul croissant de la consommation de *chicha* alcoolique, par suite de l'invasion des boissons occidentales (bière, coca-cola, alcool de canne, etc.). Mais aussi parce que la traditionnelle consommation de *chicha* identifie son consommateur comme étant de la plus basse extraction sociale, c'est un *Indio.* Aussi, s'élever dans la société exige que l'on abandonne les boissons indigènes pour les boissons élaborées industriellement. L'Indien boit de la *chicha,* mais, quand il le peut, le métis prend du whisky.

Le maïs était l'aliment de base des anciens Péruviens qui le considéraient comme leur nourriture sacrée, comme l'attestent les sculptures zoomorphes trouvées dans des tombes, ainsi que les informations qui nous sont parvenues sur le *sancu,* lors de la *citua.*

Le *pallar (Phaseolus pallar)* est originaire d'Amérique. On a retrouvé des gousses et des graines dans les tombes précolombiennes et aujourd'hui cette fève est employée, chauffée, pour frictionner les orgelets. Elle est également présente dans les offrandes à la Terre.

Le *Huayruro (Armosia)* est une graine parfois d'un rouge brillant, et alors appelé *soltero* (célibataire), parfois marqué d'une tache rouge et nommé *casados* (marié). Nous aurons l'occasion de voir par la suite l'importance que joue le *Huayruro,* dans la lutte contre les sortilèges. En médecine, il est utilisé contre la pneumonie, une fois moulu et pris en bouillon.

Le *Copal,* vendu sous forme de petits morceaux de résine, est particulièrement employé pour combattre le torticolis. On le fait alors brûler pour le prendre en fumigation.

Le *Miu,* ou *Garbancillo (Astragalus garbancillo),* est une plante herbacée annuelle qui atteint trente centimètres dans les parties abritées de la sierra, et peut survivre à des altitudes élevées sous un aspect plus réduit. Cette plante est très dangereuse pour le bétail qui la mange. Elle provoque des troubles nerveux qui peuvent conduire à la mort de l'animal après une période d'exténuation. La chair de l'animal est alors amère et désagréable à la consommation. En médecine populaire, le *garbancillo* est employé comme vulnéraire sous forme de cataplasme contenant du sel de cuisine, mais aussi comme narcotique, puissant abortif ou insecticide.

La *Massua,* ou *Añu-Apiña-Mama* est d'origine indigène. Les anciens Péruviens l'utilisaient sous la forme de racines, spécialement parce qu'elle réprime les désirs sexuels. Les chefs incas en faisaient consommer à leurs soldats qui partaient en campagne « pour qu'ils oublient leurs femmes (182) ». Aujourd'hui, on l'emploie également pour dissoudre les calculs des reins ou de la vessie sous la forme suivante : les racines sont cuites avec du persil et bues à jeun avec du jus de citron.

Le *Llantèn (Plantago pachyneura)* est vendu sous son nom quechua de *sackarara* dans les Andes. C'est une plante herbacée qui croît au bord des irrigations, et, pour ses propriétés astringentes remarquables, est considerée comme une plante magique. Cuites, ses feuilles sont appliquées en cataplasme sur les plaies les plus purulentes, qu'elles cicatrisent étonnamment bien. On l'emploie également comme collyre, en décoction avec du *Matecllo* (Oreille d'abbé).

La *Sassawi (Leuceria pteropogon)* se trouve sur les étals les mieux fournis des *chifleras*. Employée en infusion pour les maladies rénales et en inhalation pour les maux de tête, cette plante joue un rôle important en magie. Clouée au-dessus de la porte d'entrée, avec trois grains de sel, elle protège efficacement de tous les maléfices. C'est d'ailleurs pour ses vertus que la *Sassawi* est considérée par les indigènes comme la reine des plantes. Rien qu'à l'audition de son nom les maladies se terrent, effrayées de sa puissance (183).

Le *Huachanca (Euphorbia huachangana)* possède des racines « mâles » et « femelles » qui ont une grande valeur purgative et abortive. Elle est également très appréciée par les femmes qui désirent mettre fin à la saoulerie de leur compagnon *(jauja)*. Pour cela il faut préparer une boisson à base d'alcool dans laquelle on jette un petit morceau de la racine bien écrasée; on laisse fermenter de trois à huit jours en secouant quotidiennement le récipient qui la renferme. Puis on en donne deux ou trois verres à l'ivrogne, ce qui lui occasionne de violents vomissements. Dès que ceux-ci sont passés, on lui fait absorber un bon bouillon qui le remet totalement d'aplomb, avec l'esprit lucide.

C'est aussi, dans un autre ordre d'utilité, un excellent raticide.

Il suffit de verser un peu de jus de la plante sur du pain. Enfin la *Huachanca* est aussi utilisée à des fins criminelles. Pour vaincre l'empoisonnement, il est recommandé de boire un demi-litre d'urine humaine récente.

La *Wira-Wira (Culcitium canescens, C. rufescens)* est une plante très douce couverte d'un épais duvet laineux. Comme presque toutes les plantes, elle existe en deux espèces, « mâle » et « femelle ». Sa propriété essentielle est de combattre les affections pectorales et c'est pourquoi elle occupe une si grande place dans la pharmacopée populaire. Mais on lui attribue aussi la capacité de produire de la lumière dans les nuits les plus noires, lorsque le voyageur chemine en solitaire. Elle l'interpelle alors en ces termes :

« – Les poumons te font mal? Tu es très fatigué?

« – Señor, qui es-tu?

« – Je suis celui qui de nombreuses fois t'a guidé sur le chemin obscur comme une petite lumière opaque. Mais je ne suis pas seulement là pour t'éclairer. J'existe aussi pour soigner les maux dont tu souffres en ce moment. Vraiment, sans qu'il t'en coûte un sou, tu vas guérir, tout de suite. Quels endroits te font mal?

« – C'est la poitrine et les poumons, Señor.

« – Quel dommage! Mais garde confiance, car je vais te procurer un bienfait. Dans une tasse d'eau bouillante jette trois feuilles de mon nom et tu verras le bien que je vais te faire. Ces feuilles bien reposées, mâche-les avec un peu de sucre. Cela pendant trois jours, puis tu sentiras l'agrément de ma personne et alors tu loueras le nom de notre Créateur et tu vanteras ma vertu devant ton prochain (184). »

Le *Huanarpo* se vend encore dans certaines régions, mais on ne l'obtient qu'avec difficulté car cette plante a été particulièrement pourchassée par les Espagnols qui ont tenté de la détruire sur tout le territoire inca. On en utilise deux variétés, la *China Huanarpo (Jatropha basiacantha),* femelle, et le *Urco Huanarpo,* mâle. Le jus de sa tige est en effet employé comme un très puissant aphrodisiaque.

Le *Supay-Ccarcco* (« celui qui lance le diable », *Nicotiana glauca*) est une plante annuelle de deux ou trois centimètres de haut, dont les feuilles ont un beau vert brillant et dont les fleurs tirant sur le jaune font penser à nos campanules. Sur les marchés indigènes, on en trouve les tiges et les feuilles. Elles possèdent de grandes propriétés narcotiques-vénéneuses qui peuvent provoquer la mort du bétail qui en a consommé, mais également servir à la réalisation de certains actes maléfiques. Réduite en poudre et mêlée à la *chicha,* cette plante provoque des réactions semblables à celles de la *Datura Stramonium.*

La *Chunta* (*Bactris* sp.) est une palme au bois extrêmement dur qui provient des versants orientaux des Andes. Elle est surtout recherchée pour la fabrication des *chonta defensa* ou épées symboliques toujours présentes dans le déroulement d'une *mesa* sur la côte péruvienne.

La *Coca (Erythroxylon coca),* est évidemment la plus facile à se procurer puisqu'il ne saurait y avoir de commerce indigène sans la présence de cette plante aux multiples qualités. Aujourd'hui, elle est en vente libre, alors que chez les anciens Péruviens elle était réservée à l'Inca et au culte religieux, pour être plus tard permise aux dignitaires en récompense de leurs bons services. Puis, avec les Espagnols, sa consommation fut étendue au peuple qui se vit ainsi « rétribué » pour les travaux forcés auxquels le soumettaient les conquérants.

Aujourd'hui, la coca a de multiples applications. Pour apaiser les maux de tête on en applique les feuilles sur les tempes, comme infusion dans les cas de colique, mâchée contre les rhumatismes. Les indigènes mastiquent la coca avec la *llipta* (ou *tokkra*), substance pâteuse, « chaude », faite du mélange de plusieurs cendres de végétaux [185].

A cela s'ajoute une purée de pommes de terre agrémentée d'un peu de sel, qu'on laisse sécher en lui donnant des formes diverses (boules, disques, pains, etc.). Ainsi employée cette pâte possède elle-même des vertus. « Les Indiens disent qu'elle est un contrepoison et qu'elle éteint les brûlures de l'estomac. Cuite avec du miel d'abeilles et de la pierre *lipe* elle purifie les plaies de la gorge, de la bouche, et les parties basses des femmes. Elle est si salubre que si on la met dans de l'eau elle sert de savon ou de lessive [186]. »

Consommée avec la *Llipta,* la coca est particulièrement appréciée contre les maux d'estomac et les ulcères qui sont si répandus dans la population péruvienne. Nous avons déjà parlé des deux catégories de coca, la coca amère, plus forte, car très riche en cocaïne et en alcaloïdes, mais pauvre en principes aromatiques; la coca douce, moins riche en alcaloïdes mais dotée de davantage d'arômes, tels que la Higrine (salicylate de méthyle).

Le *Chamico* (*Chami* : folie; *cuy* : donner, *Datura Stramonium* [187]) est une plante herbacée annuelle. Sa racine est employée contre l'asthme, une fois râpée et fumée avec du tabac. Ses feuilles contiennent un alcaloïde très actif qui peut être mortel à fortes doses (daturine, substance très proche de l'atropine). Les graines, enfin, servent à la préparation d'un concentré qui jouit des propriétés déjà énoncées.

En Équateur, on s'en sert pour préparer des boissons aphrodisiaques.

Les chroniqueurs font surtout allusion à l'emploi du *Chamico* par les anciens Péruviens, pour ses propriétés stupéfiantes.

Quant à ses applications médicales, elles sont innombrables. En cataplasmes (188), ses feuilles, mêlées à de la farine de lin, sont très bénéfiques pour toutes sortes d'affections de la peau (tumeurs, ulcères). En bouillon, contre la toux. Enfin, portées en collier, ses fleurs fraîches protègent les asthmatiques.

Le *Chamico* est connu en Amérique du Nord, du Centre et du Sud, sous des noms différents. Son origine est, dit-on, la mer Caspienne, mais il pousse actuellement au bord des chemins péruviens (189).

Tout en faisant l'éloge de ses propriétés antiasthmatiques, Paredes écrit aussi que « les indigènes du Pérou connaissaient la capacité de cette plante de déranger l'esprit, et il est très connu que les Indiennes en abusaient pour abêtir leurs maris, en croyant que de cette manière ils seraient plus fidèles ». D'où l'expression très usitée aujourd'hui : *le han dado chamico,* « on lui a donné du *chamico* », pour expliquer l'attitude soumise d'un indigène envers sa femme.

Enfin, le *Chamico* était également fort apprécié pour anesthésier les malades avant de les opérer (réductions de fractures, etc.).

Les effets de cette boisson préparée avec le *Chamico* sont donc très semblables à ceux rencontrés lors d'empoisonnement aigu avec *le Datura stramonium* ou la Belladone, c'est-à-dire une paralysie du système nerveux autonome (190). Mais le docteur Valdizan l'affirme, dans un bon nombre de cas le *Chamico* agit seulement comme aide d'agents toxiques ou infectieux.

Les Araucans du Chili, et sans doute ceux d'Argentine, possèdent l'équivalent du *Chamico* sous le nom de *Miyaya.* Nous verrons dans le cadre des thérapeutiques l'étonnant usage qu'ils en font.

Le *Floripondio* ou *Huanto,* est également très usité et déjà à l'époque de la conquête, les Espagnols furent émerveillés par la beauté de ses fleurs et par leur parfum capiteux (191). C'est un petit arbuste qui croît au sommet des collines. Les propriétés narcotiques de son suc sont aujourd'hui fort appréciées dans la préparation de la boisson rituelle *huarhuar* que préparent les sorciers de la forêt. Les chroniqueurs relatent que les Incas utilisaient le *Floripondio* pour provoquer des troubles mentaux passagers lors des séances de divination du *laicca.*

Actuellement, le *Floripondio* qui est pris solitairement par le sorcier avant la cérémonie, a des effets extrêmement forts, puisqu'ils peuvent provoquer un état semi-comateux de plusieurs jours, au cours duquel le sorcier entre dans une extase propice à la divination.

Enfin, fréquemment vendues sur les marchés indiens, ses feuilles sont employées en cataplasme pour la guérison des abcès.

Le *Molle,* originairement connu sous le nom de *Mulli (Schinus molle)* (192) est un petit arbre cultivé et semi-sauvage des vallées andines, aux fruits semblables à des baies rouges et aux feuilles dégageant une odeur pimentée. Déjà très recherché à l'époque précolombienne, il est encore actuellement très apprécié pour ses nombreuses vertus. Sa résine, légèrement purgative, est excellente pour cicatriser les blessures, ses cendres sont riches en potasse; avec ses graines se prépare la savoureuse *chicha* de *molle* qui fut introduite au Chili lors des expéditions guerrières des Incas. Les feuilles, après cuisson, servent à la fabrication de cataplasmes pour de nombreuses maladies de la peau. Enfin on recommande, dans les cas de jaunisse, d'« aller de très bonne heure au pied d'un *molle* et, tournant le dos au soleil, d'uriner sur un coton, et, avec ce coton dans la main, de tourner trois fois autour de la plante (193) ». Enfin, les tiges feuillées constituent un excellent colorant jaune orangé.

Ruda est une plante qui jouit aujourd'hui d'une grande popularité parmi la population indigène, bien que son origine soit espagnole. On lui attribue en effet la possibilité de porter chance aux négoces de toutes sortes. Aussi voit-on sur chaque étal une branche de *ruda* négligemment déposée parmi les objets à vendre, comme à la main des prostituées. Ses applications sont nombreuses en médecine populaire. On frictionne ses feuilles contre les tempes dans les cas d'*aire* (194); elles sont aussi utilisées en infusion ou en poudre comme abortif ou dans le cas de dysménorrhée; enfin l'infusion de ses branches est excellente contre les palpitations et spasmes de tous genres.

Sangre bravo (195) est le nom sous lequel est utilisé le suc d'un arbre de la forêt amazonienne, de couleur rouge sombre et d'aspect sirupeux. Son origine nous est inconnue. Il semble être préparé par chacun de ses utilisateurs, individuellement, sans faire l'objet d'un commerce (196). Les Indiens lui attribuent de grandes qualités, particulièrement celle de guérir les cancers (197).

Polla, ou *Kara* ou *Aras (Puya Raimondi)* est proposée à la vente sur certains étals, sous la forme de petits blocs de résine. Il s'agit d'une Broméliacée géante de la Puna, qui ne se rencontre que dans certaines zones du pays en très haute altitude (3 500 m à 4 000 m). Elle est malheureusement souvent détruite par les paysans qui la craignent, car les animaux laineux se glissent entre les feuilles piquantes de sa base et en restent prisonniers. On la voit s'élever en groupe, jusqu'à une dizaine de mètres de haut à l'état adulte, au milieu d'une végétation absolument rase sur ces hauts plateaux. Certains géophysiciens curieux se sont penchés sur l'intrigante personnalité de cette *Polla* dont la floraison semble être en rapport avec les explosions solaires et, aux dires des indigènes, avec les tremblements de terre. Par ailleurs, sa croissance apparemment préférentielle en terrains radio-actifs et l'inclinaison terminale de son axe floral vers le nord magnétique suggèrent l'hypothèse d'un cas de magnétotropisme végétal.

Le *San Pedro* ou *Huachuma* est un précieux matériel de vente pour certains commerçants de simples et de sortilèges. C'est un cactus en forme de colonne, sans piquant, et qui contient un liquide jaunâtre identique à celui du Peyotl : la mescaline (198). Selon Cobo « la huachuma (199) est une espèce de chardon. C'est une plante par laquelle le diable tient les Indiens du Pérou abusés dans leur idolâtrie; ceux qui boivent le jus de celle-ci perdent leur sens et demeurent comme morts; transportés par cette boisson, ils rêvent mille extravagances et les croient comme si elles étaient vraies; le jus est bon contre les ardeurs des reins, et en petite quantité contre les grosses fièvres, les ictères et les ardeurs d'urine (200) ».

Cependant, ce cactus péruvien cylindrique, atteignant parfois des tailles considérables, est très différent du cactus mexicain (le Peyotl), qui est massif, sphérique et pousse au ras du sol; les distinctions sont non seulement d'ordre physique, mais elles se trouvent aussi dans l'utilisation qui est faite de ces deux plantes. Au Pérou, la consommation du *San Pedro* n'a pas lieu au cours de rituels magiques où la « chair du dieu » serait associée, comme dans les terres d'Amérique Centrale. à un culte visant à établir une communication mystique avec les esprits. Nous aurons l'occasion de voir en détail son rôle lors de cérémonies de médecine populaire sur la côte péruvienne. De même, la préparation du *San Pedro* diffère de celle du Peyotl centre-américain. Dans l'infusion du premier s'ajoutent d'autres plantes qui ont une forte action pharmaceutique et orientent le résultat final que produira la boisson. Enfin, si sa vente semble être interdite et son usage circonscrit à certaines régions du Nord du pays, il n'en est pas moins possible de le trouver prescrit dans les traitements magico-religieux où l'ingestion de boisson hallucinogène est l'élément-clé du processus thérapeutique (201).

Historiquement, le *San Pedro* est associé à des rites lunaires de la tradition précolombienne (202). On pense même que ce cactus était exclusivement consacré à la lune. En effet, dans la région nord du Pérou où s'emploie aujourd'hui le *San Pedro,* le culte lunaire était particulièrement développé parmi les populations indigènes.

L'*Ayahuasca* (203) est une plante hautement narcotique, qui se rencontre sur toute l'étendue du continent sud-américain, mais croît surtout dans le Haut-Amazone et l'Orénoque. C'est une liane de la grosseur du pouce, avec des feuilles ovales et lancéolées, poussant dans les territoires chauds et humides, en s'enroulant autour des troncs d'arbres.

Dans sa préparation, on l'emploie généralement avec d'autres plantes de la même famille des Malpighiacées, parmi lesquelles quatre espèces contiennent de l'harmine. Depuis des temps fort éloignés, l'*Ayahuasca* est comsommée lors des rituels magiques de divination et de guérison qui se déroulent dans les groupes culturels de la forêt amazonienne. Elle est également très appréciée en Équateur, et, mêlée à une cinquantaine de feuilles de *Yagé,* et portée à cuisson, elle permet d'« enlever les douleurs du corps, de briser les fièvres, et, avec une préparation spéciale, de s'enivrer comme le font les Indiens et d'avoir mille sensations ineffables (204) ».

Comme nous le verrons lors de la description d'une de ces cérémonies, les Indiens Napo distinguent trois espèces d'*Ayahuasca* : *Cielo Ayahuasca, Sandurco Ayahuasca* et *Tonchin*; les trois sont magiques; les deux premières servent à obtenir des visions agréables et la troisième est utilisée pour des maléfices (205).

Il existe des milliers d'autres plantes qu'utilisent les indigènes dans leurs pratiques empiriques, et seules les plus courantes se trouvent sur les étals des *chifleras* ou dans leur domicile. Cela laisse entrevoir l'habileté et l'effort continu de ces marchands herboristes qui n'hésitent pas à entreprendre des voyages de plusieurs centaines de kilomètres, afin de présenter toutes les *ccoras* et les *hatun hampi ñutum* que l'acheteur désire en vue de l'amélioration de son état ou pour accomplir des charmes inavouables (206).

Le règne animal

Les éléments appartenant au règne animal sont également très diversement représentés sur les étals des marchés et l'on y voit toute la gamme des poils, graisses, coquillages ou sangs aux vertus remarquables. Les étoiles de mer sont très fréquentes, même à des distances très grandes du Pacifique. Il en est de même pour les *churus,* petits coquillages aux applications diverses. Réduits en poudre, ils sont employés par les femmes qui veulent se protéger la peau. Brûlés et pulvérisés, les *churus* se prennent dans du vin contre l'*aire* ainsi que dans les offrandes rituelles pour « payer » la Terre.

Les *apasanca* ou *cusi cusi,* araignées, se vendent très bien. En effet, une fois écrasées et mélangées à de l'huile d'olive, elles servent à la préparation d'une pommade contre les morsures d'araignées. Quant aux toiles d'araignées, chacun en conserve chez soi afin de les absorber sous forme de pilules dans les attaques de paludisme.

Dans l'ancien Pérou, les araignées étaient très vénérées par les *pacharicuc,* devins attitrés auprès de ces animaux. Ils fondaient leurs prédictions sur l'examen de pattes de certaines araignées, nommées *Paccha* et aussi *Orosa,* très grandes et poilues, qui vivent sous les pierres. En les pourchassant avec un bâtonnet, ils les excitaient au point qu'elles se rompaient les pattes, et alors ils examinaient celle qui manquait et en déduisaient leurs informations.

Les *vaquitas* ou *piojo del gallinazo* (Pou du vautour) (207) sont très recherchés en médecine populaire. A l'époque incaïque, cet insecte dont il existe de très nombreuses espèces sur le continent sud-américain, était utilisé pour ses propriétés caustiques et vésicantes, de la même façon qu'aujourd'hui. Pour cela, on gratte la partie malade (papillomes cutanés, lésions de la peau) après avoir cassé une patte de l'insecte d'où s'écoule une goutte jaune de sang. Bientôt, après avoir gonflé, la verrue tombe complètement sèche et laisse une surface totalement cicatrisée.

Réduit en poudre et grillé, on l'emploie comme caustique sur les tumeurs malignes. Enfin, profitant de la substance cantharidine qu'elles contiennent, on utilise les espèces de Pseudoméloe comme excitants sexuels.

Les effets locaux ou généraux qui ont été observés par suite de l'isolement de la cantharidine qui est dans le sang de cet insecte, « ressemblent beaucoup à ceux obtenus avec des solutions concentrées de cantharidine. Nous voyons donc que ce glucoside commun aux coléoptères vésicants est l'agent thérapeutique utilisé depuis la médecine des Incas (208) ».

Le crapaud, ou *hampatu-lacha,* passait pour le symbole de la fertilité des champs, du bétail et des femmes, chez les anciens Péruviens.

Aujourd'hui, le crapaud joue un rôle important en médecine empirique dans toute l'Amérique du Sud indienne. Au Pérou, on lui frotte le dos pour le faire uriner et en le prenant par les quatre pattes on lui fait frotter les plaques d'érisypèle, afin que le crapaud emporte la maladie. Son ventre devient rouge, il doit alors être jeté (209).

Par ailleurs, le crapaud est un élément essentiel dans les rites divinatoires actuels. On le met sur la poitrine d'une personne endormie dont on veut obtenir des renseignements dignes de foi. A voix basse, une pièce de monnaie entre les dents, on pose les questions au dormeur, qui, à son réveil, ne se souvient pas d'avoir parlé.

Enfin, cet amphibien est employé dans les opérations d'envoûtement, comme nous aurons l'occasion de le voir par la suite.

Les *catari* ou *machak-huay,* couleuvres et vipères, sont vendues desséchées, entières ou seulement en peau. Ces reptiles gardent encore le prestige dont les entouraient les anciens Péruviens à travers divers cultes d'adoration. Le caractère sacré universellement reconnu à ces animaux est particulièrement manifeste dans la crainte que ressent un indigène, lorsqu'il lui arrive d'en tuer un. La graisse de serpent telle qu'on la trouve sur les marchés dans des flacons ou des petites boîtes métalliques, est regardée comme l'essence même du remède contre la sorcellerie, en plus de ses nombreuses utilisations en pommade, onguents, etc.

Le serpent vivant est très utile dans les traitements osseux (fractures). Il est alors attaché, immédiatement après lui avoir coupé la tête, tout au long du membre fracturé, en guise de bandage. Pour les cas de céphalgies tenaces, on l'applique encore tiède, la queue ouverte en croix et pulvérisée d'encens, autour de la tête, et on le laisse jusqu'à complète dessication.

Enfin, pour les charmes amoureux, on conseille d'envelopper une tête de vipère dans les cheveux de la femme aimée.

Le condor, *kuntur,* fut adoré pour sa noblesse par les tribus préincaïques; plusieurs d'entre elles s'enorgueillissaient de descendre de cet animal, et, le 24 juin, en la très célèbre fête du soleil, *inti raimi,* les grands prêtres paraissaient, vêtus d'immenses ailes de condor.

Aujourd'hui, on découvre jusque dans la littérature andine que ce respect n'a point faibli. D'autre part, il est très utilisé dans la médecine populaire. Ainsi, pour prolonger la vie, il faut manger sa chair et boire son sang, chez les indigènes du lac Titicaca. En bouillon, sa tête et son sang sont préparés pour lutter contre le « mal de cœur » ou dans les cas de mélancolie aiguë. Enfin sa graisse *(sebo de condor)* est utilisée en massages contre les brûlures et elle sert également à faire disparaître les cicatrices.

Uritu, ou *papagayo,* le perroquet, est un personnage présent dans les traditions indigènes. Il est à la fois adoré, chez les Huamachucos, ou craint dans la région de Huarochiri. Sa langue est très appréciée pour les traitements des sourds-muets à qui on la fait manger, et le bec, dilué dans la *chicha*, se donne aux bavards tenaces. On peut également se procurer dans ces marchés des griffes de *sacha vaca* ou tapir. Celles-ci, râpées, sont très efficaces dans certains cas d'affection cardiaque, ou comme antispasmodique. C'est ainsi que l'utilisent les Conibos de la forêt amazonienne.

Quant au *llama* ou lama, sa présence est constante sous divers aspects. Sa graisse, *unto de llama*, sert pour faire des frictions contre les douleurs rhumatismales et pulmonaires. La chair s'emploie sous forme de cataplasme contre un début de gangrène.

Dans certaines régions (Arequipa) on brûle le placenta du lama, puis on le mêle à de l'eau, afin de le faire absorber à la parturiente et de faciliter son accouchement. Les fœtus sont également vendus pour accomplir des rites magiques, ou tout simplement pour être enterrés à la porte d'une demeure nouvelle et s'assurer ainsi la protection de Pacha-Mama.

Enfin, la laine de lama est utilisée comme protection contre le mal des montagnes et le pouvoir de la terre. Il faut s'attacher aux poignets des fils de laine rouges et noirs, autour du cou et de la jambe des fils blancs et verts, pour finir au-dessus des genoux avec des couleurs jaunes et bleues.

Parmi l'étalage de graisses exposées à la vente, on retrouve celle du puma, très appréciée également pour effectuer des frictions osseuses ou contre les douleurs rhumatismales.

De même que le serpent et le condor, le puma fut objet de vénération de la part des anciens Péruviens, particulièrement ceux des zones forestières de l'empire. « Les chefs qui se disaient descendre du Puma y assistaient [210] couverts de la peau de cet animal, avec la tête placée à l'intérieur de celle du fauve [211]. »

Aujourd'hui encore, le puma possède des qualités extraordinaires qui en font un sujet de crainte et d'admiration, presque aussi fortes que chez les Chimus où il avait dépassé le stade animal pour entrer dans la lignée sacrée du totem.

Enfin, pour terminer cette brève présentation des éléments animaux que l'on peut trouver chez les *chifleras*, nous parlerons de la *maffu* ou chauve-souris que les Incas appréciaient pour la finesse de ses soies, dont ils faisaient des vêtements d'apparat, mais aussi pour la finesse de ses yeux capables de voir la nuit [212].

C'est ainsi que l'on recommande vivement des bouillons de tête de chauve-souris lorsqu'on désire avoir une très bonne vue la nuit.

Le sang frais directement tiré de l'animal, est utilisé contre les fièvres et convulsions, pour combattre l'épilepsie. L'excrément réduit en pommade sert de dépilatoire; pour se protéger du diable on conserve desséchée chez soi une chauve-souris, et enfin pour se rendre invisible on porte avec soi le cœur de la *maffu.*

Le règne minéral

Pour conclure l'éventail des marchandises naturelles que l'on trouve dans les marchés indigènes, nous présenterons un bref assortiment de pierres ou minéraux dont la puissance agit d'autant plus efficacement qu'ils sont rares ou difficiles à se procurer. Ce sont des « embryons prématurément apparus au jour », chargés parfois de tant de force qu'ils peuvent la transmettre à celui qui les découvre en lui garantissant le salut.

Il en est ainsi de l'*iman-rumi,* pierre aimant qui est un oxyde de fer magnétique et se vend sous deux aspects : *iman-macho* (mâle), le plus actif, et *iman-hembra,* le plus faible (femelle). On l'utilise afin de préparer des potions contre le *susto,* ainsi que dans les affections nerveuses. Porté sur soi dans un petit sachet qui contient également de la limaille de fer, il a valeur d'amulette qui attire la chance, lorsque le mélange s'ordonne selon le mouvement d'une fleur.

Le *millu* ou alun, dont nous avons déjà parlé, est un minéral qui se présente en cristaux et qui est très utilisé en médecine populaire. Ce sulfate ferreux est frictionné sur tout le corps du malade frappé par l'*aire,* ou administré en poudre comme caustique contre les ulcères. Outre ses propriétés purgatives, si on le fait dissoudre dans de l'eau avec un peu de sucre, il soigne toutes sortes de plaies. Réduit en pommade et joint à du jus de citron, il soigne les piqûres d'araignées et d'abeilles.

Enfin le *millu,* connu aussi sous le nom de *qolpa* ou *kkolppa,* sert au déroulement de certains processus de divination dont nous avons déjà parlé.

Le *sallinarumi* ou soufre jaune (bénéfique) était déjà employé par les anciens Péruviens de la même manière qu'aujourd'hui, c'est-à-dire sous forme de pommades, en le mêlant à des graisses animales, ce qui le rend particulièrement efficace pour combattre la scarlatine. Broyé en grains fins avec du miel, il est absorbé pour assainir le sang et lutter contre des affections de la peau. Frotté sur les tempes d'une personne victime de l'*aire,* il produit un petit bruissement, d'où la croyance que le soufre « fait sortir » l'*aire* de la tête. Le *sallinarumi* est enfin le seul antidote contre le soufre noir (soufre avec du manganèse) employé en sorcellerie (213).

Le *mio* (sulfure jaune d'arsenic) se prend délayé dans les cas de *susto*. Très employé à l'époque Inca par les empoisonneurs *hampik*, il sert aussi dans les agissements criminels de certains sorciers actuels.

La géothérapie, ou médecine à base d'argile, était déjà pratiquée par les anciens Péruviens qui y recouraient de la même façon que les Grecs antiques ou que les « primitifs » d'Amérique du Nord ou d'Orient, principalement sous forme de bains de terre.

Aujourd'hui, on continue à l'employer directement en la consommant (géophagie) pour sa riche composition en substances minérales et pour son haut pouvoir radio-actif agissant de manière vivifiante (214).

En fait, si l'on se propose d'acheter de l'argile, le vendeur présente au moins six espèces : la *phasalla*, blanche et très fine; la *greda*, argile cosmétique dont on se sert également pour laver les cheveux; *condor-copal china*, argile ferrugineuse; l'argile imprégnée de soufre; *puca-llampu*, argile limoneuse, et la fameuse *chaco*, de consistance granuleuse, grisâtre et comestible. Cette dernière se rencontre plus particulièrement sur les marchés indigènes du Sud péruvien ou en Bolivie où elle est vendue comme aliment. Les indigènes la consomment dissoute dans de l'eau avec du sel, comme accompagnement des pommes de terre. Pour certains, elle est une véritable friandise. Enfin, réduite en poudre, l'argile *chaco* est utilisée dans le traitement des hémorroïdes.

L'argile *puca-llampu* (215) est très limoneuse. On en distingue deux variétés, mâle et femelle. Diluée dans de l'eau, elle s'emploie contre les maléfices. Également quand il s'agit d'adoucir le caractère violent de certaines personnes ou animaux, et parfois même des divinités (Pacha-Mama), ou avant de réaliser une cérémonie d'appel auprès du Wamani.

Conservés dans des petites boîtes métalliques ou dans de grands bocaux transparents, les *chifleras* offrent partout leur *chiuchi-piñi*, sorte de verroterie colorée dont l'origine remonte aux très anciennes *chaquira* (216) que les anciens Péruviens réservaient pour leurs divinités. Mais, à l'époque coloniale, celles-ci ont peu à peu été remplacées par de la verroterie de fabrication artisanale qui continue de servir dans les offrandes à la Terre.

Toutes les pharmacies populaires utilisent les pierres précieuses, et aussi le cristal de roche, comme remèdes curatifs et préventifs. Au Pérou, il est très recommandé contre le mal de *Ojo*. Par ailleurs, pour faire venir le lait aux mères, on le recommande moulu et consommé avec du miel.

Les *siwayru* ou *tuncapayanicuti* sont des minéraux en poudre, de douze couleurs différentes avec une prédominance du rouge sombre. Ils appartiennent soit au genre mâle, *orkkowan* (très brillant, par exemple la plombagine) soit femelle, *chinawan* (sans brillance, telle que l'hématite violacée). On les rencontre près de certains lacs qui rejettent sur leurs bords une sorte de mousse rougeâtre comme de la graisse. Ce phénomène qui a lieu en relation avec les lunaisons, est attribué au fait que le lac est à ce moment là, en période de menstruation (217). Le lac devient alors menaçant. Une fois calmé, les indigènes recueillent ces minéraux très réputés contre les attaques de *susto,* et les absorbent délayés dans un peu d'eau. On les emploie aussi en bains, particulièrement pour les enfants victimes du terrible « mal de peur ». On leur en frictionne le sommet du crâne, car le minéral défend l'âme et retient l'esprit par les cheveux (218).

La *haque masa* (Tuf calcaire) est présentée sous le nom de *haquimasci* par le chroniqueur Padre Cobo. Aujourd'hui comme par le passé, cette pierre continue d'avoir des utilisations médicales et parfois maléfiques. Réduites en poudres et appliquées sur les plaies fraîches, « elles ont la faculté de les joindre et de les dessécher. Prises avec les poudres de la pierre *bezar* et de la *contra-yerba,* avec de l'eau de fleur d'oranger, ce sont des contrepoisons, employées aussi contre le mal de cœur, la mélancolie et tout mal contagieux (...). En plus de cela, ces poudres bien moulues et prises à jeun avec un peu de vin et du jus de petits citrons, défont les calculs de la vessie et des reins; et, mélangées avec les poudres de l'herbe appelée *Chapi-chapi* (...), elles ont la propriété de nettoyer et de rendre éclatante la denture (219) ».

Lorsqu'elle apparaît dans la composition d'une offrande, la *haque-masa* dénonce aussitôt la volonté malveillante de ceux qui l'ont préparée.

Les trois règnes de la nature dont nous venons de faire une rapide description des éléments employés à des fins thérapeutiques, sont soigneusement étudiés par les sorciers afin d'en appliquer les forces à la lutte contre les affections dont souffrent les indigènes. Ils peuvent ainsi faire varier les traitements selon les cas et les nécessités personnelles.

Si nous prenons l'exemple du très connu *sonko-nanay* ou mal de cœur, nous voyons qu'il existe trois méthodes différentes pouvant servir à sa guérison. Il s'agit de la *cure de la pierre,* de la *cure animale* et de *la cure végétale* (220).

Selon la première méthode, minérale, toute la valeur de la cure provient du *sonko-rumi* et de ses dérivés.

Car toute pierre qui possède quelque particularité de forme ou de couleur a toujours symbolisé la puissance dans les groupes primitifs de diverses régions du monde, de même que les métaux « nés et non pas fabriqués[221] ».

Le *sonko-rumi* est un petit galet avec une partie centrale parfois protubérante à la manière d'un noyau ou d'un cœur. Les plus appréciés possèdent ce « cœur » au centre même de la pierre. Cependant, de nombreux galets sans noyaux sont utilisés lors d'attaques du « mal de cœur ». Ainsi le *jilwaya* qui provient du fleuve Vilcanota (Cuzco) mais se fait de plus en plus rare. Le *rumipa-shonkon,* pierre granitique avec des veines de couleur qui supportent l'élément curatif. Le *yahuar-huakak* (qui pleure le sang), pierre imprégnée d'oxyde de fer. En le frottant, il donne une poudre qui teint en rouge, d'où son nom. La *pasca* (pardon), pierre calcaire très légère[222]. Enfin la « Poudre des quatre coins » obtenue après avoir râpé quatre coins d'objets en pierre, parmi lesquels le *batan* (mortier domestique), la pierre *ara* des autels, etc.

La pierre, symbole premier de l'être, de la cohésion, a été de tous temps vénérée et sacralisée comme étant cette puissante « concrétion naturelle qui se distingue du sol[223] ».

Dans l'ancien Pérou, comme nous le verrons plus loin, les pierres constituaient l'une des offrandes lès plus appréciées par la Terre, dans le sanctuaire de Pachacamac, ainsi que par les esprits des ancêtres présents dans les Apachetas.

Dans le cas du *sonko rumi,* pierre du cœur ou pierre avec cœur, on peut penser que ce galet avec un noyau symbolise la force de l'être humain particulièrement centrée dans son cœur. Selon la logique de la pensée magique qui procède par la loi de similitude – le semblable évoquant le semblable –, le *sonko rumi* est bien le remède le plus approprié pour cette affection. En vertu de cette conception « primitive », le malade du cœur doit être soigné par la pierre forte d'un cœur, et par le prestige millénaire de la pierre comme facteur charismatique de restauration de la santé humaine. Cela explique l'usage et les fréquents succès des divers succédanés du *sonko*[224].

La seconde cure possible pour lutter contre cette maladie utilise des éléments qui appartiennent au monde animal et sont administrés sous des formes très variées, à l'état cru ou cuit, de liquide ou de chair, etc. Sont ainsi utilisés couramment :

Le sang, de condor, de vautour, de brebis noire, d'hirondelle pour les Andes; de jaguar et de puma dans la forêt. Parfois on peut avoir recours à du sang humain provenant d'hémorragie ou d'une mort accidentelle.

La *chair,* du condor, du putois, du chien noir, du renard, du vautour, du lézard, du puma, du singe, etc.

Le *cœur* du puma, du putois, de la chouette, etc. (avalé encore palpitant, sans être mastiqué).

La *tête,* du chien noir *(mondongo de perro),* du condor, du putois, du mouton, etc.

Enfin d'innombrables rognures d'ongles, de griffes, les poils de divers animaux, le lait, etc.

La puissance de l'âme en tant que force agissante, effective, est découverte dans toutes les parties du corps, particulièrement le sang (support d'âme) et dans tout ce qui sort de l'intérieur et se répand à l'extérieur : la salive, l'urine, la sueur, la *tête* (âme organique), le *cœur,* le *foie, l'œil.*

Appartenant pleinement à son milieu, le primitif voit, dans toutes ces représentations, une révélation de puissance. L'animal est considéré comme porteur d'une puissance très supérieure à celle de l'homme, soit par sa capacité particulière de vol, de course, de vue, d'ouïe ou d'odorat, soit par ses qualités de courage, etc. D'autre part, à cette représentation de l'animal se rattache le totémisme individuel ou social, avec ses relations dans le monde surhumain. L'animal devient ainsi le symbole de cette vie privilégiée d'où les hommes sont exclus.

La cure établie à partir d'éléments animaux suggère en effet une signification totémique tirée du concept de péché-maladie. La loi du tabou interdisant d'offenser le totem, de le manger ou de faire couler son sang, disparaît en certaines occasions rituelles. C'est ainsi que la *Huaca* sacrée recevait des offrandes vivantes, animales et parfois humaines. Aussi, lors de la *citua,* ou fête de la purification, on sacrifiait des lamas dont le sang servait à consacrer le *Yahuar-sancu.*

La consommation de chair animale est une pratique universellement répandue dans les groupes « primitifs » qui pensent acquérir ainsi la valeur et la force de celui qui a été mangé. Car la chair est censée contenir les mêmes qualités ou défauts que l'animal ou l'homme possédait de son vivant. C'est par suite de cette conviction que les anthropophages mangent ceux qu'ils admirent. Et c'est à cette notion totémique que répond l'obligation de manger cérémonieusement la chair de l'animal éponyme.

La troisième cure pratiquée lors du traitement du *sonko-nanay,* qui nous l'avons dit, comprend aussi bien les formes mineures de troubles mentaux que des formes majeures, l'épilepsie, se réalise par des *simples.* On les administre principalement en infusion, cuisson et plus rarement après macération. Ce sont principalement la mélisse, la giroflée, la pimprenelle, l'œillet, la fleur d'oranger, toutes très odorantes. Puis viennent le genêt, la valériane, le *schinus molle* et les *make* de la Puna andine particulièrement recherchées du fait de leur voisinage avec la puissance du Wamani.

L'administration de simples comme méthode curative est aussi répandue et lointaine que les manifestations de douleurs physiques. Or, s'il est indiscutable que certaines des plantes utilisées ont un effet sédatif, il n'est pas aussi certain qu'elles aient des propriétés anti-infectieuses. On peut cependant admettre qu'elles sont nécessaires en fonction de leur valeur magique, face aux influences malignes également magiques qui se manifestent lors d'une attaque. Ainsi l'utilisation de simples peut obéir à plusieurs conceptions. Ce peut être la survivance d'un culte animiste ancien, selon lequel toute plante possède en elle une force suffisante pour contrer la maladie qui lui correspond. Aujourd'hui, on note chez les aborigènes, la croyance que chaque herbe, plante, fleur, est une réponse élaborée pour un mal particulier.

De même, les plantes participant à la représentation du totem, toute consommation de celles-ci équivaut au repas rituel à partir de celui-là. Assimiler les vertus de la plante éponyme, c'est à dire ses qualités, son efficacité, sa force, et satisfaire aux divinités, telles sont les deux attitudes réglementairement suivies lors de rites thérapeutiques à partir de végétaux.

Certaines plantes sont rehaussées au niveau du sacré, tels la coca, le maïs, le tabac, et offertes aux esprits supérieurs afin d'obtenir leur concours dans la lutte d'influences qui va s'ouvrir. On peut aussi y ajouter certaines plantes très aromatiques, pour flatter plus sûrement encore le sens olfactif de la divinité dont on recherche les faveurs.

A ces éléments thérapeutiques qui proviennent des trois règnes de la nature, s'ajoutent des éléments de la médecine dite répugnante, mais particulièrement efficaces dans les rites de guérison où ils forment une composante fondamentale de la thérapeutique mystique.

Ainsi les sécrétions du corps humain, parce qu'elles proviennent de régions plus ou moins proches du centre vital, sont chargées de cette puissance d'« âme » qu'elles ont recueillie au contact du principe essentiel. Les sécrétions, comme les excrétions, jouent un rôle primordial dans l'élaboration de potions, pommades, collyres, etc.

La salive *hedionda,* celle du matin au réveil, est une véritable panacée pour toutes les contusions infantiles, pour dissoudre les goitres, etc. Mais elle est également un puissant contre maléfice, et, lorsque quelqu'un a blasphémé, il faut cracher immédiatement afin de se préserver de la puissance néfaste libérée par la parole du blasphémateur.

Le cérumen est utilisé comme collyre sec, tandis que les excréments humains jouissent d'un grand prestige dans la guérison de nombreuses maladies, car ils sont porteurs d'une puissance certaine. On les emploie en cataplasme contre la sciatique; pour blanchir la peau du visage et contre les piqûres d'animaux venimeux. Enfin, dilués dans de l'eau, ils sont utilisés contre l'alcoolisme, ou, dilués dans de l'urine, contre le typhus.

Ainsi, de par leur qualité de substance d'« âme », chez certains groupes « primitifs », les excréments ne peuvent en aucun cas être abandonnés en terrain ennemi, car cela reviendrait à y abandonner une partie de sa force, en des mains hostiles. Si l'on veut haïr très fortement une personne, il convient de manger ses excréments, car cela équivaut à la priver de l'une de ses plus puissantes substances d'âme et à la rendre vulnérable.

L'urine est aussi très recherchée, particulièrement pour traiter les blessures infectées, car l'urée possède des protéines aux propriétés dissolvantes (225). C'est surtout dans les soins apportés aux ulcères variqueux, brûlures, etc., qu'elle est employée pour favoriser la cicatrisation, tout en désodorisant les plaies.

Fraîche, elle sert en friction contre les maux de tête; comme dentifrice, ou en gargarisme contre les angines, et se prend en petits verres contre les douleurs d'estomac ou les affections nerveuses.

Fermentée, on s'en sert pour laver les cheveux et combattre les pellicules; comme sudorifique dans les maladies à forte fièvre; en friction avec des feuilles de tabac macérées contre l'urticaire, le prurit et autres affections de la peau. Enfin, lorsqu'il s'agit de mettre en fuite les maladies, on place aux quatre coins de la pièce des jarres pleines d'urine fermentée (226).

Dans cette première partie concernant les principaux éléments naturels employés par les médecins empiriques durant les rites de guérison, nous avons pu entrevoir la richesse des connaissances qui englobent une immense variété d'herbes et de minéraux servant de purgatifs, sédatifs, analgésiques ou hémostatiques.

On peut alors se demander comment ces « primitifs » sont arrivés à posséder un tel éventail de combinaisons thérapeutiques, que les laboratoires de médecine moderne essaient encore de reconstituer chimiquement pour un grand nombre d'entre eux. La réponse est que dans une société traditionnelle riche en pratiques médicales internes et externes, l'observation a, de tous temps, primé la réflexion.

Aujourd'hui, l'indigène équatorien, péruvien, brésilien, obéit à la règle de la connaissance qui s'est transmise jusqu'à lui par l'intermédiaire des ancêtres, de générations en générations sans jamais faire acte d'innovation personnelle (227). Et, dans la préparation de chaque potion, de chaque onguent, entrent plusieurs composants dont seulement un ou deux sont pragmatiquement efficaces, les autres n'étant qu'une suite plus ou moins nécessaire sinon totalement inutile, pour nous, alors que pour l'indigène l'efficacité ne provient plus de la puissance de tel ou tel suc, mais de sa force symbolique, absolument indispensable à la guérison magique.

Parmi les éléments élaborés que vendent les *chifleras*, nous parlerons encore des laines qui s'offrent aux regards sur des étals étonnamment garnis. Nous savons que les couleurs influent sur l'issue des cérémonies magiques en médecine populaire, et que chaque transformation aura un sens spécial (228). Les flanelles rouges enroulées autour du cou vont prévenir les maux de gorge ainsi que la coqueluche. Brûlées et réduites en poudre et mélangées à de la graisse de lama, elles constituent une excellente pommade antiseptique.

Voisinant avec ces écheveaux colorés on trouve les fameux *pan de San Nicolas*. Ce sont de petites galettes de farine de blé, de trois centimètres de long en moyenne, rondes, très minces et dont l'une des faces représente en un relief parfois imperceptible, l'image de ce saint patron. Nous avons recueilli certains *pan de San Nicolas* qui portaient comme seule marque, celle d'une main aux doigts tendus.

Ces petits pains de tailles et de couleurs diverses sont principalement utilisés en scapulaires, portés par les enfants, afin d'éloigner d'eux les maladies, faire fuir le diable et les esprits malfaisants. On conseille également de les absorber avec du vin, dans les cas de *susto* ou d'*aire*. Enfin, en Bolivie, on doit les jeter en l'air lorsque la tempête menace et que la foudre et la grêle attaquent. Il s'agit par là de dresser deux forces l'une contre l'autre, saint Nicolas contre saint Jacques.

Semblables à ces disques de blé, mais sans aucune représentation religieuse imprimée dans la pâte, tels sont les pains de *macay*.

Déjà très employés à l'époque incaïque, ces disques faits à partir de cendre végétale sont aujourd'hui très appréciés dans les pratiques médico-magiques. Le Père Cobo relate que certains de ces *macay*, de la taille d'une pièce de monnaie, étaient faits, à l'époque incaïque, de poudre de « pierres de chaux » et d'urines pourries. On réchauffait le tout bien mélangé puis on le refroidissait dans un composé d'urines et de poudre de soufre. Ils servaient alors de dépilatoires très puissants, ou, introduits dans une dent pourrie, ils « la brisaient en vingt-quatre heures ».

Ces disques servent aussi de désinfectants pour toutes sortes de plaies, aussi pourries et malignes qu'elles soient.

Aujourd'hui les *macay* ont encore de telles utilisations et on les observe souvent pendus autour du cou d'un enfant, à la manière d'un scapulaire.

Mentionnons l'important ensemble figuratif connu sous le nom de *chiuchi recado* (229), qui regroupe entre trente-cinq et quarante petits objets d'étain ou de plomb. On y trouve des arbres, des étoiles, des hommes et des animaux, des instruments de cuisine ou de musique, etc. La fonction des *chiuchis* apparaît lors du rituel *pago*, ce paiement que réalisent les indigènes en l'honneur de Pacha-Mama dont ils veulent s'assurer les bienfaits avant toute entreprise nouvelle.

Ces figurines se vendent par petits paquets soigneusement enveloppés dans du papier journal, ou bien ils font partie d'un tout nommé *huaquichisc'a* « préparé », et dont le but est d'être offert à la Terre. Ce paquet comprend, en outre, des petits bouts de papier d'étain ou d'or, ainsi que des « confites de Carnaval ». On désigne sous ce nom de petites sphères d'un demi-centimètre de diamètre faites de sucre et généralement accompagnées d'autres types de bonbons ou de « pastilles de conversation (230) », qui sont de petits rectangles colorés d'un centimètre d'épaisseur, sur lesquels sont inscrits divers messages, principalement amoureux, du genre : « je t'attends, reviens », etc.

Les anciens Péruviens connaissaient l'étain et pratiquaient des offrandes à la Terre, avec des figurines identiques à celles des actuels *chiuchis recado*, où l'on peut noter une influence espagnole certaine. Ainsi, à côté de figures zoomorphes ou astrales, voit-on des fourchettes, des guitares, des aigles bicéphales (231). Parfois, certaines formes mystérieuses provenant des défauts de moulage artisanal sont laissées à la libre interprétation de l'utilisateur qui attribue à ces bavures d'étain des significations secrètes, mais tout autant chargées de puissance que les autres.

Selon le symbolisme qui y est exprimé, l'image d'une femme signifie « amour »; la clef indique le pouvoir, la fortune; la table représente l'abondance; la lune, le beau temps; les lunettes, le pouvoir de divination; le cavalier, un voyage; l'arbre symbolise la stabilité; la cloche, la fête; l'escalier le progrès, la tête de mort, la protection contre les forces maléfiques, etc.

Selon la nature de l'entreprise pour laquelle on demande assistance à la divinité, on enfouira dans la terre une combinaison de *chiuchis* trois par trois, mais bien différents quant à leur message. Ainsi le groupement : chaise + couple + clef = paix et force dans le foyer. Cette triade sera offerte avant un mariage ou avant l'installation d'un jeune couple dans sa nouvelle demeure.

Cavalier + couteau + poêle = chemin sans danger et réussite dans les affaires menées au terme du voyage. On l'offrira avant d'entreprendre une longue marche vers la ville, où seront vendus les produits des champs ou du pressoir, afin que la Terre ne cesse de veiller sur le commerçant jusqu'à son retour chez lui.

Enfin, avant de commencer les semailles, le paysan va tracer un sillon dans la terre pour y introduire son offrande qui consistera en une étoile, une lune et un arbre. Exprimant ainsi un souhait de stabilité dans le temps et de bonnes récoltes. Le tout est ensuite aspergé d'encens ou de feuilles de coca.

Ces représentations symboliques que l'indigène offre à la Terre ou aux divinités ancestrales locales sont souvent accompagnées d'éléments complémentaires qui précisent la valeur de l'expression magique exposée. Il s'agit du *qori-ttanta,* pain d'or et du *qolque-ttanta,* pain d'argent (232), constitués de sucre enduit de graisse et recouvert de papier argenté ou doré. La graisse sert de colle et – en même temps — valorise l'offrande. Le papier doré figure par analogie la puissance vivifiante du soleil, ainsi que la potentialité du métal parfait, de genre masculin. Il sera donc offert aux ancêtres, tandis que le pain d'argent, féminin, sera réservé à la déesse mère, Pacha-Mama.

Les éléments que nous avons présentés sous leur forme naturelle ou composée, sont présents dans les manifestations empiriques purement thérapeutiques sous l'aspect de potions, onguents ou poudres, et se retrouvent dans chaque rite traditionnel sous l'aspect harmonieux de la *mesa,* cette offrande dont la disposition de chacun des composants cache un sens particulier.

Ces *mesas* peuvent être confectionnées à l'avance par les *chifleras* attitrées, en vue des fêtes périodiques tels le Carnaval, le Nouvel An, etc. Mais lorsqu'une personne veut s'adresser personnellement à une divinité pour un motif qui lui est propre, elle commande sa *mesa* en fonction de son intention (233).

Dans ce cas, la *chiflera* peut aussi se rendre à l'emplacement où doit se dérouler la cérémonie, et composer entièrement sa *mesa* sur les lieux. Elle commence alors par étendre une assez grande feuille de papier blanc ou de couleur claire – s'il s'agit d'une *mesa* bénéfique –, sur laquelle elle dispose en cercle les laines de teintes favorables qui vont circonscrire l'offrande. Ensuite, à l'intérieur, elle étale des matières végétales presque toujours fragmentées (234). Puis elle place les autres éléments nécessaires qu'elle prend un par un dans les casiers ou les boîtes de carton de son stock. Les plus fragiles sont soigneusement empaquetés dans des petits sachets de papier préparés à l'avance (235).

Les *mesas* bénéfiques qui s'offrent à l'air libre, seront brûlées dans le cas d'exorcisme de la maladie, et enterrées pour exprimer le désir de fertilité. Habituellement, une *mesa* de ce genre comporte deux parties : l'une qui remercie la divinité, par anticipation, l'autre qui conjure. La première vénère, la seconde exige.

Dans le cas de *mesa* maléfique, seuls quelques-uns parmi tous les éléments présentés sont là pour déterminer clairement son orientation, son but : Supay, le Diable. C'est la valeur d'ensemble des éléments disposés qui va donc décider du caractère bénéfique ou maléfique de la *mesa,* et cette orientation globale va être précisée grâce à la présence de deux ou trois objets dont la signification magique est sans équivoque.

Ainsi, découvrir un *sullu* (fœtus) fera aussitôt saisir l'importance maléfique du souhait exprimé là. Il se complète généralement de *wira,* cette graisse animale que les divinités de toutes catégories apprécient au plus haut point, attachée par des laines libres et arrondies et de couleur claire, lorsque la volonté du suppliant est tournée vers un acte louable. Dans le cas contraire, la *mesa* est délimitée par des laines noires ou violettes, nouées, prouvant d'une façon indiscutable la noirceur des desseins de son instigateur. Sans la présence du *sullu,* mais accompagnée de laines blanches ou rouges ainsi que de *llampu,* la *mesa* indiquera une offrande avec exigence d'information en retour de la part du Wamani à qui elle est adressée.

On voit à quel point la composition d'une *mesa* exige de subtils dosages, d'habiles mariages, afin d'aboutir, avec tous ces enchevêtrements de symboles, à exprimer clairement une volonté. En fait, il s'agit de respecter deux règles fondamentales : offrir d'abord, et demander ensuite. Si nous prenons le cas d'un souhait amoureux, on trouvera dans la composition de la *mesa,* parmi le *miskki asnakk*, ou encens (236) dont l'odeur est très appréciée des esprits ancestraux, un morceau de *pacha-unto*, ou *wira-pacha-tika* (237), sorte de champignon rougeâtre dont on assure que Pacha-Mama est très friande, avec quelques autres éléments qui possèdent également une valeur de don généreux. Ceux-là peuvent constituer la partie à détruire par le feu ou à laisser enfouie dans la Terre. En second lieu, viennent les éléments dont le symbolisme va représenter la nature exacte des souhaits qui se trouvent intimement liés aux offrandes. Dans notre cas, de *mesa* bénéfique dressée à des fins sentimentales, nous trouvons des graines de *huayruros* dont nous avons parlé plus haut.

Si la *mesa* est dressée dans une intention nuisible, pour causer du tort à un voisin, un parent et attirer sur lui des forces dangereuses capables de détruire ses récoltes, sa famille, on trouvera dans la *mesa,* en plus des éléments de base qui servent alors d'offrande aux esprits invoqués, une prédominance d'objets néfastes. C'est-à-dire que le paquet sera enveloppé dans du papier ou du tissu noir, avec des laines sombres nouées entre elles, des feuilles de coca tournées à l'envers selon le code connu. Et plus encore, si l'on veut être tout à fait sûr du succès de l'opération, on mêle des signes permettant d'identifier immédiatement la victime, à savoir ses ongles, une mèche de cheveux, ses excréments, un vêtement. Le tout doit ensuite être enterré le plus près possible de l'habitation de la personne visée, qui subira bientôt l'effet destructeur dont la *mesa* a été chargée au préalable.

Au cours de la présentation de ces rites d'expression magique que réalise l'indigène, nous avons pu constater que ces éléments, simples ou composés, sont toujours présents lorsqu'il s'agit de mettre des forces non ordinaires en action. Et que ce soient des *parches-chunchos* (238) ou des ailes de condor, des grains aurifères de la haute cordillère ou des sèves de la forêt amazonienne, chacun de ces éléments participe, dans une réalité médico-magique, à ce moment privilégié de la conscience humaine où les hommes et les dieux peuvent entrer en contact. Or, ces éléments qui tirent leur substance des trois mondes, végétal, animal, minéral, ainsi que de combinaisons imaginatives hardies, ont avant tout une fonction prophylactique magique : éloigner la maladie, éloigner le sort, le maléfice, le risque, avant que celui-ci ne parvienne à dissoudre la présence. Et nous voici alors confrontés avec le pouvoir de ces « véhicules de forces mystiques qui proviennent du monde surnaturel » et sont utilisés comme moyens de défense : les amulettes (239).

Sur tous les marchés indigènes, à travers toute l'étendue des terres quechuas ou aymaras, on voit ces objets porteurs de puissance côtoyer les images pieuses de la religion catholique; sur les tableaux de bord des chauffeurs d'autobus comme dans les recoins des maisonnettes obscures, on les retrouve avec leur double intention : obtenir des faveurs, des succès, et neutraliser les risques qui menacent constamment l'individu, depuis la perte de son âme jusqu'à l'accident d'automobile qui l'entraînera au fond d'un ravin.

Nous n'établirons pas de distinction entre les amulettes proprement dites (protection), les charmes (acquisition d'une puissance) et les talismans de fabrication plus scientifique qui renferment la substance sacrée. Car pour l'Indien, les trois se regroupent sous un seul vocable : *konopa,* amulette, appellation qui subsiste de l'emploi qu'en faisaient les anciens Péruviens, bien que l'on entende assez fréquemment aujourd'hui le terme de *wak'anquis* ou *kocgas* (240). Cependant, la valeur symbolique reste inchangée, et sert à indiquer l'abondance de biens, alimentaires ou sexuels.

L'ancienne *konopa* réunissait des pierres de formes variées, et utilisées à des fins diverses. Les unes étaient réservées au maïs et désignées sous le nom de *zarapconopa, papapconopa* pour les pommes de terre, ou encore *caullama* pour le bétail, etc., et chacune d'elles jouait le rôle de dieux Lares dans les foyers indigènes. Une telle croyance fut une raison de plus pour les Espagnols d'accentuer leur répression contre ce qu'ils qualifiaient d'idolâtries. Et fouillant les maisonnettes, ils interrogeaient les habitants afin de savoir de gré ou de force « si quelques personnes possédaient dans leur maison des *huacas,* dieux pénates qu'ils nomment Conopas, Zaramama pour l'accroissement du maïs ou Caullamas pour l'augmentation du bétail (241) ».

Aujourd'hui, ces amulettes sont plus souvent utilisées sous le nom de *illas* ou *sepja* quand elles ont une valeur d'offrande, et *contras* lorsqu'elles ont un caractère prophylactique très évident (242).

Vendues dans les marchés indigènes, bien que généralement dissimulées aux yeux du passant, ces figurines de pierre *berenguela* ont pour certains, comme origine exclusive, les Callawayas de Bolivie, et pour d'autres, de la région d'Ayacucho, ce sont des artistes locaux qui se chargent de leur fabrication. Quoi qu'il en soit, pour l'indigène fidèle aux formes traditionnelles de la pensée magique, ces *illas* qu'il a parfois la chance de découvrir sur les pentes de la montagne, appartiennent au troupeau personnel de l'Auqui ou du Wamani. Il les rencontre dans ces terres perdues « qui n'ont pas été foulées par des chrétiens », en accompagnant ses troupeaux. Plus la ressemblance est proche de l'image d'un animal, plus son possesseur sera favorisé dans son propre troupeau. Généralement, nous confia l'un d'eux, elles sont déposées à terre par un très grand taureau brusquement surgi devant le berger et qui disparaît aussi rapidement en laissant à l'endroit de son apparition une ou plusieurs *illas,* qui deviennent protectrices et procréatrices du troupeau. Elles ont alors un aspect triangulaire et légèrement noirâtre sur la pointe, qui parfois peut donner l'impression d'avoir été travaillée.

Et si l'on demande à un paysan comment un objet si petit peut être si puissant, il répond aimablement que la divinité réduit les animaux qu'elle offre afin que l'homme puisse les mettre dans sa maison ou dans sa poche, mais que leur force est toujours semblable à ce qu'elle était dans le troupeau de la montagne sacrée.

En effet, ces animaux minuscules proviennent d'une généreuse attention supérieure, qui les transmet au paysan de diverses manières, soit comme nous venons de le dire, par l'entremise d'un puissant taureau, soit par l'intermédiaire des *paqari,* ces sources qui atteignent le monde des hommes, le *kay-pacha,* afin de le mettre en communication avec *uqu pacha,* le monde intérieur.

Les indigènes savent que ces *illas* engendrent leur double dans leurs troupeaux, et c'est pour cela qu'ils veillent sur eux comme sur leurs animaux vivants. Aussi ne doit-on pas s'étonner de voir sur le cou des *illas,* le fil magique de laine rouge qui, par la loi des correspondances fondée sur le principe de similitude, sert à protéger le bétail sur pied.

Parmi les différentes sortes d'*illas* que nous avons rencontrées, on peut en mentionner trois principales. Tout d'abord ce sont les représentations d'animaux domestiques (bœufs, lamas, moutons, etc.) avec tous les mariages et les combinaisons possibles, par couple, isolés, couchés ou debout, les cornes orientées de façon distincte, etc. *.

Porteuses d'une force destinée à assurer la protection de ceux qu'elles représentent, ces *illas* animales sont enterrées dans l'enclos ou cachées dans le sel du bétail, soit encore, réservées aux traditionnelles cérémonies du *señalacuy,* ou marquage des bêtes que l'on place ensuite sous la protection des divinités. Lors de ce rite annuel qui s'effectue à des époques différentes selon la nature du bétail, le maître prend l'amulette et, face au soleil, la tête découverte, l'asperge d'eau-de-vie (243). Ensuite, prenant un *quintu* de coca qu'il mélange soigneusement à de la graisse de lama, il pose le tout sur une pierre et devant l'assistance qui l'entoure respectueusement il déclare :

« Sainte Terre, je t'offre cette coca avec ces ingrédients; et toi, esprit ou *apu* éloigne de nous et de nos troupeaux les maladies et fais que le bétail devienne robuste et que notre vie se prolonge (244) ! » Ce qui revient, en clair, à exorciser les maléfices et à demander la neutralisation de toute sorcellerie.

Puis, après avoir retiré l'amulette animale qui va reprendre sa place dans la maison jusqu'au prochain *señalacuy,* on brûle l'offrande.

* Voir ci-contre, le tableau 2 présentant diverses figures :

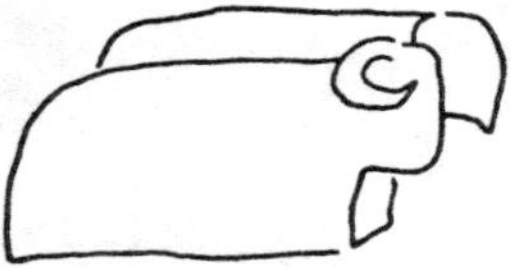

1 : couple de mouton : richesse du bétail.

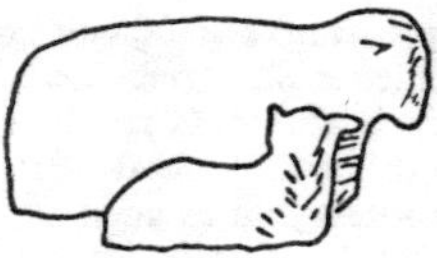

2 : brebis avec agneau : fécondité.

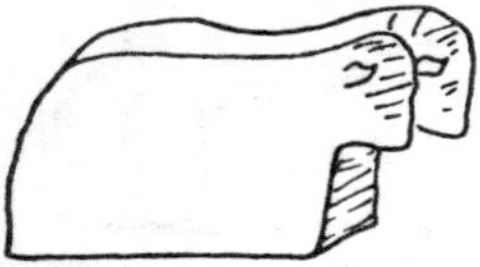

3 : mouton et brebis : fécondité.

4 : lamas mâle et femelle : fécondité.

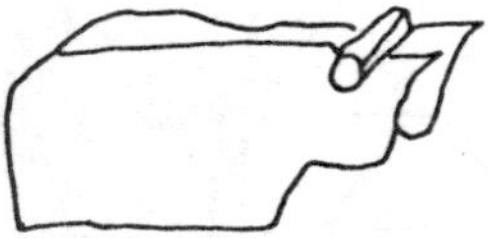

5 : deux bœufs attelés :
richesse du bétail bovin.

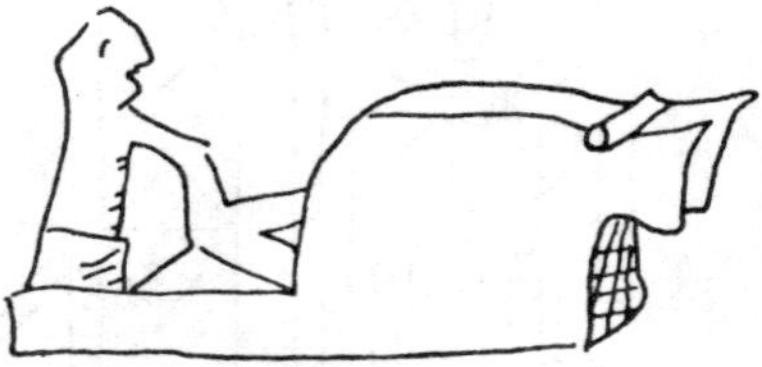

6 : attelage conduit par un homme :
que la récolte soit abondante
et préservée des intempéries.

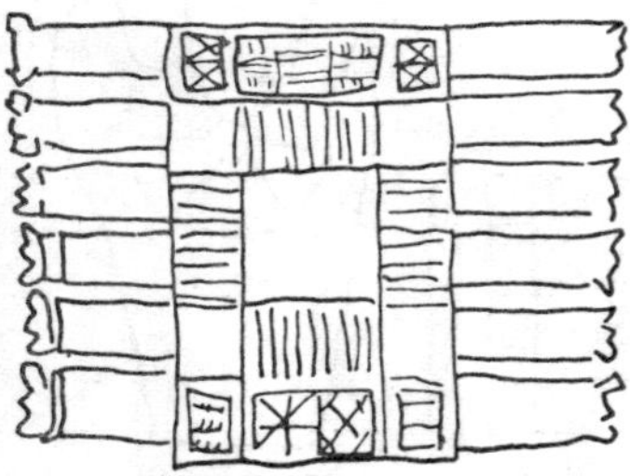

TABLEAU 2

Sepjas carrées et Maquis ; toutes ces amulettes Illas symbolisent l'éternité et, dans le champ, la maison, ou même la poche de leur possesseur, lui assurent puissance et prospérité.

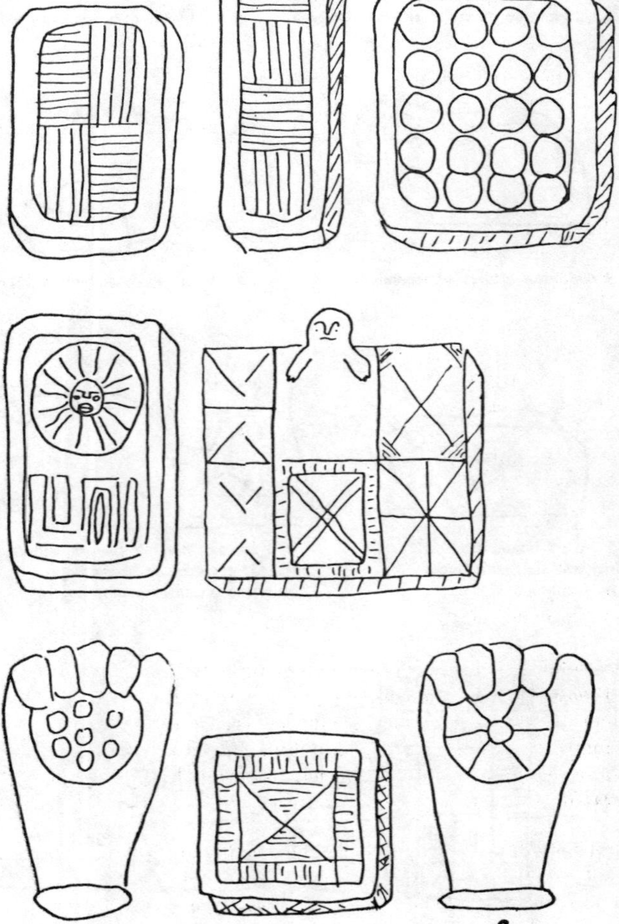

TABLEAU 3

D'autres figurines de ce genre présentent une particularité qui consiste en une petite cavité sur le dos. Selon Max Uhle [245], celle-ci serait remplie d'alcool ou de mets sacrés comme la coca lors de sacrifices réalisés en l'honneur de Pacha-Mama. Il semble que ces amulettes rituelles [246] soient destinées dans l'ensemble à être détruites et que, contrairement à celles que nous avons citées précédemment, on ait à renouveler chaque année le sacrifice avec des figurines nouvelles. « On place alors l'amulette neuve le plus profondément possible, afin qu'elle soit très près de la Pacha-Mama, et l'ancienne plus près de la surface [247]. »

Enfin, certains indigènes portent ces figurines en pendentifs afin d'acquérir leur puissance.

Dans le deuxième groupe d'*illas,* nous avons les *maqui* ou mains, dans diverses positions mais généralement fermées, serrant une pièce de monnaie qui est hâtivement symbolisée par un cercle sculpté ou tout simplement tracé dans la paume du *maqui.* Parfois elles tiennent une sorte de stylet d'interprétation incertaine. Les uns y voient un poignard symbolisant le courage, d'autres l'identifient au *ruqui* du tisserand, etc. Certaines de ces amulettes sont couplées, enlacées ou simplement jointes et expriment l'idée d'un amour durable. Mais on trouve également des mains qui ne serrent rien et n'apportent d'autre message que celui de leur seule présence. C'est alors la main qui protège des maux, des accidents, du mauvais œil. Symbole qui s'est transmis depuis la Préhistoire et continue d'être respecté en Orient comme en Occident [248], et ne cesse de réaffirmer la supériorité de l'homme sur l'animal et la nature en général. Habituellement, ces mains de pierre ou de métal sont droitières et jouent un rôle talismanique. On les porte alors dans son porte-monnaie, ou son sac, ointes de graisse de lama [249].

Enfin, le troisième genre d'amulettes *illas* est connu sous le nom d'*illas-mayor* (grandes *illas*), ou encore *huasi* [250]. Elles représentent l'ensemble complet de la ferme avec ses dépendances. On y distingue le grand patio central, autour duquel s'ordonnent les habitations des patrons, ainsi que les étables et les écuries où le bétail est même visible.

L'intention qui se manifeste dans cette figurine est double : protéger les habitations, les biens et les personnes contre tous les risques possibles (vol, incendie, grêle, etc.) et augmenter la quantité de ces richesses en assurant une extrême fertilité aussi bien dans la demeure que parmi le bétail [251].

Illa est donc le nom courant et général de ces talismans qui, sous des formes diverses, expriment un souhait, un désir, où la chance et la prospérité sont intensément présents.

Assez curieusement, *illa* est aussi le nom de la fameuse *piedra bézoar,* le bézoar entérolithe provenant de diverses espèces zoologiques, et qui eut un grand succès en Europe, au Moyen Age. Aujourd'hui, les populations andines continuent d'attribuer à cette pierre de couleur jaunâtre, de nombreuses qualités curatives où des forces protectrices seraient conservées, assurant ainsi la santé et la sécurité de son possesseur. De même que jadis, sur les hautes terres de la cordillère, cette pierre est vénérée avec autant de ferveur que par les anciens Péruviens. Si l'on en croit les historiens, cette pierre était « la plus communément estimée, celle qui jouissait de la plus grande considération ». On l'obtenait de l'estomac de certains ruminants comme les lamas, vigognes ou huanucos. « Ils voyaient en elles (pierres bézoar) la substance vitale de la Terre, et leur attribuaient une affinité avec la vie animale, à l'intérieur de l'être vivant. » C'est pour cela que les poudres obtenues à partir de ces entérolithes possédaient et possèdent encore des vertus très appréciées par la médecine populaire qui les emploie contre les maléfices, les fièvres gastriques et tous les empoisonnements. « Ils donnaient à cette pierre un nom qui indique l'étendue de leurs connaissances physiques : ils l'appelaient la substance éthérée, la lumière, la matière cosmique : *illa* (252). »

A côté des *illas* et appartenant également à la famille des *wak'anquis,* nous trouvons des pierres de forme géométrique, sans aucune représentation zoomorphe : les *mullus,* ou *sepjas* (253).

Bien que nous n'ayons pu vérifier leur présence actuelle, la tradition orale andine atteste leur existence passée et contemporaine lors des rituels magiques. Taillées dans la pierre, ces *sepjas* ont une forme carrée ou rectangulaire. Leur puissance ne provient plus ici, d'une représentation figurative, mais du symbolisme des lignes qui parcourent leur surface. Et si leur finalité est aussi précise que celle des *illas,* leur influence s'exerce en fonction d'un raisonnement. Ainsi les différents tracés qui représentent les sillons de la Terre, Pacha-Mama, expriment la fécondité. Les cercles que l'on voit gravés sur la *sepja* carrée correspondent à des pièces de monnaie d'où ressort la notion de richesse matérielle.

Sur la *sepja del Sol* (254) qui suggère le pouvoir suprême et la puissance de l'astre, nous reconnaissons le symbole de l'éternité et de l'infini, le cycle de la vie; et par le principe de similitude déjà mentionné à propos des *chiuchis,* s'exprime le souhait du possesseur de l'amulette : recevoir la même force, la même énergie en sa personne.

Car si nous nous trouvons là devant des amulettes-talismans passives [255], elles n'en sont pas moins attractives d'énergie fluidique par les dessins qui mettent en cause les forces qu'elles représentent.

Face à ces charges que portent de tels objets et qui se manifestent principalement par l'attirance (d'un gain, d'une chance, d'une satisfaction de tout ordrc), nous avons les *cutis* ou *contras* dont la fonction est de repousser des effets non désirables, en constituant de véritables barrières psychiques contre les maléfices dont elles sont l'antidote.

Certains végétaux remplissent à l'état naturel ces rôles préventifs. C'est le cas du fruit *sacsa-cuti,* ou de la *habilla* que l'on porte dans sa poche si l'on veut être épargné par les maladies.

Les *contras* proprement dites sont très variées. Elles comprennent en effet aussi bien des fers cloués au dos des portes ou des palmes bénites pendant la Semaine Sainte. Dans les Andes, on peut distinguer cependant deux groupes de *contras* très originales.

Les premières, d'origine animale, comportent des laines de différentes couleurs, encensées et accompagnées de piments forts dont l'odeur doit chasser les mauvais esprits. On les porte sur soi, nouées en différents points névralgiques du corps, comme de vaillants guerriers prêts à repousser les attaques malignes.

Les secondes *contras* regroupent les colliers et les bracelets qui sont constitués de rondelles de cactus que l'on a teintes puis enfilées. Selon la symbolique des couleurs déjà présentées, la *contra* noire ou violette sera portée pour lutter contre un mal très puissant ou un empoisonnement imminent.

A l'autre extrémité de ce long inventaire talismanique, se trouve sous une forme beaucoup plus éloquente, beaucoup moins spécialisée et ésotérique, l'expression de cet appel vers une protection, sous la figure anthropomorphe de l'Ekeko [256]. Cette petite idole de plâtre qui subsiste aujourd'hui dans toute la région sud du Pérou et le nord de la Bolivie, était profondément vénérée au temps des *Collas* [257], qui voyaient en elle le dieu de la prospérité et de l'harmonie familiale que l'on invoquait lorsqu'un malheur menaçait de s'abattre sur le foyer. Alors faite de terre, d'or ou d'argent, elle était présente dans chaque habitat. « On lui donnait l'aspect d'un petit homme ventru portant parfois un casque, parfois une parure de plumes qui se terminaient en éventail. » L'attitude de son corps, bras largement ouverts, témoignait également de sa bonté et de sa bienveillance. « Il n'y avait pas de chaumière indienne où on ne le voyait chargé des innombrables fruits de la récolte ou de coupons de toile, des laines de couleur, toujours souriant, toujours les bras ouverts (258). » L'Ekeko pouvait être de tailles variées et on le portait même autour du cou, comme une amulette.

Ce petit dieu de la fortune était particulièrement fêté pendant le solstice d'été. C'étaient alors d'interminables défilés de paysans et d'artisans qui venaient lui offrir les plus beaux spécimens de leurs récoltes ou de leurs ateliers. Tout le monde se devait de faire un cadeau à l'Ekeko. « Celui qui ne pouvait rien donner de lui, acquérait ces objets avec des petites pierres qu'il ramassait dans les champs et qui se distinguaient par quelque étrange particularité. Personne ne pouvait les refuser en échange de ses objets s'il ne voulait pas encourir la colère du dieu pour qui avait lieu la commémoration (259). »

On s'en doute aisément, ce genre d'adoration ne plut guère aux catholiques d'une Espagne intransigeante qui pendant des années – et au nom de la vérité qu'elle pensait détenir – s'efforça d'écraser ce culte afin de le remplacer par celui de sa propre idolâtrie. Certaines régions ont superficiellement fléchi puisque l'Ekeko n'y paraît plus et que sa place est occupée dans les magasins, les maisons, les autobus, par l'effigie d'un saint patron. Cependant, la Bolivie et la région péruvienne du lac Titicaca jusqu'à la frontière chilienne portent encore un respect fidèle à ce petit dieu.

Dans la deuxième ville du Pérou, Arequipa, on peut l'acheter au marché San Cristobal, sous l'aspect d'un métis moustachu et richement chargé des premiers signes de la civilisation occidentale, tels que la machine à coudre ou la voiture. Dans le département de Puno où la population est indienne dans sa quasi-totalité, Ekeko accuse son origine nettement autochtone par son habillement (poncho, chullo) et par la nature de son chargement (sacs de quinoa, de coca, de maïs, barque de totora, etc.), et l'on peut se demander dans quelle mesure les suppliques qui s'adressent quotidiennement aux saints de l'Église catholique, ne suivent pas l'appel ancestral à l'Ekeko dont la place reste présente dans les cœurs indigènes?

Cette substitution d'influences mystiques dont nous avons déjà parlé pour Wamani et saint Jacques, se retrouve à travers toute l'Amérique indienne sous les multiples aspects de la vie quotidienne. Et cela ne doit pas nous surprendre outre mesure. Les Péruviens contemporains – nous parlons évidemment de ceux qui habitent et travaillent dans leur pays et dont la grande majorité, paysanne, est soumise en permanence à des conditions climatiques d'altitude très rigoureuses, à des bouleversements météorologiques constants et à des catastrophes sismiques fréquentes (260) — ressentent le besoin urgent de se protéger contre ces agressions et de se défendre, avec la même logique que leurs ancêtres. Or, ayant été privés de leurs dieux protecteurs, de leurs amulettes familiales qui assuraient leur existence au sein du groupe et renforçaient leur présence dans un univers fait de menaces constantes, il est naturel que dans des conditions de vie restées fondamentalement identiques à ce qu'elles étaient avant – par leur faible coefficient de sécurité –, les indigènes du vingtième siècle aient favorablement accueilli comme succédanés, les saints patrons en modèles réduits, les prières et les médailles miraculeuses de la Vierge.

C'est ainsi qu'à la place des *illas* de la fertilité se dresse saint Antoine. Les jeunes filles désireuses de se marier et d'avoir une nombreuse descendance vont le supplier et même le maltraiter, s'il tarde à les satisfaire, lui enlevant l'enfant qu'il tient dans ses bras, etc., étant sûres, qu'ainsi, excédé, saint Antoine s'exécutera! Sainte Lucie est patronne des maladies de la vue, saint Joseph s'occupe des poumons particulièrement lors des attaques de l'*aire*. Saint Émile protège des tremblements de terre; enfin saint Cyprien empêche les envoûtements, tout en étant le patron attitré des sorciers. Car si le catholicisme condamne les rites de sorcellerie, les sorciers font preuve de beaucoup plus de tolérance et d'intelligence, en laissant entrer des éléments ou des personnages du rite catholique dans les exorcismes indigènes.

Les objets médicinaux ou rituels que nous venons de présenter, ces racines, plumes, graisses et idoles qui sont vendues dans les marchés indigènes et se retrouvent sur les *mesas* des sorciers, attestent par leur extraordinaire diversité, l'ampleur de ces échanges commerciaux qui permettent de troquer des étoiles de mer contre du sang de tigre, des algues marines contre des fleurs venues d'Argentine ou de pampas septentrionales. Mais il faut y voir également la vigueur d'une tradition qui n'a jamais cessé de se perpétuer comme le reflet de cette mentalité indigène fidèle, par des racines qui demeurent ancrées dans une réalité magique, au comportement des ancêtres.

Si nous persistons à observer avec scepticisme ces éléments de magie indigène, ces rites « absurdes », et ne les considérons que comme de la pacotille ou des superstitions, nous ne pouvons saisir le sens caché de cette magie naturelle et les principes de base de ceux qui l'animent (261). Car, même si l'indigène ne perçoit pas les théories et les lois d'une manière aussi lucide qu'un scientifique, il les ressent très profondément et vibre à chacune de leurs applications, de leurs manifestations au cours de la cérémonie magique dont l'essence est bien d'« agir sur des forces et par des forces plus que sur des êtres et par des êtres [262] ».

Nous avons vu que la parole met une puissance en mouvement par l'intermédiaire du mot. C'est ce qui ressort de l'abondance des oraisons, prières et formules de tous genres, et de toutes origines linguistiques, qui accompagnent une célébration magique et sont le complément verbal indispensable à la réalisation d'une technique gestuelle éprouvée.

Ainsi lorsqu'on est intimement persuadé d'avoir reçu le *daño*, cet envoûtement accompli par quelque sorcier hostile, et lorsqu'on « sait » qu'il s'agit désormais d'une question de jours ou d'heures, malgré l'emploi préventif de *contras,* malgré le port d'un anneau de fer, d'une croix métallique [263] ou d'aiguilles d'acier, il ne reste plus qu'à accomplir au plus vite le rite de guérison qui, dans de nombreux cas, nécessite la récitation d'une prière particulière à ce mal : la *magnifica,* en prononçant les paroles à l'envers pour défaire le maléfice. La puissance du verbe qui conjure est généralement associée à une médecine empirique, par exemple l'absorption de tisane, etc. Si la *magnifica* a été récitée convenablement et à temps, l'envoûté montrera des signes très clairs de rejet du maléfice; nausées, migraines violentes et surtout des vomissements ou diarrhées qui seront là pour prouver que le *daño* a pu être expulsé du corps de la victime.

Dans le Sud du Pérou, au voisinage du Chili, on rencontre une oraison qui est réservée aux situations dans lesquelles une personne est sur le point d'être attaquée par une force maléfique. Il faut alors réciter très rapidement et avec ferveur les paroles suivantes :

« La croix du ciel me protège
et la force de la foi,
Très Sainte Trinité,
Jésus Marie Joseph.
Arrête-toi bête féroce.
Moi je suis né avant toi
car je suis fille de Dieu
et toi pas. »

A Lima, capitale du Pérou, ville bâtarde depuis ses gratte-ciel jusqu'aux bidonvilles, toutes les classes sociales de la population connaissent la très fameuse *Oraison du Juste Juge* [264], dont la vente sous forme de petits fascicules voisine sur les trottoirs transformés en vitrines, avec les pensées de Platon ou le manuel du parfait séducteur. Cette prière jouit d'une grande réputation, car elle est considérée comme la seule arme véritablement efficace contre les maléfices et plus spécialement contre les esprits malins qui hantent les *casas pesadas*, ou maisons hantées [265].

D'après les informations obtenues à son sujet, l'oraison du Juste Juge est sujette à des modifications locales selon les régions où elle est employée. Valdizan cite la suivante :

> « Il y a des lions qui viennent sur moi. Qu'ils s'arrêtent d'eux-mêmes comme pour Monseigneur Jésus-Christ et je dis au Juste Juge : Ah, Seigneur! Je vois venir mes ennemis et je répète trois fois : qu'ils ne me voient pas, s'ils ont des yeux; qu'ils ne me parlent pas, s'ils ont des mains. Que le sang leur soit bu et leur cœur mis en pièces. Par cette chemise où toi, très Saint Fils, fus enveloppé, je vais me voir libéré des mauvaises langues, des prisons, des envoûtements et maléfices, pour cela je m'en remets à tout l'angélique et le sacré, et les saints évangiles doivent me défendre. Et vous arriverez à moi, terrassés comme le Seigneur terrassa ses ennemis le jour de Pâques. Et par la Vierge Marie et l'Hostie consacrée, que je sois libéré des prisons, que je ne sois ni blessé, ni bousculé, que mon sang ne soit pas versé, que je ne meure pas de mort violente. Dieu avec moi, moi avec lui. Dieu devant moi, moi derrière lui. Jésus, Marie et Joseph. »

TROISIÈME PARTIE

Les Rites magiques

Les techniques thérapeutiques indigènes sont fortement imprégnées de magie, car, nous l'avons vu, les causes de la maladie sont très rarement naturelles. C'est que l'homme « primitif » a conscience de faire partie intégrante du Cosmos, sans se retrancher de ses manifestations. Alors que l'homme moderne « civilisé », établit une distinction entre le sujet et l'objet, grâce à la réflexion. Ce qui le conduit à prendre ses distances d'avec le monde extérieur, à se sentir « isolé dans le monde, qui est devenu progressivement pour lui objet, matériaux, atelier, usine, terrain d'industrie [1] », et non plus engagement religieux perpétuellement en train de se faire ou de se défaire comme le ressent l'indigène. Celui-ci participe de corps et d'âme de ce monde existentiel où n'existe aucune scission entre le naturel et le surnaturel, entre l'ordinaire et le non ordinaire. Ainsi, là où l'on dénoncera une cause mystique de la maladie, l'indigène opposera une thérapeutique mystique et dans bien des cas la maladie elle-même sera mystiquement matérialisée aux yeux des assistants lors de la cérémonie de guérison.

C'est l'incompréhension de cette logique primitive qui fait encore condamner sous l'accusation de charlatanerie ou de trucages grossiers, des mécanismes thérapeutiques où les techniques émotives jointes à des manipulations s'exerçant sur les forces non ordinaires d'une autre réalité, font fi des techniques spéculatives de l'homme moderne. Or qu'est-ce que la magie? Sinon l'art de provoquer et de modeler des émotions, au détriment de toute capacité de réflexion. Et parce que « la magie sort du désir et de l'émotion » qui en sont l'énergie motrice, les cérémonies magiques emploieront un décorum, des éléments, des moments, des espaces où « tout est mis en œuvre (...) pour intensifier ou exaspérer le désir [2] ».

Parmi les très nombreux rituels de guérison fréquemment mis en œuvre, nous avons choisi de présenter les plus représentatifs de la réalité sud-américaine indigène, et plus particulièrement péruvienne. Nous parlerons tout d'abord des trois méthodes connues sous le nom de *limpia del cuy*, de *shokma* et de *jani kayaqui*, qui ont pour but de restaurer un équilibre menacé et de restituer à l'individu malade son intégrité.

Puis nous présenterons deux techniques destinées à des agissements maléfiques, soit directement (par intoxication) soit indirectement (par transfert et malédiction).

Enfin nous illustrerons ces pratiques par des exemples relevés dans les trois régions culturelles du Pérou, la côte, la sierra et la forêt, et qui se retrouvent bien au-delà des frontières politiques de ce pays.

MÉTHODE DU « CUY »

Dérivant immédiatement de la croyance qui attribue une force régé nératrice et protectrice à certains objets chargés de puissance, les amulettes, nous trouvons la croyance absolue en certains rites opé ratoires qui réalisent un transfert d'effets. C'est à dire que, dans cer taines conditions et sous la direction de cet officiant compétent qu'est le sorcier, l'esprit malin, cause de la maladie oủ de l'infortune, peut être chassé hors de sa victime initiale et rejeté sur un autre support matériel, représenté par un objet, un animal ou une personne. Cette méthode de transfert est connue au Pérou sous le nom de *limpia* (3). C'est une thérapeutique universellement répandue, avec seulemcnt des variantes dans son déroulement, et déjà très appréciée à l'époque incaïque, comme en témoignent certains écrits de conquérants (4).

Qu'elle soit effectuée au moyen d'un animal *(cuy),* d'un végétal (maïs) ou d'un support symbolique (croix formée de deux os réunis par des laines, et œillets rouges), la *limpia* répond à une exigence : faire absorber par un intermédiaire, les forces perturbatrices qui affectent l'individu, afin de les chasser au loin et de rétablir une harmonie un moment détruite. Le malade guéri peut alors retrouver l'unité de sa personne au sein de l'unité collective.

La *limpia* par le *cuy* étant parfois précédée de la divination au moyen de cet animal, que nous avons déjà présentée, nous retrou vons la *curiosa* au moment où, après avoir découvert la nature de l'affection qui frappe son patient, elle s'apprête à engager une offen sive contre les forces maléfiques.

Nous sommes de nouveau dans la maison du malade. La *curiosa* passe en revue son matériel opératoire qui comprend un jeune *cuy,* de l'*ashancuy* (5), de l'alcool, du tabac sous forme de cigarettes, de la coca de bonne qualité, des pétales de fleurs diverses et certains compléments, différents suivant les régions. Alors, si elle est satis faite de cet inventaire, la *limpia* (6) proprement dite peut commencer. Pendant ce temps le patient demeure étendu, confiant dans le savoir de l'officiante, et chacun dans l'assistance fume, boit et mastique la coca afin de rester en état d'alerte et d'être prévenu dès que le mal « sort » du corps du malade.

Ouvrant le *cuy,* si ce n'est déjà fait, la *curiosa* remplit ses entrailles avec l'*ashancuy,* puis y introduit sa chique de coca et celles des parents ou amis présents, qui n'ont pas cessé de mastiquer depuis le début de l'opération. Elle y joint ensuite le mégot de sa cigarette puis quelques aliments en guise d'offrande, du maïs, du blé, etc., afin que l'ancêtre soit lui aussi satisfait. Là-dessus, le malade boit un verre d'alcool et le recrache sur le museau du *cuy,* imité en cela par la *curiosa* qui répète plusieurs fois le nom du patient. Elle dépose alors l'animal sur une croix faite de fleurs et enveloppe le tout très soigneusement dans une feuille de papier journal qu'elle remet à l'un des assistants choisi en raison de la confiance qu'elle lui porte. Celui-ci sort avec le paquet et va l'abandonner à l'endroit préalablement désigné, lors de la séance divinatoire, comme étant l'emplacement du drame vécu par le malade victime, aujourd'hui, de *susto.* Si l'affection diagnostiquée est autre, le *cuy* doit être jeté vivant après avoir pris sur lui le mal, afin qu'un animal sauvage s'en empare à son tour en le dévorant, ou qu'un passant ignorant le recueille et se charge alors des forces malignes. Mais dans chaque cas le messager doit revenir sans regarder derrière lui, ce qui lui serait aussitôt fatal car le mal sortirait du *cuy* et se jetterait sur lui.

La cérémonie tire alors à sa fin (7), et l'on bavarde encore un peu, en échangeant des souvenirs, des constatations, tandis que la *curiosa* recommande la prise régulière de certaines *tomas,* ces potions à base de simples qu'elle prépare chez elle.

Si une telle opération est favorable à l'état du malade, cela ne provient pas de ce que les forces maléfiques ont été anéanties, mais de ce qu'elles ont été enlevées d'un corps et prises par un autre corps transformé ainsi en nouvelle victime. Il y a quelques années à Ilave, dans le département de Puno, se déclara une terrible épidémie de typhus exanthématique. Lorsqu'on voulut en connaître les causes, les villageois rapportèrent que l'épidémie avait pris naissance un matin, avec l'arrivée d'une belle vache inconnue qui s'arrêta devant les maisons. L'animal était chargé de fruits, d'aliments variés et de toutes sortes d'ornements. Ce providentiel envoi fut aussitôt réparti entre les habitants qui s'en régalèrent. Peu de temps après, ceux qui avaient participé au festin tombèrent malades et bon nombre d'entre eux moururent. Les survivants apprirent alors, trop tard, que la vache chargée d'offrandes alimentaires provenait d'une région voisine d'où elle avait été rituellement ornée puis chassée par les malades, après une opération de *truca*, ou de transfert du mal.

Déjà, les anciens Péruviens pratiquaient de semblables expulsions destinées à chasser les maladies épidémiques. Il s'agissait du *onccoyta ccarccoy*, ou du *isi tapinita*, qui consistait à prendre des vêtements du malade et à les abandonner sur un chemin très fréquenté afin que le premier venu emporte sur lui le mal déposé là. Ou encore, ils reproduisaient avec des habits de la victime, une forme qui la représentait, enveloppée dans des laines de couleur et la jetaient sur la Route Royale, accomplissant ainsi ce qui aujourd'hui subsiste sous le nom de *despacho*, envoi, expédition.

Cependant, cette pratique de transfert s'est également modernisée sous un aspect intéressant, depuis l'apparition du stéthoscope parmi la population indigène. En effet, le tambour de cet instrument médical est considéré comme étant une sorte de *cuy* dont le rôle est d'aspirer, de prendre la maladie en suçant la peau du malade à l'endroit où il souffre. Et les forces maléfiques quittent le corps, en montant dans les écouteurs de caoutchouc, puis par les oreilles pénètrent dans l'organisme du médecin. Celui-ci devient alors le nouveau support de la maladie. C'est pourquoi bien souvent les malades exigent du médecin qu'il applique le stéthoscope à l'endroit précis de leur douleur afin de *chupar*, sucer le mal. Cette croyance contribue d'ailleurs à augmenter sensiblement le respect de l'indigène pour le médecin moderne, si puissant qu'il peut ôter tant de maux, mais qui possède dans son cabinet personnel les drogues miraculeuses destinées à le débarrasser chaque soir de toutes les forces maléfiques aspirées à chaque consultation.

La *limpia* peut aussi être effectuée avec des graines, comme c'est le cas habituellement dans le Nord du Pérou (départements de Lambayeque, de Cajamarca). L'opération est conduite de préférence le matin, à jeun. La *curandera* prend alors cinq grains appartenant à des espèces de maïs différentes (blanc, jaune et noir), cinq graines de *caigua* (8), cinq de calebasse, un piment jaune entier, un petit morceau de sel et un autre de charbon. Le tout est soigneusement enfermé dans un tissu puis passé en friction sur le corps du malade, remplaçant ainsi la présence du *cuy*. Cela fait, on brûle le tout qui est désormais chargé de la maladie, exceptés les grains qui seront enterrés sous le foyer. Et si à la combustion le piment exhale des vapeurs fortes et irritantes, c'est vraiment la preuve que le mal a été pris dans la *limpia* et que le malade va guérir (9).

LA SHOKMA

La seconde méthode curative, sorte de *limpia* végétale, est la *shokma* ou *shokpi,* très pratiquée dans les Andes centrales et particulièrement la région de Huancayo. Le déroulement en est le suivant. Avant d'entamer la cure proprement dite, le sorcier part en quête de certaines fleurs qui seront utilisées pour transférer le maléfice que l'on veut combattre. On y trouve surtout des genêts, des roses, des œillets sauvages et des feuilles de *tumbo.* (Cuit avec des fleurs de violettes, de trèfles et de coquelicots, est employé pour la toux. Aussi appelé *achoccha.* Les Incas le cultivaient, principalement dans des buts alimentaires. Aujourd'hui, ses usages sont nombreux, en jus contre les otites, en cataplasmes contre les angines, en gargarisme avec du lait.) Puis de retour chez le malade, il réunit sa cueillette dans un tissu fin de couleur, et procède sur le corps du patient à une sorte de bain dans lequel l'eau serait remplacée par les pétales. Après une longue friction, et lorsque les fleurs sont écrasées, roulées par les nombreux passages sur la peau, le sorcier les enveloppe et sort les jeter au coin d'une maison, en s'abstenant bien de regarder derrière lui pour la raison déjà évoquée.

La *shokma* est assez différente selon l'habitude de l'officiant, et nous avons assisté à une méthode dans laquelle les fleurs n'étaient pas employées fraîches, mais chauffées et malaxées dans une marmite, jusqu'à former une pâte. Celle-ci était alors promenée sur le corps du patient, puis jetée, tandis que le malade était couvert de lainages afin de provoquer une intense sudation.

En principe, une *shokma* bien menée provoque la guérison dans les jours qui suivent, cinq ou six dans le meilleur des cas. Jusque-là, le malade ne doit pas se laver afin de ne pas anéantir le processus d'action des forces supérieures mises en mouvement par la friction florale [10]. Passé ce délai il doit se baigner entièrement, mettre des habits propres et accrocher les anciens, qui demeurent imprégnés de la substance maléfique que l'on vient de combattre, dehors, exposés au *sol y sereno,* c'est-à-dire aux effets bénéfiques du soleil et de la lune.

LE JANI-KAYAQUI

Enfin, la troisième méthode thérapeutique est utilisée dans les cas particulièrement graves de « perte de l'âme » qui sont accompagnés de troubles si violents qu'ils font craindre le pire à brève échéance. Il s'agit du *jani-kayaqui,* ou « appel de l'âme », généralement précédé d'une *shokma,* qui doit faire revenir l'âme, prise ici en tant que force active, dynamique, de l'individu [(11)]. Avant d'entamer le processus purificateur du bain de fleurs, de céréales (on préfère celles qui sont *ismujara,* avariées) ou de poudres recueillies sur les murs et les toits de moulins, la *curandera* trace le traditionnel signe de protection, la croix, sur la mixture préparée, prononce une prière d'ouverture puis souffle la fumée de sa cigarette sur le tout, afin de réaliser le *jayape,* ou rite de consécration. Elle récite à voix basse : « Ave Maria purissima. J'ai foi en toi et je veux que tu fasses le miracle de guérir (Untel) pour que revienne son *Jani* [(12)]. » Ensuite, s'efforçant de ne penser à rien d'autre qu'à la guérison souhaitée, elle passe doucement le mélange rituel sur le corps nu du malade étendu, en descendant de la tête vers les pieds. Toute lumière éteinte, elle exhorte alors le malade, presque inaudiblement, afin qu'il soit psychiquement prêt à recevoir le principe vital qui l'a délaissé, et l'assure que son âme va revenir en lui redonnant la force perdue :

« Maintenant je vais à Pumacayan chercher ton Jani; quand il reviendra dans ton corps tu guériras et redeviendras aussi fort qu'auparavant. Attends sans parler ni bouger. Demain tu seras guéri [(13)]. »

Lorsque le malade est jugé bien disposé, dans un état propice à la subjugation comme à toute manifestation non ordinaire, le sorcier qui doit réaliser l'appel sort dans la nuit avec le matériel qui a servi à la *curandera* lors de la *shokma,* ainsi qu'avec un vêtement du malade. Tout au long de sa marche, il ne cesse d'éparpiller derrière lui en ligne continue, fleurs et farine afin que le *jani*, quand il retournera dans le corps du malade, puisse facilement s'orienter. Au croisement de deux ruelles le sorcier trace sur le sol une croix magique avec le mélange farineux, dans l'intention d'empêcher le *jani* de repartir une nouvelle fois dans la campagne, après avoir réintégré son corps.

Arrivé à l'emplacement choisi, le sorcier salue la montagne avec vénération :

« *Auquilitu, Ave Maria purissima, nokallami* (14) ! » tout en réalisant la *tinka*, ou aspersion d'eau-de-vie sur la terre, et en lui jetant des morceaux de sa chique de coca ou du mégot qu'il a fumé pendant sa marche. Cette offrande est de nouveau accompagnée d'une prière lancée à voix forte : « Auquilito, je t'ai apporté ce que tu aimes, je veux que tu me remettes le *jani* de Pedro. » Puis il trace sur la terre une croix avec le mélange de la *shokma*, se place au centre et, prenant le vêtement du malade par les manches, il l'agite en criant dans la nuit : « Pedro, allons-nous-en, rentrons à la maison ! Reviens, je suis ici ! Où es-tu ? Allons-nous-en (15) ! »

Le sorcier répète chaque invocation cinq fois de suite et reprend le chemin de la maison de Pedro, son malade, en empruntant exactement le même parcours. Sur son épaule gauche, pend la chemise du patient qu'il retient légèrement par le col, « afin que le *jani* s'y accroche ». Pendant tout le trajet le sorcier ne doit croiser personne ni tourner la tête, ni même parler sous risque d'anéantir les effets de la cérémonie. Et vient un moment où le sorcier « sait » que le *jani* est là. Généralement, c'est après la cinquième invocation qu'il se manifeste par un bruit semblable à du bois qui se brise. Durant tout le chemin du retour, ce craquement accompagne le sorcier en même temps qu'il ressent une sensation de poids dans la chemise qu'il porte à l'épaule. Une fois atteinte la maison du malade, dont les portes sont restées ouvertes pour faciliter le retour de l'« âme », le sorcier s'assure que son patient est profondément endormi. Dans le cas contraire le mécanisme de guérison magique ne pourrait agir. Puis il soulève doucement les couvertures qui recouvrent les pieds du malade, – c'est par là que le *Jani* réintègre son enveloppe charnelle –, repose sur le corps endormi le vêtement qu'il a rapporté, en s'efforçant de faire correspondre les parties de l'habit avec celles du dormeur, et se jette à genoux en s'inclinant à ses côtés jusqu'à ce qu'il sente l'esprit quitter le vêtement et entrer dans le corps. Cela se manifeste par une sorte de bruissement qui décline rapidement pour disparaître totalement, lorsque le *Jani* a repris sa bonne place dans la personne. C'est alors que le sorcier se retire, à pas lents, de préférence par une autre porte que celle qu'il a empruntée auparavant, ou sinon, à reculons, afin que le *Jani* ne soit pas brusquement tenté de repartir avec lui. Dans la cour voisine il peut alors se restaurer, se reposer avec la traditionnelle *mazamorra,* cette bouillie de maïs qui conclut la cérémonie. Le malade ne doit recevoir aucune visite jusqu'au lendemain où il est en principe guéri après avoir rêvé d'un animal domestique, aspect sous lequel le *Jani* est retourné dans son enveloppe d'origine. Mais s'il a rêvé d'un animal sauvage, un condor par exemple, cela signifie que le *Jani* s'est de nouveau enfui et que l'opération a échoué.

Les raisons de cet échec sont diverses. Elles peuvent soit provenir du fait que l'officiant, mal préparé, a été victime du *susto,* lui aussi, lorsqu'il s'est trouvé confronté avec la présence audible du *Jani.* Soit que sa concentration d'esprit a été empêchée, à son insu, par une volonté maléfique, plus puissante que la sienne. Soit que le sorcier n'a pu soutenir jusqu'au bout l'effort imposé par le rituel. Soit que le malade a caché quelque fait concernant son affection, etc.

Tout au long de cette cérémonie du *jani-kayaqui,* l'appel du *curandero* est resté assez suppliant, comme s'il sollicitait une faveur. Dans d'autres régions, l'appel s'effectue d'une façon hostile et parfois même injurieuse. On tire des coups de fusil, on lance des pétards, bref ce n'est plus le *do ut des,* mais une mise en demeure. Dans la province de Huari, le sorcier revêtant la peau d'un animal sauvage, invoque *Jani,* en poussant les rugissements de l'animal qu'il est censé représenter devant la divinité de la montagne qu'il interpelle.

Pour conclure, nous dirons qu'il existe en fait toute une série de traitements magiques avec une infinité de variantes d'une région à une autre, et qui toutes correspondent à des degrés différents de la maladie. Dans les exemples cités, le malade commence par être soumis au bain de fleurs, de graines ou de terre (ce sont en général les enfants qui sont soignés de cette manière), puis après cette *shokma* vient la *limpia* avec le petit rongeur, et enfin pour les situations extrêmes de perte de l'âme, on a recours au *cutiche* ou *jani-kayaqui* que nous venons de relater.

Certaines aires culturelles qui sont beaucoup plus influencées par la religion catholique, préfèrent s'adresser non plus à des sorciers mais à des *rezadores* (16), qui pour une somme modique ou une poignée de coca, acceptent de sauver les âmes du purgatoire en priant personnellement pour elles. Ces oraisons sont un curieux mélange de prières catholiques retenues phonétiquement sous leur aspect de formules sacrées, donc puissantes. Ainsi, dans le Sud péruvien, peut-on entendre (17) :

« Kiri Leision, Criste Leision, Pater Noster induca in tintacion, celebranos a malo, aporta angeles, Requin eterna, Requines caden pare, Amen. »

Cela suivi d'une brève interruption pendant laquelle on récite un Notre Père et un Ave Maria, puis on continue :

« Iseris corderis, Misericorderis pecata mea, Dende muris ceculoris, Virgen Maris, Virgen Domis. Dios domines. Requinet éternas, Requin Kiri Leision, Pater Noster, Amen. »

Enfin la récitation s'achève par un Ave Maria. Les forces de la parole et du mot ayant vaincu celles des esprits mauvais et tentateurs qui cernaient l'individu défunt, l'équilibre est de nouveau rétabli et la survie du mort, assurée.

L'ENVOÛTEMENT

De la même façon que cette notion de transfert du mal dont nous venons de présenter des cas précis, est entièrement acceptée par les civilisations où l'intégrité de l'individu est menacée par des forces occultes, la technique inverse qui provoque l'affrontement au moyen de maléfices, est ressentie comme réelle. Si un sorcier peut « défaire » un sortilège, visant ainsi à libérer une victime des influences néfastes qui la détruisent peu à peu, et parvenant à lui rendre son intégrité, il peut également soustraire cette puissance à son ennemi, l'envoûter et provoquer sa mort. Il émet alors un sortilège qui conduit inévitablement la présence visée, à abdiquer, à perdre l'énergie qui l'anime dans le monde. Jeter un sort c'est faire appel à des forces négatives généralement véhiculées par une haine violente, afin de déspiritualiser la victime, en d'autres termes, de la décharger de sa potentialité. Et si l'on regarde de près, on s'aperçoit que dans le seul cas de « lever un sort », le sorcier doit le retourner contre son expéditeur, et en fait, envoûter ce dernier.

Au Pérou, le *brujo malero,* ou sorcier maléfique, n'existe pas en tant que tel, sauf dans certains cas très particuliers. Il s'agit plutôt du sorcier capable d'exercer son art aussi bien d'une façon bénéfique que maléfique, et qui, pour répondre à des exigences extérieures ou pour satisfaire son penchant personnel, peut être amené à pactiser avec le Démon.

Les méthodes d'envoûtement présentent deux tendances essentielles. La première permet de nuire à distance, par un intermédiaire symbolique, la seconde vise directement le principe vital, l'énergie, l'« âme » de la victime sans qu'il soit nécessaire de passer par une force étrangère. Mais il est également fréquent de recourir simultanément à ces deux pratiques.

Lorsqu'il est adressé directement, le maléfice, ou *daño,* s'exerce par un contact. C'est à dire qu'il requiert une communication naturelle entre l'agent maléfique, porteur du charme, qui bien souvent est une maladie en puissance, et l'objet du maléfice qui peut être un homme, un animal ou un végétal. Si le sorcier choisit comme technique celle du contact direct, il envoûtera son ennemi par l'absorption d'une matière toxique, c'est-à-dire en lui faisant ingérer des aliments soumis à une préparation secrète.

De tous temps l'ingestion de nourriture a été considérée comme un acte extrêmement dangereux car une infinité d'éléments magiques néfastes peuvent s'y trouver à l'insu de celui qui consomme.

Au Pérou, le *chamico* est une *datura* considérée comme étant l'un des principaux agents maléfiques utilisés encore aujourd'hui. A l'époque pré-colombienne on l'employait particulièrement dans des sortilèges amoureux. Bien sûr, diverses sortes de *datura* ou de substances hallucinogènes entrent dans la préparation de potions, mais le *chamico* est le plus souvent recherché « pour tuer, abêtir ou rendre fou (18) ». Et son emploi est facile, puisqu'il suffit d'en jeter dans la *chicha* que l'on offre au parent, au voisin, au fiancé pour que les effets toxiques rendent la personne apathique, privée de son énergie habituelle, en un mot incapable de lutter contre le risque de sa propre dissolution qui se précise à chaque instant.

L'abondance de pratiques et philtres magiques qui tendent à obtenir des satisfactions extra-maritales, révèle actuellement au Pérou une forte tendance polygamique de la population, bien que les communautés andines traditionnelles soient monogamiques. Dans les milieux dits évolués, l'homme qui vit ouvertement avec une seule femme qu'il semble respecter est plus ou moins méprisé, car l'opinion publique en déduit aussitôt que sa femme lui fait régulièrement absorber une *cochinada,* ou tout autre maléfice. De ce critère découle le fait que « l'homme fidèle à une seule femme jouit d'un statut diminué face à celui qui possède plusieurs femmes, lequel sera admiré par les hommes et désiré par les femmes qui se disputent ses faveurs. Les obtenir détermine une élévation sociale de la femme qui réalise la conquête (19). »

Il est indiscutable que le *chamico* est utilisé sous des aspects et préparations différents, dans toute l'Amérique du Sud, afin de diminuer la capacité mentale de la personne qui le prend.

Les tribus amazoniennes du Brésil se servent du *toe.* Dans la sierra péruvienne, le *huanto* ou *floripondio* est très apprécié. On laisse tomber quelques étamines de cette fleur (ou d'une autre *datura*) dans la boisson de la future victime. Selon la répétition des doses et leur intensité, on peut ainsi provoquer l'abrutissement ou la folie, temporaire ou permanente.

Parmi les très nombreux maléfices, nous parlerons des plus notables que nous avons pu remarquer. Ainsi, à la demande de son client qui veut gagner les faveurs d'une personne de sexe opposé, la sorcière prépare un breuvage constitué des rognures de l'ongle du majeur gauche de celui qui agit, diluées dans de l'eau-de-vie ou de la *chicha*, avec quelques poudres grises du nom de *ccatiyinya* (suis-moi). Dans les Andes centrales, on conseille à l'intéressé de cracher par trois fois dans la nourriture ou la boisson qu'il va offrir à la personne aimée, tout en s'assurant qu'il porte bien sur lui un *huarmi-munachi* ou un *huairuro* (20).

S'il s'agit au contraire de défaire un lien amoureux, le sorcier établit une préparation à base d'excréments de la future victime qu'il s'agira ensuite de lui faire consommer sans qu'elle s'en doute.

Enfin si l'on désire tout bonnement tuer quelqu'un, le sorcier va confectionner un breuvage avec du *sebo de muerto* (graisse de mort, extraite de cadavres atteints par balles ou victimes de maladie non infectieuse) et le donnera à boire en guise de tasse de chocolat à la personne qui, lentement, va dépérir.

Dans le département de Lambayeque, sur cette côte nord du Pérou où les pratiques magiques conservent une étonnante actualité, le sorcier connu sous le nom de *enguanchador*, fidèle à la tradition de l'école magique de la côte, est particulièrement consulté pour sa grande habileté à résoudre les problèmes sentimentaux. Ainsi, lorsqu'une femme célibataire ou mariée veut *atontar* (21) son compagnon, le sorcier va-t-il lui conseiller un breuvage destiné à provoquer un véritable *amarramiento*, à attacher sa victime. Pour cela il faudra que la femme fasse bouillir ses sous-vêtements, de préférence tachés de sang, avec du *chamico*. Puis elle devra ajouter des rognures provenant d'une statue de chaux de saint Antoine. Le résultat est garanti, affirme-t-on.

Au contraire, lorsqu'il s'agit de *hacer el Daño*, d'ensorceler quelqu'un à distance, le sorcier doit réaliser une cérémonie mettant en jeu des mécanismes indirects différents des mécanismes de contact que nous venons de voir, et qui exigeront un effort de volonté beaucoup plus intense de la part de l'agent du maléfice.

On peut se demander comment un envoûtement agit si la personne visée n'est point présente ou ne se trouve pas, comme dans le cas du maléfice par absorption, directement et organiquement affligée par un élément toxique. Nous devons nous souvenir que le principe de la mentalité magique postule l'unité de l'individu aussi bien sur le plan naturel physique que sur le plan surnaturel mystique. Ainsi une force maléfique qui est dirigée au moyen de la volonté d'un agent émetteur sur une contrepartie a effectivement des effets néfastes sur la force vitale ou la puissance d'âme de l'agent récepteur. Cette force vitale qui réside dans tout élément constitutif de la personnalité même pris isolément, peut être une « partie » immédiatement en contact avec la personne (vêtements, ongles, cheveux) ou une « contrepartie » (figurine, photo, nom, etc.). En vertu de cette consubstantialité existant entre l'image et l'individu, il suffira d'envoyer le maléfice sur l'effigie de la personne représentée pour que les effets se répercutent sur la victime, même si celle-ci se trouve à une grande distance du sorcier.

Étant donné que chaque partie du corps, visible ou invisible, est un support d'âme qui possède une parcelle de la puissance totale contenue dans l'organisme, il faut donc, en accord avec la loi de contagion déjà énoncée, confectionner une contrepartie de l'unité afin que l'agent maléfique agisse efficacement. C'est à partir de cette idée que sont réalisés les mannequins ou poupées destinés aux envoûtements à distance.

Pour participer pleinement à cette puissance d'âme qui réside dans la totalité du corps et aboutit à la personnalité de l'individu, le sorcier va devoir *charger* sa poupée de la même identité que celle de sa victime afin que le mécanisme maléfique soit efficient lorsqu'il projettera sa volonté sur l'objet symbolique.

En réponse à la demande d'un client ou sur sa propre initiative, le sorcier va chercher à « sentir » véritablement les forces de son ennemi, en donnant à la statuette une ressemblance profonde qui n'est pas seulement d'ordre physique mais véritablement consubstantielle (22). Autrement dit, la poupée, dont le matériau peut être la cire, le bois, la paille tressée, des chiffons, etc., va recevoir double ressemblance : tout d'abord, on lui incorpore des éléments qui font partie de la victime : ses cheveux, ses ongles, ses vêtements, etc., puis on attribue à la poupée le nom de celui qu'elle doit représenter. On connaît l'importance du nom dans la mentalité magique, où il n'est pas considéré comme une simple désignation, mais comme une essence, une vie impartie à un mot. La chose désignée existe, est là, avant même d'avoir obtenu sa représentation personnelle. Car le mot, seul, possède la toute-puissance de créer, de faire renaître une volonté, de même qu'il peut anéantir (23).

Comment le sorcier va-t-il donc procéder pour soustraire à distance le principe vital de son ennemi, pour l'envoûter?

Revenons au moment où le sorcier reçoit la visite d'un client qui désire exercer une vengeance. Il commence par écouter les griefs qui sont à l'origine de cette démarche, tout en cherchant à percevoir les intentions profondes de son visiteur, et surtout en s'efforçant de déceler *si hay intencion,* s'il y a volonté. Car pour que l'envoûtement opère il doit être initialement mis en mouvement par une haine intense que le sorcier reportera sur la poupée.

Une fois l'accord établi entre « maître » et client, celui-ci peut aussi préciser de quels maux son ennemi devra souffrir, quelle partie de son corps sera affectée, puis le rendez-vous est fixé pour la cérémonie, qui se déroulera de préférence un mardi ou un vendredi, vers six heures du soir.

Pendant ce temps et tout en se concentrant, le sorcier va confectionner la poupée, en lui procurant son identité et en lui donnant l'attitude qui servira également à déterminer la nature de ses souffrances (manchot, bossu, etc.). La tête est traversée de toutes parts par des épines de *curi* ou des aiguilles d'acier, afin que la victime devienne folle ou perde conscience. Des piments en guise d'yeux provoqueront la cécité, etc.

A cette magie du geste, se joint la magie de la parole, non plus sous son aspect suppliant ou déférent comme c'était le cas dans la prière ou la *llamada,* mais dans toute la violence de la malédiction.

En effet, tout au long de sa préparation la poupée va être accablée d'injures, insultée. Ces imprécations, au delà de l'effigie devenue un prolongement direct de la victime, frapperont aussitôt celle-ci. Même si l'indigène ne conçoit pas de façon aussi élaborée l'effet de sa malédiction, il sait cependant par la connaissance que lui ont léguée ses maîtres, que l'extériorisation du désir très fortement exprimé peut provoquer sa réalisation. De même, celui qui est frappé par l'injure se trouve *ipso facto* sous l'empire de la malédiction (24).

Plus la malédiction parvient à libérer d'énergie porteuse de desseins violents, plus elle sera efficace et d'autant plus durable que l'affaiblissement de la volonté initiale ne sera pas atteint. C'est ce qui explique qu'une malédiction envoyée avec une extrême charge de haine contre une victime bien précise, peut, par excès de puissance, dépasser sa cible et s'exercer sur des parents de la victime et même durer plusieurs générations (25).

Le jour convenu, le client se présente chez le sorcier avec la somme d'argent fixée d'avance, de la coca, des cigarettes, de l'alcool. Le sorcier étend devant lui, sur le sol, sa *mesa* chargée des amulettes nécessaires et de la poupée, puis les heures passent à mastiquer la coca, fumer et boire. (Ceci ne répondant pas au besoin de « tuer le temps » en attendant le moment décisif, mais faisant partie de la cérémonie en permettant à tous les membres présents d'atteindre un état psychique particulièrement propre à la concentration. Il s'agit en effet d'additionner les efforts de chacun afin d'obtenir un redoutable potentiel destiné à augmenter la force de la « charge », ici la poupée.) A un certain moment, le sorcier se lève et quitte la pièce afin de procéder au *tomaycusun* (Buvons!) : servant l'alcool dans une coupe, il nomme à haute voix les montagnes environnantes, Annacocha, Sarasara, Turpuilla [26] en leur demandant de l'aider dans sa tâche. Levant les yeux au ciel il trinque alors en exécutant la *tinca* [27]. Puis le *maestro* et son client boivent ensemble, et ce dernier procède à son tour à la *tinca*.

Le sorcier étend alors la coca sur une mante, et après l'avoir retournée deux ou trois fois, il effectue le *samaycum* [28] qui consiste à souffler par trois fois sur la coca, imité par son client.

Si l'élément moteur est la haine, le souffle l'achemine.

Après avoir jeté la coca et en avoir déchiffré le message, le client et le sorcier observent en silence jusqu'à ce que l'intéressé demande :

« *Imataymi taytay cacullanca ?* » Et si son analyse est favorable le sorcier répond : « *Allintapasmi ccaccusun* [29]. »

De nouveau se répète la mastication rituelle de coca ainsi que les libations. Enfin après plusieurs heures de tels préparatifs l'ébriété commence à se faire sentir. A minuit, heure choisie pour l'achèvement du maléfice, dans le silence d'une nuit sans lune, les deux hommes se dirigent vers l'habitation de la victime, si celle-ci est un proche villageois. Le sorcier y pénètre seul, furtivement, pour enterrer le *hechizo* le plus près possible de l'ennemi, dans la maison, sur le seuil ou dans la cour. Dès ce moment, le maléfice devenu véritable accumulateur de fluide va commencer à agir.

D'autres fois, lorsque la personne visée est trop lointaine, le maléfice est jeté dans un rio ou enfoui dans un terrain très humide afin que sa détérioration provoque celle de la victime. Dès lors les esprits maléfiques se déchaînent librement sur le malade qui ne tarde pas à ressentir les effets de l'envoûtement lorsque les aiguilles de la poupée commencent à oxyder ou les épines à pourrir.

Sur la côte nord du Pérou, les sorciers utilisent assez fréquemment la photographie de la future victime, qu'ils soumettent à des traitements identiques à ceux que nous avons décrits sur la poupée; ou, dans le cas de pratiques annexes, ils peuvent les combiner avec la technique de la *fumada*.

Durant cette opération, destinée à ensorceler une personne aimée, le sorcier va fumer trois *puros*, sorte de gros cigares, un au début de la cérémonie, un pendant son déroulement et un à la fin, tout en récitant la prière de saint Cyprien.

Ici, la victime qui va être « fumée », est présente à la cérémonie par son identité photographique ou nominale [30]. Le sorcier transperce alors l'effigie selon la forme d'une croix et souffle en même temps sur elle la fumée de son *puro*. S'agissant d'un cas de magie par contagion, la fumée aspirée et rejetée par le sorcier doit monter à la tête de la victime en lui occasionnant de fortes migraines et peu à peu va remplir son esprit d'une seule image : celle de la personne aimée qui est l'instigatrice de cette opération.

Par ailleurs, l'observation de la cendre du *puro* sert à indiquer le bon résultat de l'envoûtement. Si elle est blanche, cela est bon signe et avise que l'homme ou la femme « fumé » a été vaincu par la volonté libérée au cours de la cérémonie. Si elle est noire, la victime demeure encore *achamicada,* sous l'emprise d'une volonté plus puissante que celle émise dans la *fumada.*

Pour clore le rite, le sorcier écrase soigneusement la cendre avec le pied gauche (le pied droit provoquerait aussitôt la rupture du charme) et s'abstient de boire, ainsi que son client, pour ne pas « refroidir » les effets obtenus, c'est-à-dire pour ne pas anéantir la puissance qui vient d'être mise en mouvement et minutieusement orientée vers son but.

Dans certaines régions côtières, ainsi que dans le Sud du Pérou, les sorcières préfèrent l'usage du *hanphatu,* le crapaud, à tous les autres supports d'identité magiques dont nous venons de parler. Cet animal dont le rôle symbolique est universellement connu, est associé aux rites de pluie depuis fort longtemps, comme l'attestent les chroniqueurs et historiens :

« Ils plaçaient aussi sur les pierres des images de crapauds et d'autres animaux immondes, en croyant qu'avec cela ils attireraient la pluie (31). »

On a retrouvé bon nombre de ces figurines en pierre, *konopa,* représentant des Amphibiens magiques, lors des fouilles entreprises à Tiahuanaco. Aujourd'hui on continue de croire, dans certaines régions du Pérou, que les crapauds tombent avec la pluie et d'autant plus facilement qu'ils aperçoivent leurs congénères en attente sur la terre. Car « en prenant de l'eau dans les lacs, les nuages les emportent avec eux pour les laisser tomber avec la pluie (32) ».

Or si le crapaud est associé à la fertilité de Pacha-Mama, la Terre, il est également un gage de la fécondité de la femme ainsi qu'en témoignent les pratiques de sorcellerie ou de médecine traditionnelle (33).

Mais le *hanphatu* est avant tout pour la sorcière, son fidèle serviteur et le représentant de Supay, le Diable, qui lui permet de mener à bien ses entreprises maléfiques.

Pour opérer, il convient d'attraper le crapaud un lundi de pleine lune et de le saouler aussitôt avec de la coca et un cigare. Puis tout en l'insultant la sorcière lui coud la bouche et les paupières avec un fil très fin et le transperce de part en part d'aiguilles ou d'épines.

Une fois préparé de la sorte, la sorcière va le « veiller » une bonne partie de la nuit tout en invoquant son « maestro » Supay, afin qu'il l'aide dans son dessein. Puis elle va enterrer l'animal dans le champ de la personne visée sans cesser de répéter certaines imprécations du genre de : « *hanphatu,* crapaud, moi par le pouvoir de Lucifer je t'ai cousu les yeux et la bouche comme je devais le faire à Pedro. »

Il est préférable de répéter trois nuits de suite cette opération afin que les forces du mal, au faîte de leur exaspération, se mettent à agir et franchissent tous les obstacles éventuels.

Dans d'autres cas, la personne qui hait se procure un vêtement ou des miettes d'aliments de celui qu'elle veut envoûter et qui a malencontreusement négligé ces éléments désormais dangereux pour lui car ils ont été en contact direct avec sa propre substance d'âme. Puis elle porte le tout à une sorcière dont elle a requis les services. Celle-ci, selon le procédé classique, va imprégner le crapaud de la personnalité de la victime en lui faisant manger les miettes et en l'habillant des vêtements apportés. Puis elle l'enferme dans une marmite et attend la nuit. Vers minuit, lorsque les esprits maléfiques parcourent librement les airs, elle s'approche le plus possible de la maison de la victime et enterre la marmite chargée d'influences maléfiques. Bientôt, par le seul principe d'analogie, la victime, à l'égal de sa partie qui meurt lentement dans sa prison, commence une longue agonie contre laquelle la médecine moderne ne peut rien. Aussi, lorsque aucune conjuration magique ne survient à temps, la victime succombe.

TROIS TYPES DE CÉRÉMONIES
LES FORCES DE L'ESPRIT

Tout au long des pages précédentes nous avons vu que si l'homme-médecine sud-américain sait utiliser de façon empirique des substances connues de sa race par une longue suite d'expériences ancestrales, il exerce son activité essentielle dans la manipulation des forces surnaturelles, insaisissables pour le commun des mortels. « Son domaine est exclusivement celui de la fantaisie et de l'imagination, de l'angoisse et des pressentiments, de la menace, de l'obsession, en un mot de la *souffrance psychique* [(34)]. »

Face aux maux à prédominance psychologique et métaphysique dont souffre l'indigène placé en situation d'osmose avec l'univers, le sorcier aura donc avant tout à jouer un rôle psychologique pour soulager le malade. En effet la mentalité magique fait préférer les forces psychiques de l'inconscient à celles du conscient, d'où s'ensuit une extrême sensibilité à toutes les suggestions insistantes, qu'elles soient directes comme les paroles ou les gestes du sorcier, ou indirectes par l'intermédiaire d'objets symboliquement puissants (amulettes, talismans et toutes charges fluidiques présentes lors de la cure).

Les rites de guérison vont donc avoir comme point commun et axe central autour duquel vont s'ordonner les actes magiques, la suggestion.

Par cette force de l'esprit qu'il domine et qu'augmente encore le caractère théâtral volontairement donné à l'opération, le sorcier va réussir à plonger ses patients dans un état émotionnel d'où seront absentes toutes facultés critiques ou analytiques, pour faire place à une « passivité automatique » [(35)], une réceptivité totale devant les stimuli qui leur seront adressés en réponse à leurs besoins ou leurs désirs.

Cette réceptivité n'est d'ailleurs pas réservée aux « primitifs » qui habitent un univers à prédominance magique, elle est également présente dans nos sociétés dans de nombreux cas psycho pathologi ques qui révèlent au niveau individuel « une insuffisante synthèse de leur individualité ».

De même que l'hyper-émotif, l'hystérique, etc., est sensible aux arguments psychologiques de celui qui tente de le soigner, l'homme possédant une mentalité primitive sera réceptif aux mécanismes magiques du sorcier qui alors se transforme en véritable psychothérapeute, en s'emparant à la fois de l'ambiance surnaturelle et de la prédisposition du malade qui se confie à lui sans restriction.

Dans les trois exemples de guérison magique que nous allons exposer maintenant, nous retrouverons trois aires culturelles péruviennes très différentes, mais avec toujours à la base du traitement suggestif, l'emploi d'une drogue hallucinogène. Il s'agit de la côte, fortement métissée et qui a subi de nombreux apports culturels étrangers, de la sierra andine qui conserve malgré tout les rites ancestraux incaïques et pré-incaïques; enfin de la selva ou grande forêt amazonienne où l'homme-médecine se trouve dans une position autre, car la forme de la maladie qui apparaît dans les tribus de la selva répond à une optique magique différente. Les rites de guérison obéiront également à une conception différente de celle en vigueur en bordure du Pacifique ou entre les cordillères.

La grande majorité des sorciers de la côte sont des empiriques qui allient à leur connaissance très étendue des simples, et particulièrement des plantes hallucinogènes, un savoir intuitif complété par une sensibilité hyper-stimulée. A cela s'ajoutent les effets de cette atmosphère d'autosuggestion dans laquelle leur père, lui-même sorcier, les a tenus, et qui leur donne par la suite le sentiment de « supériorité » propre à tout homme de connaissance qui conserve des pouvoirs. Les effets des drogues (tabac, alcool, coca, etc.) augmentent leur sensibilité. Enfin, ils sont « très observateurs et intuitifs, et sous une apparente simplicité, soignent une forme particulière d'entrevue qui excite la catharsis du sujet traité (36) ».

La *mesa* que nous allons décrire a été réalisée dans le département de Piura, au lieu-dit des « Huaringas », dont la réputation n'est plus à faire (37).

Persuadée de souffrir du *daño,* la personne qui se trouve brutalement confrontée avec un inconnu menaçant va s'empresser d'aller consulter la *mesa* d'un *maestro* afin de découvrir le responsable de son état. Au sujet de la nature de ce *daño,* le docteur Mario Chiappe a établi une distinction intéressante en fonction du système socio économique qui l'engendre. En effet sur la côte, les obstacles et rivalités qui retardent l'enrichissement du paysan sont principalement représentés par l'intermédiaire d'autrui, sous l'aspect global de l'envie (des voisins, des parents, etc.). Cette envie « constitue un facteur de préoccupation permanente pour les membres de ces collectivités, à tel point que l'on « doit » recourir à une série de mesures magiques et protectrices, dont la finalité est justement d'éviter de provoquer ce sentiment chez autrui, ou d'empêcher que lui-même soit utilisé comme prétexte pour faire *daño*[38], alors que dans les Andes la menace ne provient pas d'autrui, mais de l'Autre en tant qu'élément naturel tel que le tonnerre, la grêle, la montagne ou la terre qui tous peuvent produire ce *daño*.

Une cérémonie sur la côte

Lorsqu'il décide de faire une *mesa*, le *maestro* commence par réunir ses « arts » nécessaires au déroulement de l'opération qui va suivre.

Les « arts » *(artes)* sont les ustensiles et éléments employés en sorcellerie. Il y en a évidemment un très grand nombre qui expriment les préférences de leur possesseur. On peut cependant présenter ceux d'entre eux qui sont utilisés dans toute cérémonie magique ou *mesa*[39].

On y trouve d'abord les indispensables *varas*, sortes de bâtons appelés aussi *defensas*[40] parmi lesquels la *chonta defensa*, en bois de palme très dur. D'où l'expression *chonteando* qui indique que le *maestro* est en train de réaliser un acte de sorcellerie. Chacune des *varas* porte un nom qui correspond généralement à son utilisation. C'est ainsi que l'on a la *vara* des envies, celle des contagions, la *citadora* (citatrice), qui sert à faire venir l'ombre de la personne que l'on veut envoûter, la lance et tant d'autres. Durant la cérémonie les *varas* sont placées à la tête de la *mesa* afin de former une barrière de protection entre les esprits et le sorcier.

Puis il y a les *espadas* ou épées de tailles diverses (dagues, machettes, etc.) dont la principale, en forme de croix, est spécialement employée pour lutter contre le *Negro*[41]. Il arrive que le sorcier possède en plus trois petits poignards connus sous les noms de : le Père, le Fils et le Saint-Esprit.

A cela s'ajoutent des pierres très diverses, qui toutes possèdent un nom, peuvent recevoir des ordres de leur *maestro* et même se convertir en personnes ou en animaux pour attaquer les ennemis. Notons également les remèdes préparés, les coquillages[42], et une multitude d'objets comprenant les *illas*, une tête de mort et des représentations de saints catholiques, des « eaux » et des « odeurs » ou lotions parfumées[43], chacune d'elles étant qualifiée, selon sa puissance odorante, de 10 000, 20 000, 100 000, 500 000, etc.

Ainsi, en même temps qu'il fait priser son malade ou le baigne, le sorcier dira : « si on t'a fait du mal avec la 50 000, prends la 100 000. Si on t'a blessé avec la 200 000 prends la 500 000, etc. »

Enfin, parmi toutes ces composantes, nous retrouvons la plante hallucinogène déjà citée, la *huachuma* ou *achuma,* plus généralement connue sous le nom de *san pedro,* et dont la consommation rituelle est le moment le plus important de la cure magico-mystique [44].

Pour les maîtres de la côte, la vertu du breuvage provient des pouvoirs magiques du seul *san pedro* dont la variété la plus recherchée est celle qui présente sept *aristas* ou pointes; et si l'on trouve d'autres plantes complémentaires dans la potion il semble que ce soit pour des raisons beaucoup plus empiriques que magiques.

En Équateur, la session hallucinogène est animée par l'absorption de l'*isotoma,* tandis que les Araucans du Chili et sans doute d'Argentine utilisent la *miyaya,* qui n'est autre que le *chamico.* Aujourd'hui encore les Mapuches composent des breuvages hallucinogènes à partir de cette plante, dans une double intention [45].

D'une part, sous un aspect psychothérapeutique, la potion est donnée aux enfants particulièrement difficiles et elle agit alors comme une sorte de sérum-vérité. Par l'interprétation des formes du délire obtenu lors de l'administration intentionnelle de cet alcaloïde, très voisin de l'atropine, il est en effet possible de connaître la personnalité profonde de l'enfant inadapté et de la modifier.

D'autre part, en magie, la *miyaya* est employée pour combattre les influences néfastes envoyées par le *wekufü* et qui se traduisent par des troubles mentaux [46].

Pour en revenir aux éléments de base de toute *mesa,* nous citerons encore la *maraca,* connue aussi sous le nom de *checo, torno* et sous une forme différente, *sonaja* (sonnaille), sorte de hochet rituel que l'on retrouve dans tout rite magique de l'Amérique indienne. Cet instrument est indispensable car il sert à capter les esprits et donc à introduire le surnaturel parmi des fidèles dont l'attention est orientée par le rythme musical de la *tonada,* qu'accompagne parfois le raclement de la guitare dont joue le *chamba* du sorcier [47].

Lorsqu'un *maestro* a été sollicité pour accomplir un *ajuste,* opération destinée à assurer au client la réalisation de son désir, avant de donner son accord définitif pour la cérémonie, il écoute son interlocuteur sans se départir de sa réserve, essayant de percer au-delà des mots ses intentions véritables. En effet, bien que dans ces régions du Nord l'existence de sessions soit connue de tous, les sorciers ont souvent maille à partir avec la police. Enfin le sorcier n'accède au souhait de son visiteur que s'il l'a jugé sérieusement motivé. Une fois sa confiance assurée, le *maestro* fixe ses honoraires, qui varient selon la condition sociale du client et la nature du mal à combattre [48], puis fixe le jour où se déroulera l'opération. C'est habituellement un mardi ou un vendredi. Le moment venu, le client rejoint le sorcier, en se faisant accompagner de quelques amis ou parents, entre trois et dix personnes [49] qui ne sont pas là comme spectateurs, mais comme participants à la session qui va se dérouler sur trois bases de suggestions réciproques : le sorcier, guide actif; le malade passif et le groupe des accompagnateurs, qui donne son adhésion collective. Ces trois « acteurs » sont nécessaires pour articuler les émotions qui peu à peu vont se manifester, inégalement et confusément. Car tout le succès de la cure va provenir de ce qu'elle met en relation ces pôles opposés, assure le passage de l'un à l'autre et manifeste au cours de l'expérience totale, la cohérence de l'univers psychique qui est lui-même une projection de l'univers social [50].

Suivi de son *chamba* et des participants, le sorcier s'éloigne dans la nuit afin de disposer sa *mesa* sur la terre. Les *artes* prendront place selon l'orientation finale désirée et ils seront différents s'il s'agit de *curar*, soigner, ou de *hacer daño*; de réaliser la *ligada* (établir une connexion magique entre le désir du client et l'objet ou la personne visée), ou la *desatada* (rompre une attache).

La *mesa* doit être dressée en un lieu calme et pour cela à l'écart du village. Ceci afin d'éviter les persécutions ou les moqueries de certains villageois mais surtout pour que nul bruit, nulle manifestation d'une présence étrangère ne vienne troubler le déroulement de la cérémonie: Malgré toutes les précautions, il arrive qu'un son lointain ou un aboiement de chien se fasse entendre. Le sorcier se dresse alors vivement et, imité par son *chamba*, se met à fendre l'air avec ses épées, livrant un violent combat contre les forces mauvaises qui se pressent pour détruire les vertus des médecines groupées là ce soir. C'est un moment extrêmement dangereux pour le sorcier qui doit user de tous ses pouvoirs pour ne pas être victime de ces ennemis invisibles mais présents. Puis lorsque la paix redescend sur le groupe, chacun reprend place autour de l'autel magique. L'assistant apporte au centre du cercle une marmite de terre qui contient un liquide écumeux de consistance visqueuse. C'est la boisson rituelle fabriquée la veille par le sorcier [51] après qu'il a fait bouillir le *san pedro* dont l'absorption va provoquer l'expérience hallucinogène souhaitée. C'est en effet grâce à l'intoxication produite par ce breuvage à forte teneur de mescaline que l'opération thérapeutique sera menée à bien. Le sorcier pourra ainsi prendre connaissance de l'origine et de la nature de la maladie et donc du remède à lui appliquer, tandis que le patient et les autres participants seront mis en état de suggestion nécessaire à la réussite de la cure. On pourra dès lors triompher de la puissance maléfique.

Après avoir soufflé sur la *mesa* afin de consacrer par son haleine tous les réceptacles de forces qui s'y trouvent, le sorcier se met à *shingar*. Cela consiste à aspirer trois fois par la narine gauche puis la droite, une décoction faite de jus de tabac macéré dans de l'alcool et contenue dans un grand coquillage nommé *shingador*. Puis il en distribue une petite quantité dans des coquillages individuels où la dose varie selon chaque patient.

Au contact des muqueuses nasales, un tel liquide produit évidemment une très douloureuse brûlure qui occasionne parmi l'assistance des grimaces et des réactions de rejet ou de répugnance parfois violentes. Le sorcier les interprète aussitôt comme étant les signes manifestes de la résistance du mal qui est dans le groupe et se dresse contre les forces envoyées pour le combattre. Le *maestro* se met alors à entonner la *tonada* qu'il va maintenir pendant toute la session avec seulement quelques variations dans les sifflements ou les paroles. Celles-ci peuvent être empruntées à la liturgie catholique, mêlées de quechua ou de formules ésotériques, tandis que la *maraca* ne cesse de rythmer la mélodie qui entraîne lentement les esprits vers une sorte d'hypnose collective.

L'emploi de formules magiques qui sont souvent attribuées à un charabia volontairement incompréhensible, pour l'observateur, qui n'y voit qu'un mélange incohérent de paroles bâtardes, joue en fait un rôle prépondérant dans le bon déroulement de la session magique. Car, rappelons-le, à côté de la magie des gestes il y a la magie des paroles. Si « le mot est une puissance qui décide » et met d'autres puissances en mouvement, son pouvoir peut être accru par l'union du rythme et de la tonalité. C'est pourquoi le chant, la jubilation, la lamentation dégagent une énergie bien supérieure à celle de la simple parole. Par ailleurs, répétés, les mots multiplient leur pouvoir, ainsi que le veut la litanie : « Il te faut le dire trois fois », telle fut de tout temps la maxime de la magie [52]. Certains mots possèdent à eux seuls une résonance mystique si intense [53] qu'ils suffisent à remplacer la puissance de toute une expression verbale, aussi ne devons-nous pas nous étonner de les trouver « perdus » dans une formulation magique qui en apparence n'a rien à voir avec le culte qui les a originés.

Dans la réalisation de la *mesa* la magie de la parole va donc avoir pour but de concentrer de la puissance sur le rite, et pour cela va puiser à toutes les sources de connaissance que le sorcier possède consciemment ou intuitivement.

Chez les Mapuches du Chili, la *machi* qui est parvenue à l'état d'extase utilise un langage secret dans son chant, qui n'est qu'un code de formules sacrées. Elle ne s'exprime pas au moyen d'un argot plus ou moins excentrique comme certains le croient, mais à l'aide de quelque langue mère disposée en forme de clef et dont la *machi* profite pour exprimer ce que son inconscient lui dicte (54). Seule la *dugun-machife* sera capable d'interpréter un tel langage où la moindre erreur dans l'ordre ou la prononciation suffit à affaiblir les effets obtenus.

Environ une heure après avoir pratiqué une deuxième *shingada,* le sorcier porte son attention sur la marmite de *san pedro* et la frappe symboliquement avec certaines pierres puissantes qui sont posées sur la *mesa,* pour en augmenter encore le pouvoir, puis en boit une première fois. Cette phase est sans doute la plus déterminante car le *maestro* va maintenant acquérir une connaissance supérieure, grâce aux hallucinations provoquées par le breuvage. De même, grâce à l'intoxication contrôlée de ses patients, il va pouvoir orienter les effets de la drogue en les combinant avec sa propre expérience et exercer une influence suggestive qui permettra d'obtenir la guérison requise.

Le sorcier administre les doses qui sont calculées de façon à provoquer exactement l'état émotionnel recherché, en fonction de la constitution physique et mentale de chacun. Certains se voient même interdire toute absorption, même minime. Ceci dénote bien de la part du sorcier une connaissance de la puissance libérée par les alcaloïdes.

Maintenant que tout le monde a « pris », on attend en silence. Le *maestro* attend d'« entendre » les renseignements que le *san pedro* va lui fournir sur la maladie et le moyen de la combattre. Et les patients attendent d'identifier la cause du *daño* qui affecte l'un d'eux.

Au cours de cette angoissante expectative le sorcier parle à chacun de façon plus ou moins directe, mais toujours de façon à obtenir des réponses de plus en plus précises qui finalement permettent de découvrir le mal.

On voit qu'il ne s'agit pas là d'une méthode divinatoire digne d'un processus chamanistique, mais d'une technique très élaborée qui se rapproche de celles de la psychanalyse. En effet, grandement aidé par la mescaline qui supprime les barrières mentales, le sorcier s'applique à fouiller un passé proche et lointain du malade, afin que celui-ci revive le fait perturbateur initial qui est à l'origine de l'état actuel.

Les anciens Péruviens connaissaient déjà la valeur thérapeutique de la confession, sous toutes ses formes, car « ils croyaient que les maladies leur venaient en conséquence de leurs péchés ». Lorsqu'ils se savaient atteints, les malades confiaient leurs fautes à l'*ichuri*, ce confesseur qui, tout en les soignant par des frictions, indiquait les traitements à suivre et les offrandes à réaliser pour qu'ils se rachètent.

Aujourd'hui, on ne retrouve le rite purificateur de la confession qu'au cours de la *mesa* magique et sous l'influence de la drogue.

Quelques heures après son ingestion, les effets toxiques du breuvage se font sentir de deux manières. C'est tout d'abord une série de troubles dans l'aire de la perception visuelle, mais surtout auditive avec des altérations de la conscience qui se manifestent entre autres par des difficultés d'association entre idées et paroles. C'est aussi dans le même temps de violentes manifestations de rejet, vomissements et diarrhées. Ce dernier aspect est très attendu par les participants, car il témoigne de la victoire des forces libérées par le *san pedro* sur celles du mal maintenant expulsé de l'organisme (55). Et l'on note sur le visage de ceux qui rejettent ainsi un véritable sentiment de soulagement qui s'intensifiera encore plus par la découverte de la substance maléfique dans la matière expulsée et identifiée sous la forme d'un vestige alimentaire, d'un caillou, etc. On comprend l'importance de ce moment de la cure dès lors que la visualisation du mal à l'extérieur du corps prend le sens d'une véritable victoire remportée contre les puissances maléfiques. Alors qu'elle était inconnue, sournoise, insaisissable et toute présente dans les membres et les viscères, la maladie se trouve brutalement exposée à la vue, livrée sans défense à celui dont elle pensait avoir raison. Mais tout risque ne se trouvant pas pour autant écarté, il convient de « couper l'air » au-dessus des matières expulsées, afin d'éviter que le mal ne puisse se réintroduire dans l'organisme.

En raison de cette objectivation du mal rendue possible par la drogue, il est assez fréquent que des sorciers aient à soigner des alcooliques dont la cure est généralement payée par des patrons d'hacienda qui aimeraient voir leurs paysans plus rentables dans les travaux de la propriété. Dans ce cas, le sorcier fait boire des substances répulsives à l'alcool et immédiatement après fait ingérer au patient une bonne quantité de liqueurs, ce qui provoque sans plus tarder toute une série de réactions de rejet (palpitations, baisse de tension, angoisse, diarrhées, vomissements ainsi que des troubles respiratoires). Ceci répété au cours d'une cure qui comporte plusieurs traitements, l'alcoolique finit par associer la boisson aux malaises qu'il éprouve lorsqu'il prend le répulsif et commence par prendre moins de goût à l'alcool, jusqu'à atteindre l'aversion. Précisons cependant que le pourcentage de réussite d'une telle opération de désintoxication est d'autant plus élevé que la croyance en l'origine maléfique de l'alcoolisme est forte [56].

Si nous revenons à la séance qui se déroule pendant ce temps, nous voyons que le sorcier n'a pas cessé de secouer la *maraca* tout en écoutant attentivement les révélations médicales qui lui sont faites par le *san pedro*. Sur ce point tous les *maestros* sont unanimes, leurs connaissances ne proviennent pas de leur expérience personnelle durant la cérémonie, mais grâce à l'ingestion du breuvage « la plante leur donne les directives du traitement à travers des ordres qu'ils entendent pendant la session, et de même elle leur octroie la possibilité de "voir" tout ce qui touche à l'origine de la maladie du patient [57] ». Ainsi le sorcier ne se compromet jamais émotionnellement avec ses hallucinations, mais il demeure passif, réceptif à chacune d'elles et se borne à accomplir ce qui lui est ordonné par le breuvage.

Puis la mélodie se renforce, entrecoupée de nouvelles *shingadas*, tandis que le *maestro* ou l'un des membres présents se levant brusquement se met à fendre l'air et à pourchasser des esprits malins qui demeurent dans les parages. Enfin, après ces heures de drogues et de fatigue nerveuse, les esprits atteignent un stade d'engourdissement extrême. C'est aussi la fin de la cérémonie qui va s'achever par un rite destiné à couper totalement les effets de la mescaline qui peuvent durer de dix à douze heures selon la personnalité de celui qui l'a ingérée. Il s'agit de boire maintenant une potion sucrée à base de maïs blanc sous la bénédiction du *maestro*. Enfin c'est la dernière tournée générale avant de se séparer, exténués mais rassurés et, dans la plupart des cas, guéris.

Une séance de *san pedro* peut s'en tenir là ou se compléter d'une seconde phase rituelle, celle du bain purificateur dans l'un des lacs des Huaringas [58].

Après une marche titubante provoquée par cet état second dans lequel se trouvent les participants, le lac est atteint. Le *maestro* étend de nouveau sa *mesa* qui comporte, en plus, des *huamingas*, plantes indispensables au traitement, qu'il est allé cueillir auparavant. Après avoir consacré le lac de son souffle il ordonne à chacun des membres de se dévêtir et d'entrer dans le lac, ce qui se passe ordinairement sous les plaisanteries réciproques. Là « ils tournent trois fois dans l'eau, puis le *maestro* verse à sept reprises sur leur dos le contenu d'un quart rempli d'eau du lac, mélangée aux *huamingas* écrasées. Il leur donne ensuite trois coups de baguettes sur les fesses et au troisième, qui est plus fort, le patient s'élance un bâton à la main jusqu'au haut de la pente qui borde le lac, et là, comme le matin, se livre à des gestes désordonnés comme s'il voulait chasser au loin d'invisibles esprits du mal [59] ». Puis le patient se rhabille, *shinga* de nouveau et boit de l'alcool. Le sorcier procède alors à une autre phase du rituel pendant que les participants chantent ou récitent des mélopées qui contiennent des allusions non plus catholiques mais animistes à l'égard des astres. Prenant dans sa bouche le liquide qui a servi à *shingar*, il pratique des succions sur le corps de chacun « au creux et à la pointe du coude, sur la poitrine et sur les mains. Puis il leur fait craquer un à un tous les os de doigts de la main et leur donne à boire un peu du breuvage [60] ».

Enfin, soufflant une nouvelle fois sur le lac, le *maestro* donne le signal du retour pendant lequel il va repérer les herbes et potions que lui a indiquées le *san pedro,* et conseiller des prières à adresser aux saints catholiques.

Cette séance de médecine magique à base de boisson hallucinogène que nous venons de relater laisse entrevoir la complexité de son analyse. En effet, en plus des éléments habituellement présents dans toute magie de gestes et de paroles, nous avons ici un syncrétisme qui se manifeste surtout dans le rituel oratoire, où l'on voit se côtoyer des emprunts faits à des cultures très différentes.

D'autre part, à cette *limpia* symbolique que le *maestro* effectue sur ses patients avec son épée ou parfois aussi avec un *cuy,* vient s'ajouter une technique d'extraction du mal qui est propre aux tribus selvicoles, la succion.

Quoi qu'il en soit, bien souvent le sorcier interrogé sur ce point ne connaît pas l'origine de ce rite, l'important dans cette cérémonie est de suivre la tradition à la lettre. En se prévalant de ses « vertus » et de ses « arts », le *maestro* tend à mettre en mouvement des mécanismes psycho-biologiques grâce à sa force de persuasion et à la réceptivité absolue du malade.

Tous les éléments présents sur la *mesa* ne sont donc pas des artifices inutiles, chacun d'entre eux joue un rôle destiné à créer des impressions au sein d'un groupe, à consolider l'ambiance, à provoquer l'émotion. Assurer comme l'a fait Lastres, que les sorciers profitent de la crédulité et de l'émotivité du public, serait établir une généralisation absurde. Car nous sommes ici dans un univers où le suggéré est réel et où les maladies étant d'origine psychique, elles doivent être traitées par les méthodes correspondantes.

En plus de son rôle de « guide », le sorcier doit répondre par la suggestion aux espérances de ceux qui viennent le trouver. Mais pour cela certains aspects doivent être particulièrement respectés. Tout d'abord le sorcier guérisseur doit pouvoir laisser sentir sa force et ses qualités de divination, connaître l'emploi de formules magiques puissantes destinées à chasser les attaques d'ennemis; développer progressivement l'angoisse et l'incertitude du patient simultanément avec la confiance qu'il dégage par ses gestes, ses paroles d'encouragement, les objets symboliques qui sont là pour l'aider, etc.

Par ailleurs, au fur et à mesure que décroît sa peur, l'indigène se sent réconforté par toute cette figuration magique qui le lie un peu plus chaque fois à la puissance réconfortante du sorcier. Finalement, l'opération aboutit à un compromis entre le *maestro* qui croit en ses techniques, le malade qui a foi dans les pouvoirs du sorcier et le public qui accorde crédit à ces relations. C'est-à dire qu'il finit par s'établir une parfaite coïncidence de pensées et de gestes, entre tenue par les expressions mélodiques de chacun et par le rythme sonore des *macanas*. A toutes ces valeurs suggestives viennent s'ajouter les effets hallucinatoires de la drogue. Dès lors le champ de la conscience est ouvert à toute empreinte, ou influence étrangère. Ce moment critique de la cure est alors utilisé par le sorcier pour diriger les pensées, donner des conseils concernant le traitement à suivre en breuvages, potions, attitudes à prendre ou à laisser dans le groupe social d'où provient le malade, afin d'éviter de nouvelles menaces proférées par autrui.

Enfin, le bain auquel le sorcier soumet ses patients (qu'il s'agisse de bain de fleurs, de terre ou d'eau) en dehors des effets réels dus à ses constituants chimiques, est essentiel dans tout traitement psycho-analytique, car il obéit à la même raison d'être qu'une confession : une purification, c'est à dire un éloignement des forces du mal ou du péché. Si l'individu a eu besoin des services du sorcier c'est parce que sa propre puissance vitale était altérée. Toute *limpia* effective ou suggestive a donc un double but : débarrasser d'une influence néfaste, et redonner une puissance vigoureuse. En ce sens, le bain dans le lac que nous venons de citer en tant que purification au moyen de l'agent le plus répandu, l'eau, ne sert pas seulement à laver de la faute, mais il offre sa puissance propre [61].

Le sens mystique du primitif qui lui inculque la notion de sacré, tout en l'éblouissant, crée aussitôt sa contrepartie dans le caché, le honteux, le réprimé qui, « accumulé dans le subconscient en plus ou moins haut pourcentage (...) constitue un venin psychologique qui très souvent est destructeur ». Ce sont les fautes qui éloignent les pécheurs de la communauté où ils vivent. C'est ainsi que se forment les complexes, qui sont « une psyché petite et fermée, qui comme l'expérience l'a démontré, développe une activité particulièrement imaginative ou fantastique » que l'on observe dans les songes, les superstitions, les augures et les présages dont nous avons déjà parlé.

C'est pourquoi, devant ce besoin tragique de se sentir purifié, le mystique primitif a recours à ce genre de célébration qui, dès lors que la force de l'eau et celle du Dieu se trouvent liées, atteint la forme sacramentelle.

Une cérémonie dans la sierra

Dans les Andes, on peut assister à une cérémonie de rachat existentiel d'un autre genre, mais tout aussi puissante pour détruire un maléfice, il s'agit du *Cambio de la suerte* (62). Cette méthode mérite bien son nom puisqu'elle a pour but de retourner, de renverser un état de chose négatif aussi bien sur le plan physique que moral, économique ou social, et de dénoncer le responsable du mal subi.

Les sorciers de la région de Cuzco ont acquis une certaine réputation dans la pratique de ces changements de sort. Ceux ci se déroulent de la façon suivante (63).

Lorsqu'un paysan voit brutalement péricliter ses affaires ou ses amours, s'il devient la cible des moqueries ou s'il souffre d'un mal mystérieux sans parvenir à découvrir le responsable, il admet alors qu'il a été envoûté, ce qu'il exprime parfois en disant que *el santo esta de espaldas,* le saint lui tourne le dos. En un mot, l'indigène ressent son impuissance face à une force supérieure qui, en l'abandonnant, met en danger sa présence dans le monde. Dès lors, pour réintégrer la charge d'énergie vitale qui assure sa place dans la communauté, pour reconquérir son salut en train de se perdre, il va se tourner vers celui qui sait, le sorcier de sa région. Il commence par lui envoyer un parent chargé de cadeaux tels que de l'eau-de-vie, des cigarettes, du sucre, du chocolat, etc., afin d'obtenir son accord pour la cérémonie souhaitée du *cambio de la suerte.*

Une date est fixée par le sorcier qui établit une liste de ce dont il aura besoin le jour de l'opération. Le moment venu, il se rend à la maison de son client qui l'attend au milieu de parents ou amis et avec une abondance de plats cuisinés à son intention. Puis après s'être entretenu avec l'assistance il entreprend la première phase de la cérémonie qui consiste en la purification de la demeure. Cela est absolument nécessaire avant d'entamer véritablement le principal acte opératoire. Il s'agit en fait de découvrir par la divination dans la coca, s'il existe vraiment une malédiction, un envoûtement provenant d'un maléfice caché. Si oui, il faut donc trouver son emplacement exact et le détruire.

Celui dont on va *cambiar la suerte* s'avance avec deux autres personnes spécialement désignées et qui vont jouer à la fois le rôle de témoins directs et d'assistants du sorcier. Celui-ci demande au malade de souffler par trois fois sur la coca et, se signant après avoir fait le signe de croix sur la coca, il entreprend sa consultation. Son examen, qui se répète trois fois, porte sur les positions, couleurs distinguées, etc. (64). Bientôt le soupçon s'avère fondé ; il existe bien un maléfice quelque part dans la maison.

Cette affirmation, aussi dramatique qu'elle soit, n'en apporte pas moins le premier soulagement chez le patient qui obtient au moins une certitude.

Réunissant les éléments nécessaires (65), le sorcier va s'efforcer maintenant de découvrir le maléfice. Il nous a été rapporté qu'au cours d'une cérémonie de ce type, il ne cessait de pleuvoir, ce qui rendait difficile toute exploration de la terre autour de la maison ou dans la cour. Le sorcier se livra alors, comme entre parenthèses, à un rite assez curieux, qui consista à poser sur une pierre dans la cour un mouchoir rouge plié en six et sur lui, un miroir tourné vers l'emplacement supposé du soleil. Quelques heures plus tard, la pluie avait totalement cessé. Le sorcier reprit son activité et au milieu de la boue se mit à chercher, tout en demandant aux témoins de lui apporter une poignée de terre prise aux quatre coins de la maison, à la pointe d'un couteau d'acier et non pas à la main. Puis il y fit un signe de croix et de nouveau consulta la coca pour obtenir plus de précision sur la localisation du maléfice. Après une pause pour fumer et boire un petit verre d'eau-de-vie, il alla prier en silence au centre de la cour, et avec son couteau traça une croix dans la terre. Il y déposa la cuvette neuve contenant l'eau vierge et y jeta lentement en cercle, du sel bénit et de l'eau bénite en observant très attentivement la formation des dépôts. Ensuite il se retourna vers les personnes présentes et leur déclara : « Ce n'est pas là, nous devons chercher ailleurs. Regardez tous cette eau, elle l'indique clairement. » Et en même temps il se mit à expliquer la signification ésotérique des bulles et des nuages qui se formaient.

Se dirigeant vers un endroit opposé, il refit la même opération. Cette fois, le sel se décomposa en formant des tourbillons qui serpentaient dans la cuvette et le sorcier montra : « Voyez, à cette porte à gauche, à l'entrée, c'est là qu'est caché le maléfice. Maintenant nous allons l'exposer à la vue de tous. Mais que chacun veille à bien aspirer de l'alcool, tout en fumant et en récitant le Credo et le Notre Père. Dès que je commencerai, faites-moi des croix dans le dos de la main gauche. Attention, le maléfice peut se transmettre à n'importe lequel d'entre vous. Bouchez-vous le nez et respirez de la *ruda* écrasée dans les mains. N'arrêtez pas de prier pendant que j'opérerai. Et que chacun fasse très attention de ne pas respirer d'air mais de l'alcool ou de la *ruda* en se les passant sur le visage. Ces choses-là sont très dangereuses (66). »

En effet ce moment est particulièrement critique pour le désenvoûteur comme pour les membres de l'assistance qui peuvent supporter le choc en retour du maléfice contré.

Lui se frotta le visage, le front et la tête avec de l'alcool, alluma une cigarette et souffla fortement dans sa chemise. Une fois terminés tous ces rites préventifs il se dirigea vers le seuil de la maison et y planta de la main gauche un couteau d'acier tandis que dans son dos les deux assistants traçaient des signes de croix. Agenouillée un peu à l'écart, l'assistance obéissait aux ordres et fumait, priait, se signait sans rien perdre du déroulement de la cérémonie.

Enfin, après avoir plusieurs fois vainement poignardé la terre, le sorcier en extirpa une forme boueuse qu'il arrosa aussitôt d'un litre de kérosène (67). Toujours en ne se servant que de la pointe de ses deux couteaux d'acier il défit le paquet fétide. Un mannequin de toile goudronnée et mêlée de suif apparut, auquel étaient attachés des bandes d'étoffes usagées, des morceaux de verre, des capsules de bouteilles de bière et une semelle de chaussure. Le tout était enveloppé de cheveux et d'un écheveau. Par-dessus, une grille formée de bâtonnets de *chonta* et de fil de fer fermait le paquet.

Alors le sorcier expliqua que chaque objet présent dans cette composition maléfique avait pour but d'orienter la force de haine émise par l'expéditeur contre sa victime que représentait le mannequin. Ainsi la couleur noire dominante, celle du goudron, révélait immédiatement la nature néfaste de la volonté d'origine tout en précisant que le maître de la maison deviendrait noir comme le goudron pour mourir lentement aveugle (présence des éclats de verre), ivrogne (capsules de bouteilles). La présence de la semelle de chaussure indiquait l'intention de rendre la victime profuge et sans paix chez elle. Enfin les cheveux et écheveau emmêlés suggéraient des troubles et douleurs névralgiques.

Le sorcier creusa plus profondément le trou afin d'en sortir la terre contaminée par le *hechizo* et, plaçant tout ensemble, il y mit du kérosène. Puis il ordonna à ses assistants d'emporter au loin le funeste paquet, de le réduire en cendres, de le jeter dans le fleuve sans le regarder, et de revenir par un chemin différent de celui de l'aller, en faisant trois tours à gauche et en récitant un Credo sans jamais se retourner.

Alors le sorcier entreprit de se libérer de toute contagion maléfique, et il se lava les mains jusqu'aux coudes avec de l'eau-de-vie, but quelques verres, fuma et se mit à mastiquer de la coca. Puis après ce repos nécessaire, le sorcier passa à la seconde phase de l'opération, à savoir le *pago* ou paiement rituel destiné à attirer l'attention de Pacha Mama afin que désormais elle soit plus près de ses enfants et leur évite de pareilles souffrances, en particulier pour le propriétaire de la maison. Cette offrande fut enterrée dans un des coins de la maison, puis on se mit à manger en bavardant tranquillement. Le repas terminé le sorcier annonça qu'il allait faire cette fois un autre paiement, *despacho* (68), en l'honneur des Auquis, ces esprits tutélaires qui habitent les montagnes. Après avoir bien préparé et orné le présent, le sorcier demanda à son patient de souffler dessus puis le remit à l'un de ses aides afin qu'il l'emporte après la cérémonie en un lieu propice et le brûle.

C'est seulement vers neuf heures du soir, lorsque furent achevés tous ces préparatifs et que les esprits se montrèrent bien disposés, que le sorcier annonça qu'il allait procéder au *cambio de la suerte.*

Chaque officiant possède évidemment son système personnel d'action bien que le procédé soit généralement le même sur le fond.

Le sorcier commença par envoyer son patient au lit. Puis il étendit sur une table deux mouchoirs bleus, et y déposa des biscuits, bonbons, des petits pains avec un sou dedans, de manière à former un paquet bien homogène.

Il but un verre, et accompagné par ses deux assistants, se dirigea avec les autres membres présents, dans la pièce où se trouvait le « malade ». Le sorcier portait un fouet, une peau de brebis, quelques laines de lama torsadées à l'envers pour contrer le maléfice, et divers autres objets (69).

Sitôt entré le sorcier jeta de l'encens dans le brasero qui chauffait la chambre afin de la purifier, puis le glissa sous le lit. Il découvrit alors le « malade », l'aspergea d'encens et se mit à lui attacher de gauche à droite et en divers endroits du corps (cou, épaule, poignet, genoux, gros orteils) des fils de laine noire et blanche filés à l'envers, tandis qu'il plaçait sur sa poitrine nue la branche de fleurs; dans la paume de chaque main et sur la plante des pieds, il déposait les oranges.

Il demanda alors au patient de fermer les yeux et de prier intensément pendant qu'il allait procéder au changement de sort. Pour cela il prit une par une les quatre oranges et les passa sur le corps étendu. Après quoi il les jeta derrière lui dans le sac de *tocuyo* qu'un de ses aides tenait ouvert, en recommandant bien de ne pas regarder ce qu'il faisait. Il répéta la friction symbolique avec les fleurs, les laines et le *despacho* après avoir fait souffler dessus par le patient.

Pendant tout ce temps le sorcier ne cessa pas de réciter ou de murmurer des paroles à voix très basse, puis il ordonna au « malade » de rester au lit un jour ou trois, en silence, sans parler avec personne, et de demeurer tout ce temps-là très couvert. Enfin il lui administra trois vigoureux coups de fouet (70). C'est alors que les assistants sortirent avec le paquet afin de l'offrir aux Auquis, comme l'avait précédemment demandé le sorcier. Dans les jours à venir le « malade » allait voir sa situation s'améliorer rapidement.

Cette cérémonie du *cambio de la suerte,* telle qu'elle fut pratiquée aux environs de Cuzco, fait réapparaître un bon nombre de rites et symboles déjà identifiés dans d'autres opérations magiques. On y retrouve l'offrande à la Terre, aux ancêtres, le rôle des couleurs, la valeur des directions, etc.

Et si le déroulement de la cérémonie semble très différent de celui observé sur la côte, il s'agit dans le fond du même processus destiné à mettre en mouvement, au moyen de pratiques appropriées, des forces magiques bénéfiques et de les lancer contre des forces maléfiques. Dans le même temps ce rite se propose de développer chez les patients un état de confiance et de réceptivité totales, un climat émotionnel capable de soutenir un courant entre patient, public et sorcier.

Bien souvent, en dehors de certaines influences astrales que nous n'aborderons pas ici, les lieux de réunion ou d'offrande sont choisis pour leur aspect impressionnant, en un moment angoissant (heures nocturnes) et accompagnés de consignes strictes qui, en plus de leur raison d'être, doivent créer chez les participants l'état d'esprit requis pour exacerber la concentration d'esprit et la disponibilité (à recevoir certaines influences) seules capables de lier ou de délier la conscience, de faire des miracles. Bien que la formulation magique employée par le sorcier qui « changeait le sort » soit demeurée incompréhensible aux assistants, elle demeure aussi efficace que si l'on en avait compris chaque terme. Car ce qui importe c'est l'impact émotionnel, psychologique qui en découle et provoque la communication des flux émis.

Nous reconnaissons qu'« on attend des formules magiques qu'elles auront des résultats concrets, mais nous ne saurions croire qu'elles puissent influencer quelqu'un psychiquement. Nous oublions que pour l'homme primitif le psychique aussi est chose concrète [71] ».

Certains diront, sans apporter leurs preuves, que le sorcier avait lui-même au préalable enterré le maléfice qu'il s'est ingénié à découvrir par la suite, en faisant preuve de tout un habile artifice destiné à le grandir aux yeux de l'assistance. Il n'est, bien sûr, pas impossible que cela ce soit passé effectivement ainsi, mais il ne faudrait pas en conclure que ce n'est là que supercherie. Car ce qui compte dans ce processus de guérison magique c'est d'obtenir la « visualisation » du mal par le spectateur et le malade. Et cette objectivation sécurisante est rendue possible grâce aux méthodes personnelles du sorcier qui recueillent l'adhésion absolue et assurent une foi totale en ses pouvoirs. D'où le grand nombre de cas d'envoûtements traités avec succès alors que la thérapeutique est principalement d'ordre psychologique.

Il arrive cependant qu'une personne se sache victime d'un maléfice et ne puisse le conjurer, soit que la puissance du sorcier-guérisseur à qui elle a eu recours ait été inférieure à la volonté néfaste de l'agent responsable; soit que le maléfice ait agi trop rapidement pour qu'on ait eu le temps de lui opposer d'autres forces. Dans ce cas la victime s'effondre et meurt, sans présenter aucune lésion organique, ni trouble particulier. Car il est aussi dangereux de *se croire* ensorcelé que de l'*être* effectivement. La poupée d'envoûtement est active même si elle n'existe que dans l'imagination de celui qui se croit envoûté, pour qui l'imaginaire est une forme de réalité.

On peut bien sûr s'interroger sur l'efficacité de ces pratiques magiques qui nous semblent fantaisistes parce que dans notre univers historique la présence donnée et garantie est incompatible avec le risque de sa disparition. C'est parce que nous ne sommes pas du tout concernés par le sortilège, qu'est exclue la possibilité de l'existence du sorcier. Mais dans les sociétés primitives et semi-primitives où l'univers historique est envahi de puissances bonnes ou mauvaises mais omniprésentes, l'individu n'existe que s'il est pris dans le grand mouvement de la vie, c'est-à-dire tant qu'il réalise la communion nécessaire avec le sacré, cette osmose spirituelle avec le surnaturel qui l'enveloppe. Toute rupture de communication, en même temps qu'elle isole l'indigène et le désarme, va le priver de la seule protection qui lui donnait son sens d'être. Devenu non-être ou en voie de dissolution, il est alors une proie facile pour les énergies maléfiques qui le guettent.

C'est ce qui se passe lorsqu'un indigène profane ou viole un tabou, la *huaca*. Se sachant immédiatement exposé aux risques du néant, il en ressent aussitôt les premiers effets dans sa conscience, sans présenter encore de troubles physiques. C'est alors qu'il a recours au contre charme du sorcier, afin de rétablir sa position antérieure vis à vis de son horizon culturel qui vacille. Si les pou voirs du sorcier sont puissants, l'équilibre harmonieux est retrouvé et avec lui la « paix de l'âme ». Le malade guérit. Au contraire s'il ne parvient pas à réintégrer sa place dans la chaîne cosmologique, ou en d'autres termes s'il n'arrive pas à se racheter, l'homme meurt.

Nous avons pu observer de tels décès dans les Andes péruvien nes, survenus après envoûtement à la date dévoilée par un sorcier consulté pour guérir, mais alors impuissant à contrecarrer un sort déjà trop avancé. Coïncidence? Supercherie de *maestro vivo*, mal honnête, qui se sert de faits connus de lui seul pour augmenter son prestige, ou bien nous trouvons nous devant un de ces nombreux cas révélés par d'autres documents ethnographiques? Et alors, par quels mécanismes un individu sain de corps et d'esprit peut il sans cause apparente pour la médecine moderne, dépérir rapidement par le seul fait qu'il se sait ensorcelé?

Dès que la personne a ressenti cet état de stupeur qui va envahir sa conscience au détriment de sa volonté, et obsédée par l'énormité de l'acte par lequel elle a transgressé les lois de la société, elle va se sentir traquée et dans une situation sans issue. L'indigène péru vien réagit de la même manière, il est « la victime sans espoir d'une mélancolie illusoire. Il est submergé par une illusion toute puissante : il a offensé les dieux, il mourra [72] ».

Ainsi, au départ, il y a une peur panique qui, en paralysant plus ou moins la conscience, finit par désorganiser toutes les fonctions de la vie physiologique et étendre la dépression nerveuse à la dépression d'énergie physique en se répercutant sur tous les organes. « Les fonctions vitales sont déprimées, le cœur se déprime, les muscles involontaires s'endorment et finalement se produit une complète *anergia* ou la mort. L'esprit sans équilibre succombe sans combat à la violence du choc d'une peur superstitieuse envahissante [73]. »

Depuis les travaux de Cannon sur ce sujet, on sait que toute émotion violente, telle la peur, surexcite le système nerveux sympathique et l'oriente vers la recherche rapide d'une réponse à la situation extraordinaire qu'il expérimente. Si l'individu affecté n'en possède culturellement aucune, son système nerveux va s'affoler, affolant également toutes les activités organiques et provoquant des troubles mortels. De même « le refus de boisson et de nourriture, fréquent chez les malades en proie à une angoisse intense, précipite cette évolution, la déshydratation agissant comme stimulant du sympathique et la diminution de volume du sang se trouvant accrue par la perméabilité croissante des vaisseaux capillaires [74] ».

C'est ce qui explique l'échec total de la médecine moderne dans ces cas de maléfices, et le succès de la thérapeutique indigène qui sait comment arrêter la dissolution de la personne.

Enfin l'envoûtement n'est pas un drame existentiel strictement individuel, c'est aussi un phénomène social total. Car si l'individu se croit ensorcelé, victime de la haine ou de la jalousie d'un agent maléfique, et en subit psychiquement et physiologiquement les effets dépressifs, le rôle de la communauté qui l'entoure est décisif.

De même que pendant la cérémonie curative avec le *san pedro*, nous retrouvons ici l'indispensable complexe magique dont nous avons déjà parlé et qui est formé du sorcier, du malade et du groupe (qu'il s'agisse de quelques accompagnateurs ou de la communauté tout entière). En effet, chacun de ces trois éléments qui représentent une part de confiance est une contribution nécessaire à la guérison.

Dès qu'un indigène acquiert la conviction qu'il est victime d'un maléfice, il est « intimement persuadé par les plus solennelles traditions de son groupe, qu'il est condamné; parents et amis partagent cette certitude. Dès lors, la communauté se rétracte : on s'éloigne du maudit, on se conduit à son égard comme s'il était, non seulement déjà mort, mais source de danger pour tout son entourage; à chaque occasion et par toutes ses conduites, le corps social suggère la mort à la malheureuse victime qui ne prétend plus échapper à ce qu'elle considère comme son inéluctable destin [75] ». Dès lors que les systèmes de références de la collectivité s'effondrent, entraînant avec eux ses points de repères existentiels, l'individu envahi par un chaos psychique voit chavirer son horizon et grandir une tension angoissante qui, au-delà d'une certaine limite [76], provoquera la désintégration complète de sa personne, sa perte d'identité, son anéantissement. Il n'y aura plus d'autre possibilité de salut que dans le recours à un sorcier pour contrer la puissance néfaste.

Si au contraire cette perte d'énergie qui provoque la désorganisation de l'être ne peut être stoppée à temps, l'envoûté va céder aux suggestions de la communauté « qui, de vivant, sujet de droits et d'obligations, le proclame mort, objet de craintes, de rites, d'interdits. L'intégrité physique ne résiste pas à la dissolution de la personnalité sociale [77] ».

On comprend désormais l'importance vitale de ce rôle que joue le sorcier, qui tour à tour condamne et sauve, détruit le monde pour restaurer des horizons nouveaux en osant se lancer dans le combat tragique de la présence au monde afin de la faire triompher et par là, apporter le salut à la communauté tout entière rachetée.

Une session dans la selva

Les sorciers qui appartiennent aux groupes selvicoles d'Amazonie péruvienne se distinguent de leurs confrères de la côte ou des Andes, par leur conception du mal et des méthodes capables de le combattre. Cependant l'expérience est fondamentalement la même, car le problème demeure identique sous toutes les latitudes de la pensée primitive, concernant « la présence exposée au risque, qui s'insurge pour se défendre des embûches qui la guettent. La présence ne résiste pas à l'effort « d'être là » : elle fuit, elle se décharge, elle est soumise à des influences malignes, elle est dérobée, elle est mangée, et ainsi de suite [78] ».

Pour ces initiés, qu'ils s'appellent *mohanes, yutumi, murayas, cojonchis* selon leur origine ethnique, tout fait pathologique est causé non plus par une soustraction de l'élément vital, une perte, mais par la pénétration d'un agent maléfique dans l'organisme. D'où il s'ensuit un rituel thérapeutique qui consiste à ôter par succion la représentation du mal, généralement une épine de chonta, une plume ou un cristal.

Mais avant de passer à la cure proprement dite, l'homme de connaissance doit réaliser une cérémonie divinatoire afin de découvrir le responsable du maléfice.

Dans la selva, ces séances comportent l'ingestion d'une drogue hallucinogène préparée dans le secret, à partir d'une liane, l'*ayahuasca.*

Dans un chapitre précédent nous avons déjà présenté les particularités psychodysleptiques de cette plante qui contient une substance active [79].

L'*ayahuasca* n'est jamais employée seule, car, aux dires de ses utilisateurs, on n'obtient alors que des troubles mentaux tout à fait impropres à la divination. C'est pourquoi elle est habituellement combinée, afin d'obtenir les visions souhaitées, soit avec d'autres Banistériopsis de la famille des Malpighiées, soit avec la *chacruna,* qui renforcent les effets toxiques de l'*ayahuasca.* Le maximum d'intensité dans les visions hallucinogènes provient cependant de l'association de cette dernière plante avec une *datura,* le *toe* [80], considérée comme une des plus dangereuses parmi celles utilisées au Pérou, car elle peut provoquer une inhibition psychomotrice mortelle, si elle n'est pas surveillée de très près.

Alors que si elle est préparée avec le *yagé*, la boisson d'*ayahuasca* provoquera des visions beaucoup plus légères [81].

Bien qu'elle soit parfois utilisée pour le seul plaisir, cette boisson est principalement absorbée en vue de la guérison magique, aussi bien par les populations isolées du cœur de la forêt du Haut-Orénoque et de l'Amazone que par les métis ruraux et les habitants des petites villes de ces régions fluviales [82]. Car, dans ces zones où la présence sanitaire de la médecine moderne est quasi inexistante et à des tarifs trop élevés, la mentalité autochtone reste fortement imprégnée de confiance dans les pouvoirs du sorcier et de son allié : l'*ayahuasca.*

Ainsi, on a recours à l'*ayahuasquero* dans toutes les classes sociales ou les groupes culturels de cette région. Soit en allant le trouver chez lui, soit en se rendant en un lieu précis dans la forêt pour assister aux cérémonies thérapeutiques.

Ces séances varient dans leur déroulement en fonction du sorcier qui les dirige et des clients qui s'y soumettent, mais elles tendent toutes à soigner des maux qui ont une origine émotionnelle et psychologique, alors que le symptôme est d'ordre physique ou même inexistant [83].

Elles peuvent être réalisées plusieurs fois par semaine selon la demande, et bien sûr à la nuit, dans un endroit isolé, afin d'obtenir, par cette technique qui nécessite les ténèbres, une plus grande séparation entre le monde et l'individu, favorisant grandement la concentration d'esprit de chaque participant. La dizaine de personnes présentes s'est préparée par un jeûne sans sel, ni beurre ni sucre vingt-quatre heures avant, ainsi que par une abstinence sévère [84].

L'attirail rituel du sorcier est ici beaucoup plus réduit que dans les *mesas* de la côte ou des hauts plateaux andins. Il comporte principalement des objets de culte tels que des demi calebasses qui contiennent le breuvage toxique, un hochet fait de feuilles sèches de *shacapa* réunies en bouquet ainsi que des « alliés » : du tabac ou des cigarettes et un récipient rempli d'*ayahuasca.*

Les patients et le sorcier s'assoient en cercle et ce dernier entame une série de mélodies monotones, murmurées ou chantées. Ce sont les chants d'*Ayahuasca* [85]. Le cercle humain va ainsi enfermer un contenu mélodique communicatif qui favorisera le passage du courant entre ses membres. Puis, à plusieurs reprises, le sorcier souffle sur la calebasse d'*ayahuasca* avant d'en distribuer à la ronde mais en doses variables selon l'âge, la constitution physique et mentale des participants. Car, malgré le caractère collectif de la cérémonie, chaque individu ne cesse jamais d'être considéré comme tel, et ce durant toute la durée des rites. Puis, lorsque le maître de cérémonie estime que la drogue commence à agir, il circule au milieu de ses patients sans arrêter de rythmer avec son hochet. Il interroge chacun, afin de déterminer son degré de disposition pour la suite de ce rite. Si les réponses indiquent des états de vertige ou de troubles divers, il entame le processus proprement dit sans cesser de préparer l'atmosphère, et s'entretient de nouveau avec chaque participant pendant un bon quart d'heure. Ses actes ont toujours pour but de provoquer la suggestion par ses paroles, ses gestes, son chant, et de découvrir les besoins et les frustrations de ses patients. On fume tout en invoquant à haute voix, qui les saints patrons, qui les divinités mythiques et parfois même le Dieu des chrétiens, afin d'obtenir là encore le maximum d'aide et d'assistance lors du déroulement de la cure.

Bientôt, les effets hallucinogènes s'intensifiant (86), l'assistance se laisse complètement diriger par la volonté du sorcier. Celui-ci entreprend sa véritable activité suggestive, d'une part en donnant du relief à certaines visions des patients, d'autre part en refusant de l'importance à d'autres visions qu'ils relatent. Il laisse en même temps sa personnalité seconde siffler et chanter des mélodies pentatoniques très faiblement modulées et très agréables à entendre, comme une sorte de berceuse. Cette musique n'est interrompue sporadiquement que par les effets purgatifs et vomitifs du breuvage (87). L'harmonie est intensifiée par moments par le doux bruissement de la *shacapa* ou le rythme d'une espèce de guimbarde dont s'accompagnent parfois les sorciers. Le but de cet accompagnement étant de provoquer tour à tour excitation ou dépression sur les esprits modelés (88).

Vient le moment le plus dramatique de la séance, lorsque le sorcier s'en remet entièrement aux pouvoirs de la drogue qui doit le conduire à l'extase.

Pour les sorciers amazoniens, les effets hallucinogènes provoqués par l'ingestion d'un breuvage à base de plantes, sont produits non par les propriétés et les vertus intrinsèques de celles-ci, mais par l'esprit qui habite en elles. Cet esprit est connu sous le nom de *madre*, ou *genio*; c'est le seul responsable des hallucinations et des visions.

Nous constatons qu'il y a ici une différence entre la croyance du sorcier amazonien et celle du sorcier de la côte, pour qui la vertu magique est exclusivement attribuée au *san pedro*, tandis que le breuvage d'*ayahuasca* n'est considéré que comme le véhicule qui permet à l'« esprit » de se manifester, de conseiller le sorcier et de rendre possible la cure. La *madre* ou le *genio* ne peut se dévoiler, se libérer que par l'intermédiaire de la plante dans laquelle il habite.

C'est au moment de la plus forte intoxication que le sorcier parvient à « voir » cet esprit, alors que sur la côte le *maestro* ne fait qu'« entendre » le *san pedro*.

Selon les renseignements recueillis auprès de divers *brujos* amazoniens, il semble que la *madre* de chacune des plantes hallucinogènes apparaisse sous une forme humaine, masculine ou féminine. On a ainsi pu obtenir des « portraits » qui correspondent à l'« esprit » de plusieurs végétaux magiques [89].

Nous avons déjà dit que les *ayahuasqueros* distinguent différents types de cette liane, à cause non seulement de l'aspect de sa *madre* mais de l'intensité et des caractéristiques des hallucinations. Ainsi trouve-t-on *cielo ayahuasca* qui permet de voir « des anges et des bonnes choses »; ou bien *boa ayahuasca* qui fait apparaître des serpents, ou encore *puma ayahuasca* qui fait entrevoir au patient les fauves les plus terribles. Il existe également une classification selon la couleur dominante des visions, telle que *blanco ayahuasca,* ou *amarillo ayahuasca*, etc.

Dès lors que la drogue affectant tous les participants produit une variété de visions enrichies par les mélodies et le rythme égal du hochet rituel et interrompues seulement par les mouvements de ceux qui s'éloignent pour vomir, le sorcier devient le véritable point de rencontre entre les forces surnaturelles et les aspirations du groupe. Il entame alors un dialogue avec l'« esprit » des plantes et converse avec les forces qui ont accouru à son appel, les consulte au sujet de la maladie et leur pose d'autres questions; il peut voir les membres de sa famille et, sans se deplacer, flotter dans l'espace et voyager en de lointains pays [90]. Enfin et surtout, le sorcier parle pour transmettre des directives qui sont écoutées par le malade qui transfère sur lui son expérience qui est en effet revécue par le sorcier. Car c'est le moment où le sorcier revit héroïquement le drame supporté par son patient qui désormais s'identifie à lui.

Parfois, les visions prennent un aspect réaliste si terrifiant que le sorcier doit toujours rester prêt à dominer les frayeurs et à apaiser ceux qui les éprouvent, en veillant à ce qu'ils ne commettent pas d'actes insensés. Cl. Friedberg cite le cas de ce sorcier qui « fut obligé de suspendre la séance avec beaucoup d'efforts, au moment où un dragon allait les dévorer, lui et ses clients ».

Quand le sorcier a pris connaissance au cours de son expérience, du maléfice qui frappe l'un de ses malades et en est devenu l'adversaire victorieux, il ne lui reste plus qu'à pratiquer la succion de la partie souffrante et à en extraire l'agent maléfique qui s'y cachait.

Cette partie de la cure, bien différente du rappel effectué sur la côte et dans la sierra, est le moment culminant de la cérémonie qui touche à sa fin. Par une habile *chupada* le sorcier va maintenant s'emparer du *daño* après avoir soufflé de la fumée de tabac sur le corps du malade. Puis il crache de façon sonore ce qu'il a aspiré dans la chair et l'offre à la vue du patient qui peut ainsi regarder le responsable de son état, et, comme nous l'avons déjà vu dans les cures précédentes, dès lors la guérison est proche.

Les heures s'écoulent dans cet état second fait de dépression et d'excitation que renforcent continuellement l'ingestion de tabac, de drogue et les suggestions directes ou indirectes qui ne cessent d'atteindre le groupe, en le rendant extraordinairement réceptif aux conseils du sorcier. Celui-ci en effet, après avoir liquidé le mythe social de son malade [91] imposé par l'extérieur, dresse toute une liste d'ordres et de précautions à prendre pour que le rétablissement psychique suive de près la neutralisation du mal. A cela s'ajoutent les recommandations pharmaceutiques, les potions et les régimes alimentaires qui sont dressés pour chaque patient.

Enfin, après de nouveaux chants, tout le monde rentre chez soi.

De cette description d'une séance d'*ayahuasca* en Amazonie péruvienne, nous retiendrons plus précisément quatre aspects.

Tout d'abord l'utilisation qui est faite de la drogue hallucinogène. L'*ayahuasquero* use du breuvage toxique, d'une part pour découvrir au moyen des hallucinations de ses patients la cause de leurs troubles, d'autre part afin d'établir une communication avec les esprits des plantes qui, eux seuls, sauront le conseiller en vue du traitement à appliquer. Lorsqu'il administre aux participants la boisson rituelle, il espère que ceux-ci pourront faire parvenir à son apogée le climat émotionnel déjà intensifié par les suggestions et par la description de leurs visions, et lui permettront de découvrir le motif psychologique caché qui est à la base de l'affection dont ils souffrent.

Tant que le sorcier n'a pas clairement nommé, c'est-à-dire identifié, le mal qui frappe l'individu, il ne peut engager contre lui aucune action. D'où il ressort que l'interprétation des contenus visuels rapportés par les patients sous l'emprise de la drogue est extrêmement importante, car elle permet de dévoiler une inhibition retenue secrètement dans le subconscient où elle suscite des conflits néfastes, après avoir été mise en évidence par l'action de l'*aya-*

huasca. Lorsque cette hypnose est atteinte, le sorcier peut, en faisant revivre un fait passé en rêve ou dans la réalité éveillée, également faire revivre l'expérience et en modifier le déroulement qui, la première fois, a été la cause du traumatisme subi par le patient. Il utilise ainsi à des fins thérapeutiques cette force de représentation selon une technique très employée en psychiatrie.

Les hallucinations d'*ayahuasca* sont assez souvent effrayantes; y apparaissent, en effet, des serpents, des fauves et d'autres animaux culturellement significatifs pour ces régions. Or ces créatures féroces qui, dans toutes les séances hallucinogènes, sont considérées comme faisant partie du « mauvais voyage » du drogué, sont ici très intelligemment utilisées par les sorciers, lesquels s'en servent pour enrichir les effets de leur art. En effet, interprétés comme des esprits réincarnés de l'*ayahuasca,* ces animaux « visionnés » faisant partie « d'un système cohérent qui fonde la conception indigène de l'univers (92) » portent des messages de guérison et de sécurité au patient. Pour cela, « la seule condition quand les apparitions se présentent, est qu'ils aient la force de résister à la peur et à la perte du contrôle de l'ego (93) ». Par ses chants, le sorcier aide considérablement l'individu, afin qu'il puisse assumer sa nouvelle réalité, et lui évite les accidents qui surviennent lorsque la drogue n'est pas contrôlée de la sorte.

Les exigences de jeûnes pré- et post opératoires ne doivent pas être considérées selon une optique moralisatrice. Car en magie ces interdits ont pour but d'empêcher une déperdition des énergies et d'augmenter la concentration d'esprit créatrice de miracles (94).

De même, nous l'avons vu, que l'indigène s'abstient de toute activité les jours considérés comme plus puissants que les autres, lors de moments critiques c'est-à-dire dangereux par leur contact avec des puissances supérieures, il passe à la contre offensive au moyen de pratiques également critiques, tels le jeûne ou l'abstinence. En effet, bien avant Freud, les « primitifs » ont toujours ressenti l'origine sexuelle de la puissance que l'homme projette dans son univers. En fait, ces deux instincts fondamentaux que sont l'instinct sexuel et celui de la nutrition « sont bien les deux grandes échelles que la volonté gravit vers la puissance, en pénétrant même dans le ciel, d'où la conscience de l'impuissance la fait retomber (95) ». C'est ainsi que la consommation (alimentaire ou sexuelle), tout en représentant symboliquement la communion avec la divinité, est aussi le moyen de concrétiser une puissance humaine. C'est pourquoi lors d'une manifestation de la puissance supérieure, l'homme doit affaiblir sa propre puissance, comme c'est le cas dans les rites magiques qui nécessitent la diminution volontaire de la force individuelle.

Alors seulement la collectivité pourra acquérir une puissance plus forte et profitable à tous.

Le troisième aspect que nous voulons souligner concerne la phénoménologie de la musique. Dans les trois aires culturelles du Pérou, nous trouvons dans toute cérémonie magique, des instruments de rythme, destinés à créer ou amplifier des états hypnotiques favorables à la suggestion (96). Rappelons la *macana* des Quechuas, au bruit pénétrant et aigu, la *shacapa* des tribus de la forêt au bruissement susurrant, le *cultrun* ou tambour rituel de la *machi* araucane, qui tous conjointement, avec les sifflements ou les chants, forment un ensemble de « musique hallucinogène » qui se combine habituellement avec des mouvements corporels, par exemple la danse (97).

L'uniformité monotone des chants de la forêt avec des rythmes à soubresauts mais sur une même tonalité de base, provoque une sorte d'engourdissement de l'esprit et une excitation de l'imagination. L'attention est beaucoup plus apte à saisir les images qui se libèrent dans l'esprit sous l'effet de la drogue et de la suggestion, et c'est ainsi que se crée une personnalité seconde totalement affranchie des barrières conscientes.

Or, l'efficacité de cette thérapie musicale par répétition d'un contenu acoustique, que l'on redécouvre aujourd'hui en Occident, est attestée depuis fort longtemps aussi bien dans la médecine grecque que dans la Bible ou chez les « primitifs » du monde entier. Toutes les grandes religions ont établi que la puissance maximum du mot est atteinte dans la formule où le rythme et la résonance sont harmonisés (98).

Certains scientifiques se sont ainsi penchés sur l'étude des sifflements et incantations qui accompagnent la séance d'*ayahuasca* au Pérou, démontrant le rôle de ces éléments musicaux dans la formation ou la modification de visions.

La musique d'*ayahuasca* est uniquement produite au cours de ces cérémonies afin de provoquer « l'affaiblissement de la conscience éveillée et de favoriser le dédoublement (99) ». On ne peut la séparer de son contexte social. Fred Katz et Marlène Dobkin ont fait un rapprochement entre cette musique et le chant grégorien.

De même que les harmonies du chant grégorien suscitent une expérience spirituelle, de la même façon on peut considérer que la musique d'*ayahuasca,* provoque, au même titre que la drogue, une altération de la conscience (100).

Les expériences menées sous l'emprise de cette boisson toxique ont démontré une relation entre la musique et les visions, c'est-à-dire entre la perception auditive et la perception cérébrale. Ainsi, lors des chants qu'accompagnent les rythmes précipités de la *shacapa,* le patient a des visions qui se déroulent très rapidement sans pouvoir se concentrer sur chacune d'elles. Si le sorcier ralentit son chant, une femme apparaît devant les « yeux » de son esprit qui plus tard sera identifiée comme la cause du mal et permettra de connaître également son remède.

Ce qui laisse à croire que le sorcier, et lui seul, est la force créatrice, modifiant et contrôlant à son gré les visions qui changeront fréquemment de rythme par la décision qu'il prendra d'intensifier ou de suspendre une mélodie. Il permet ainsi, grâce à ses effets suggestifs, de faire éclater la réserve du subconscient où demeure emprisonné le mal. Car « le chant constitue une *manipulation* psychologique de l'organe malade, et c'est de cette manipulation que la guérison est attendue[(101)] ».

Le dernier aspect que nous voulons souligner concerne la technique proprement dite qui est celle du sorcier de la forêt.

Ici comme dans toute l'aire indienne, la maladie provient d'un maléfice, et nous retrouvons sous des noms différents les principales affections citées telles que le *susto,* le *daño,* le *Mal de Ojo,* etc., qui toutes proviennent plus ou moins d'une vengeance, d'une haine, d'une envie, etc.

Lorsqu'un sorcier est consulté pour rétablir la présence menacée de dissolution, l'homme de connaissance peut répondre de trois manières différentes selon son origine ethnique.

Chez les Mapuches du Chili, la libération résulte d'un combat symbolique, pour nous, mais réel pour le shaman, contre les esprits maléfiques.

Chez les tribus Navajos d'Amérique du Nord, le sorcier accomplit des rites, « prononce des incantations et prescrit des opérations (installation du malade sur les différentes parties d'une peinture tracée sur le sol avec des sables et des pollens colorés) dont on ne perçoit pas la relation immédiate avec le trouble spécial qu'il s'agit de guérir[(102)] ».

Enfin, dans toute l'Amérique tropicale comme en Alaska et en Australie, le sorcier agit directement sur la partie affectée, par une manipulation buccale, la *chupada* ou succion, après avoir soufflé dessus. On retrouve dans cette dernière pratique le rôle du souffle vital qui par la salive se communique à l'énergie malade du patient, et par la succion aboutit à la victoire des forces mises en jeu par le sorcier sur celles de l'ennemi.

Lorsque cette aspiration rituelle a été pratiquée, le sorcier montre à son patient le corps étranger qu'il a recueilli et qui se présente sous l'aspect d'un insecte, d'une plume, d'une épine, d'un caillou, etc., qu'il avait généralement caché sous ses ongles ou dans sa bouche juste avant. Agissant ainsi le sorcier ne prétend pourtant pas duper son malade, car il ne pense pas qu'il mente ou trompe. Ce concept d'imposture ou de trucage qui fait que nous n'hésitons pas à qualifier brutalement ce genre d'opérations, n'existe en effet que pour nous, qui ne jugeons une réalité que par rapport à nos propres systèmes de mesure, et avec notre présomption culturelle habituelle.

Mais pour le mystique primitif, l'exercice de la représentation repose sur la possession de la puissance qui doit pouvoir être objectivement constatée. Lorsque le sorcier montre à son malade l'épine dans laquelle s'étaient réfugiées les forces maléfiques, il permet à celui-ci de visualiser l'ennemi, c'est-à-dire de le matérialiser par une action symbolique qui correspond au schéma culturel de la personne malade. Car ce qui importe n'est pas tant l'opération physique de la succion que la portée mystique d'une telle procédure. Derrière chaque plume, bois, caillou, insecte, se cache un élément magique que la personne accepte volontiers, de la même façon qu'elle accepte la vision de monstres. Ce qu'elle n'accepte pas « ce sont des douleurs incohérentes et arbitraires qui, elles, constituent un élément étranger à son système, mais que par l'appel au mythe, le chaman va replacer dans un ensemble où tout se tient ». Reconnaître le maléfice, c'est le dominer. Dès lors que la personne malade a compris elle ne fait pas que se résigner : « elle guérit », car elle croit en ces représentations et fait partie d'une collectivité qui adhère également à ces croyances.

Enfin, lorsqu'on détruit le maléfice, il faut observer la façon dont il brûle ou se dissout, ce qui donnera lieu à des interprétations qui renforceront la certitude de l'extraordinaire.

On peut alors se demander pourquoi dans nos hôpitaux « rien de tel ne se produit chez nos malades, quand on leur a expliqué la cause de leurs désordres en invoquant des sécrétions, des microbes ou des virus », étant donné que le monstre est aussi réel pour l'indigène que le microbe pour nous. C'est que le shaman permet d'établir chez son patient une relation du symbole à la chose symbolisée (monstre et maladie) qui est intérieure à son esprit, alors que « la relation entre microbe et maladie est extérieure à l'esprit du patient, c'est une relation de cause à effet (103) ».

Et grâce au *langage* approprié qu'il fournit à son patient lors de la cure shamanistique, le psychopathe primitif permet au malade de reconsidérer sous une expression verbale « des états informulés, et autrement informulables. Et c'est le passage à cette expression verbale (qui permet, en même temps, de vivre sous une forme ordonnée et intelligible une expérience actuelle, mais, sans cela, anarchique et ineffable) qui provoque le déblocage du processus physiologique, c'est-à-dire la réorganisation, dans un sens favorable, de la séquence dont le malade a subi le déroulement. »

Nous voyons la complexité de la personnalité de ce sorcier amazonien qui, tout en possédant des connaissances empiriques très étendues, depuis l'emploi de simples jusqu'aux drogues les plus élaborées, sait combiner les énergies réorganisatrices de l'esprit avec celles des forces menaçant la présence humaine, et par l'ingénieuse manipulation des idées ou des organes sait recréer un nouvel ordre de participation dans le monde qui va renaître pour l'homme racheté, c'est-à-dire guéri.

CONCLUSION

Établir une distinction entre magie bénéfique et maléfique serait aussi absurde que d'établir une différence du même genre pour la science, qui ne saurait être bonne ou mauvaise. L'officiant seul est responsable de l'orientation qu'il donne aux effets que produisent ses pouvoirs magiques. La réserve de haine ou de sollicitude qu'il renferme et qu'il va préciser tout au long de son apprentissage, servira ses desseins aussi habilement dans un sens ou dans l'autre dès lors que sa volonté se concentre tout entière sur son choix.

Dans nos sociétés modernes où la magie a cessé d'être efficace parce que la foi nous a quittés, la science, cette magie rivale, a peu à peu empiété jusqu'à l'envahir tout à fait, sur l'horizon de notre conscience, nous limitant à la seule qualification de « civilisé » face au « non-civilisé ». Mais, si l'on a l'honnêteté de s'interroger sur la valeur de nos connaissances face aux puissances immenses qui dorment en nous et que nous dédaignons, nous pourrons nous demander ainsi : « Qui sait si le sorcier n'a pas appris à les capter? Qui sait si la science, en se développant, n'a pas rendu notre intelligence plus superficielle et sommaire, incapable par conséquent d'appréhender les énergies mystérieuses que perçoit le cœur plus fruste du sauvage (104) ? »

Face à la progression dénaturante de la science, on peut s'inquiéter de savoir ce qu'il reste aujourd'hui, dans nos sociétés surdéveloppées sur le plan économique, de cette pensée magique où la parole et le chant animent toute représentation jusqu'à l'avènement d'une autre réalité.

Comme en dernier écho de la puissance initiale de l'incantation, la musique et la poésie subsistent, malgré tout, fidèles à leur parenté originelle avec la magie. Même si cette civilisation « libératrice » qui fait quotidiennement ses victimes, tend à se superposer à elle pour l'absorber définitivement, « malgré tout la poésie gardera tou jours quelque chose de ses lointaines origines à moins de cesser d'être poésie. Elle gardera le rythme, le jeu puissant des analogies musicales, les correspondances subtiles, cette puissance mystérieuse qui nous arrache à la vie réelle pour nous plonger dans une autre existence, secrète, pleine de résonances inattendues (105) », riche d'une autre réalité; c'est à dire ouvrant au magicien comme au poète les portes d'une connaissance qui permet d'accéder au mys tère des expériences archaïques et de réintégrer la condition de l'homme primordial.

Vaudagne, 1973

NOTES

PREMIÈRE PARTIE

La pathogénie indigène

1. VALCARCEL D. CARLOS, *Rev. Museo Nacional*, t. XI.
2. Elle devint par la suite la personnification de la Terre-Mère sous le nom de la déesse Pacha-Mama, qui va occuper la place la plus élevée du panthéon quechua. Foncièrement bénéfique, elle peut, dans certains cas, se fâcher contre ceux qui l'importunent.
3. Padre de Avila, *Idolatrias de los Indios de Huarochiri*, Lima, 1966 rééd.
4. Aujourd'hui, lorsqu'un indigène meurt, des cérémonies ont lieu durant cinq jours : c'est l'ancien *Pacaricuy* que l'on retrouve sous le nom de *Pichgachiy*.
5. Juan Victor NUNEZ DEL PRADO, *El mundo sobrenatural...*, Rev. Museo Nac., T. 36, 1970.
6. Luis E. VALCARCEL, *La Religion de los antiguos Peruanos*, Rev. Museo Nac., 1939.
7. *Apu* : le Père ; le Grand Seigneur (*Huamanga*). Appelé aussi *Machu*, grand-père, ancêtre, ainsi qu'*Achachila* (surtout en Bolivie). *Auquillo* (de *Auqui*) dans le département de Huanuco. *Wamani* (Ayacucho, Huancavelica) est le Père qui réside sur les sommets, etc.
8. L. VALCARCEL, cité par L. GIRAULT, *Le Rituel populaire dans les régions andines de Bolivie*, inédit.
9. Parmi les *Pakarinas* les plus fameuses est le lac Titicaca, considéré comme le lieu de naissance des dieux. Il représente la matrice d'où l'homme est sorti.
10. Juan Victor NUNEZ DEL PRADO, *Rev. Museo Nac.*, t. XXXVI, 1970. L'auteur rapporte le cas de ce petit village de Qotabamba qui fut assailli par une très violente tempête de neige. Cela fut attribué au fait que l'un des membres de la communauté était coupable d'adultère. Il fut alors obligé de délaisser sa concubine, sous la pression des gens du village.
11. Mircea ELIADE *Mythes, Rêves et Mystères*, Gallimard 1972.
12. H. B. ALEXANDER, *Latin America* in « *Mythology of all Races in Thirteen Volumes* », Vol. XI, Boston, 1920.
13. G. BALANDIER.
14. A. MÉTRAUX, *Tribes of the Western Amazon Basin*, H.S.A.I. vol. III.
15. *Abuelo* : terme espagnol pour : grand-père. Ici au sens d'ancêtre.

16. A. Jimenez Nunez, *Mitos de Creacion en Sudamerica*, 1962.
17. *Légendes, Croyances et Talismans des Indiens de l'Amazone*, Paris, éd. Tolmer, 1923.
18. A. Métraux, *El Dios Supremo, Los Creadores y Heroes culturales en la mitologia sudamericana*, A.I. vol. VI, n° 1, Mexico.
19. Curt Nimuendajù, *The Tucuna*, H.S.A.I., vol. III, Washington.
20. Alfredo Jimenez Nunez.
21. Martin Gusinde.
22. Horacio Zapater, *Notas de viaje por el pais araucano*, Anales de arqeologia y ethnologia, t. XI, Mendoza, 1950.
23. Alfred Métraux, *Les messies de l'Amérique du Sud*, in Archives de sociologie des religions, juil.-déc. 1957, n°4.
24. A. Métraux, *id., ibid.*
25. Maria Isaura Pereira de Queiroz, *op. cit.*
26. Alfred Métraux, *op. cit.*.
27. Curt Nimuendajù, *op. cit.*
28. Maria Isaura Pereira de Queiroz, *op. cit.*
29. Curt Nimuendajù, « *Die Sagen von der Erschaffung und Vernichtung der Welt als Grundlagen der Religion der Apapocùva-Guarani* ». Zeitschrift für Ethnologie, vol. 46, Berlin 1914.
30. Curt Nimuendajù, *op. cit.*
31. Maria Isaura Pereira de Queiroz, *op. cit.*
32. Alfred Métraux, *op. cit.*
33. Maria Isaura Pereira de Queiroz, *op. cit.*
34. Maria Isaura Pereira de Queiroz, *op. cit.*
35. Alfred Métraux, *op. cit.*
36. Alfred Métraux, *op. cit.*
37. Inkarri ou Inkarrey. Dans la région du Callejon de Huaylas, au nord, on parle plutôt du grand rebelle Atusparia.
38. *Gentiles* désigne les hommes d'avant, ceux dont on trouve les momies, en un mot, ce sont les ancêtres.
39. Mythe recueilli en 1970 par A. Ortiz. in *Rev. de Educacion*, ano I, n° 4, Dic. 70.
40. *Id., ibid.*
41. Selon l'expression populaire *pequeno como un piojo*, le pou est la plus petite représentation animale que conçoit l'indigène andin.
42. J. Lastres, *Historia de la medicina peruana*, Lima, 1951.
43. Gerardo et Alicia Reichel D., *Rev. colomb. antrop.*, vol. VII, 1958.
44. Adams, Ph. D. Richard, *Un analysis de las creencias y practicas médicas en un pueblo indigena de Guatemala*, 1952.
45. On a observé une attitude assez fréquente, dans les hôpitaux de Lima où viennent se faire soigner des indigènes : lorsqu'il s'agit de leur pratiquer une ponction lombaire, ils s'effraient, identifiant le liquide céphalorachidien à leur substance d'« âme » pourvoyeuse d'énergie et d'intelligence. Faire une ponction équivaut au vol de l'âme mythique.
46. A. Raimondi, *Itinerario de viajes*.

47. *Id., ibid.*
48. Gerardo et Alicia REICHEL D., *op. cit.*
49. Ce qui par ailleurs est extrêmement rare dans la situation de pauvreté immense de l'Indien, à laquelle se joignent l'absence d'hygiène et les épidémies endémiques, le tout couronné par une absence quasi totale d'assistance médicale.
50. Gerardo et Alicia REICHEL D., *op. cit.*
51. Allan R. HOLMBERG, *Amer. Indig.*, t. XXVII, n° 1, Mexico, 1967.
52. REICHEL DOLMATOFF, *op. cit.*.
53. *Id., ibid.*
54. On retrouve très fréquemment l'apparition, dans ces récits, d'êtres démoniaques zoomorphes, ou celle d'une sirène, qui se manifeste en ces heures où toute personne de bonne conduite doit être dans son lit.
55. REICHEL DOLMATOFF, *op. cit.*
56. *Id., ibid.*
57. E. DE MARINO, *Le Monde magique, Parapsychologie, Ethnologie et Histoire.* Marabout Université, 1971.
58. *Huesero* : *hueso* : os. Sorte de rebouteux.
59. Nous verrons lors de la présentation détaillée de la pharmacopée indigène l'existence de nombreuses plantes soigneusement classées en *calidas, templadas* et *frescas*, chaudes, tempérées et fraîches, correspondant au concept étiopathogène des maladies par la chaleur et par le froid, en plus d'une indication de leur puissance.
60. On conseille le remède suivant : un breuvage à base de cafards grillés et moulus.
61. « *Ollejos que se hacen en la cara por la quemadura del solo frio* », Dr Ugaz, *Etiolofia, topografica y tratamiento de la UTA (lupus) en el Perù*. Cron. Med., 1886.
62. Dr SAMANEZ, *Cr. Med.*, Lima, 1901.
63. VAN DER LEEUW, *La Religion dans son essence et ses manifestations*, Paris, 1970.
64. H. VALDIZAN, *Medicina popular peruana*, Lima, 1922.
65. E. ESCOMEL, La medicina popular de Arequipa, *El Pueblo*, Arequipa, nov., 1921.
66. P. David FRISANCHO, *Creencias i supersticiones relacionadas con las enfermedades del altiplano puneno*, Puno, 1963.
67. Bon nombre de pêcheurs souffrent de cette maladie. Nous verrons plus loin le rôle satanique du crapaud en magie indigène.
68. VAN DER LEEUW, *op. cit.*
69. H. VALDIZAN, *op. cit.* En prévention, on attache au bras droit de l'enfant ou au cou de l'animal un fil de laine rouge d'où pend parfois une graine *huairuro*.
70. H. VALDIZAN, *op. cit.*
71. Luis IBERICO MAS, *El folklore magico de Cajamarca*, 1971.
72. F. SAL Y ROSAS, *El mito de Jani o Susto de la medicina indigena del Perù*, Lima, 1958.

73. Connu également sous les noms de *mal de espanto* (mal de peur), *mantzaque, patza, pachachari* et autres noms se référant à la peur et à l'action de la terre.
74. F. SAL Y ROSAS, *op. cit.*
75. Jean VELLARD, *El concepto del alma entre los Indios americanos*, Lima, 1964. Nous sommes assez près ici, de l'état *amok* de Malaisie, où la perte de la présence est suivie de l'envahissement par une autre présence, qui oblige la victime à se comporter d'une manière différente.
76. J. VELLARD, Inst. Fr. d'Etudes And., 1957-58.
77. VAN DER LEEUW, *op. cit.*
78. *Id., ibid.*
79. Juan de SANTA CRUZ PACHACUTI YAMQUI, *Cronicas peruanas de interes indigena*, Madrid, 1968. Cité par L. Girault, *op. cit.*
80. D. FRISANCHO, *op. cit.*
81. SAL Y ROSAS, *op. cit.*
82. *Id., ibid.*
83. E. de MARINO, *op. cit.*
84. J. VELLARD, *op. cit.*.
85. *Id., ibid.*
86. VAN DER LEEUW, *op. cit.*
87. J. VELLARD, *op. cit.*
88. Cité par VAN DER LEEUW, *op. cit.*
89. Appelée aussi *karkacho* ou *kekey*. Il s'agit en fait de la tête, *uma-pali* (tête qui vole) en tant qu'âme organique qui contient une partie de la potentialité totale de l'âme. Malfaisante, elle vole en mangeant des excréments humains.
90. « Nos têtes volent pendant que nous dormons profondément ; c'est pourquoi nous nous levons fatigués avec des maux de cou et de tête », *Arch. per. de folkl.*, n° 1, Cuzco.
91. VAN DER LEEUW, *op. cit.*
92. J. VELLARD, *op. cit.*
93. Certaines filles-mères n'hésitent pas à faire endosser la paternité de leur enfant né d'une aventure au *duende* du *puquio*, échappant ainsi à la colère des parents. On recommande également de porter sur soi du sel, du piment, de l'ail, du savon parfumé et un peigne pour se protéger de ce génie.
94. SAL Y ROSAS, *Mitologia medica y practicas magicas en el callejon de Huaylas*, Julio, 1956.
95. Guaman POMA DE AYALA, *Nueva Coronica y Buen Augurio*, Inst. d'Ethnologie, Paris, 1936.
96. SAL Y ROSAS, *op. cit.*
97. *Sonko* : cœur ; *nanay* : maladie. On attribue également au mal de cœur des symptômes fonctionnels attribuables aux troubles de cet organe comme des palpitations, des soupirs.
98. Nous tenons l'aspect très détaillé de cette information de toute la documentation que le Dr Sal y Rosas a mise à notre disposition sur les cas

d'épilepsie chez les Indiens du Pérou. Voir : *La concepcion magica de la epilepsia en los indigenas peruanos.*

99. Ou *shonko-nane* (quechua); *cota coral* (espagnol).
100. Sal y Rosas, *op. cit.*
101. Sal y Rosas, *op. cit.*
102. Sal y Rosas, *op. cit.*
103. *Upa* : sot; *kontiyak* : volcanique; d'où : sot qui peut exploser comme un volcan. D'après J.-B. Farfàn.
104. Sal y Rosas, *op. cit.*
105. Version rapportée par E. Coachim de Huaraz au Dr Sal Y Rosas.
106. *Jachu* : résidu pâteux de la coca.
107. Sal y Rosas, *op. cit.*
108. *Los Conceptos de Aire y Susto,* Amer. Indig., vol. XXIX, n° 2, 1969 (Michel Kearney).
109. H. Valdizan, *op. cit.*
110. Polo de Ondegardo. *Relacion de las idolatrias de las indias en los quatro caminos que salian del Cuzco.* Lima, 1917.
111. H. Valdizan, *op. cit.*
112. Van der Leeuw, *op. cit.*
113. Villagomez, cité par Sal y Rosas, *op. cit.*
114. Sal y Rosas, *op. cit.*
115. Van der Leeuw, *op. cit.* « Le primitif ne connaît qu'une communauté. La distinction entre communauté spirituelle et communauté temporelle ou laïque lui est totalement étrangère. Pour lui, la vie demeure un tout et dans la communauté l'élément commun se confond avec la vie puissante. »
116. La base de la coutume n'est pas la conscience morale, et encore moins l'intention. C'est uniquement la qualité de la potentialité développée par un acte déterminé.
117. La révolte des objets contre les hommes, telle que le rapporte la mythologie quechua, est en relation avec une éclipse solaire totale.
118. Les astres sont soumis aux mêmes lois et aux mêmes risques que les humains dès qu'ils s'éloignent du cycle de la coutume.
119. Cette croyance est signalée dans le monde entier.
120. Lévi-Strauss, *Du miel aux cendres,* Paris, Plon, 1968.
121. *Monografia de la prov. de Parinacochas, por el Magisterio pedagog. provincial.*
122. Van der Leeuw, *op. cit.*
123. *Chira :* farine, sable fin. Également nommé : *kuychi.* En Bolivie : *kurmi.*
124. L'intensité des couleurs de l'arc-en-ciel provient de la grosseur des gouttes de pluie. Si leur diamètre est inférieur à 0,05 mm, il devient blanc.
125. Garcilaso de La Vega.
126. J. Lira, *Farmacopea tradicional indigena y practicas rituales,* Lima, 1946.
127. Ernest de Marino, *op. cit.*
128. Mircea Eliade, *op. cit.*.

DEUXIÈME PARTIE

Diagnostic

1. Oscar VALDIVIA PONCE, *Historia de la psiquiatria peruana*, Lima, 1964.
2. Les anciens Péruviens se rendaient en pèlerinage à Pachacamac (côte sud de Lima). Dans un lieu secret, se tenait une idole, sorte d'oracle très consulté : *Rimac* (celui qui parle). Lorsque Pizarre prit connaissance de cela, il voulut s'emparer de l'idole, mais lorsqu'il arriva dans la ville religieuse, celle-ci avait disparu et n'a jamais réapparu.
3. Anciennement *hampicamayok* (*hampi* : médecine).
4. J. LIRA, *op. cit.*
5. A. RAIMONDI, *op. cit.*
6. *Medicine* est pris dans son sens de « force », « puissance ». Le *medicine man* d'Amérique du Nord est très différent de celui d'Amérique du Sud. De même que le chaman sibérien qui se place comme l'axe religieux de la communauté n'a que peu à voir avec le sorcier des Andes, mais se rapproche beaucoup plus du sorcier amazonien.
7. Voir l'équipe du Dr Seguin, avec O. Valdivia, Mario Chiappe de l'hôpital Obrero de Lima.
8. *Brujo* : sorcier (espagnol); *curandero* : guérisseur.
9. Elles utilisent principalement la pharmacopée par les simples, préparent des breuvages et jouent le rôle de pythies en examinant les entrailles des animaux.
10. SAL Y ROSAS, *op. cit.*
11. SAL Y ROSAS, *Mitologia médica y practicas màgicas en el Callejon de Huaylas.*
12. Carlos D. VALCARCEL, *Rev. Museo Nac., Tomo XI*, 1942.
13. *Id., ibid.*
14. *Id. ibid.*
15. *Id. ibid.*
16. *Id. ibid.*
17. Carlos D. VALCARCEL, *op. cit.* Supay n'obéit pas vraiment à la dualité chrétienne du bien ou du mal, car il est l'un ou l'autre selon les moments et possède également des pouvoirs divinatoires. En Bolivie, il est particulièrement redouté dans les mines, où on le vénère le 1er août sous le nom de *Tio* (oncle).
18. On parle plus couramment de *curandero* (pour le bon) et de *brujo* pour le mauvais sorcier.
19. « Celui qui pense beaucoup », ou selon José Marroquin « celui qui sait beaucoup », *Rev. Museo Nac.*, t. XIII, 1944.
20. LIRA J., *op. cit.*
21. *Paqo* : voyant; *hatun-paqo* : grand voyant.
22. LIRA J., *op. cit.*

23. *Pongo* : aussi nommé *punku* : porte ou portier, de par ses pouvoirs d'ouvrir la porte de la montagne vivante.
24. José Maria DE ARGUEDAS, *Puquio, una cultura en proceso de cambio*, 1956.
25. Henri FAVRE, *Tayta Wamani, le culte des montagnes dans le centre-sud des Andes péruviennes*, 1967.
26. *Orqo* : mont; *jayaqoq* : celui qui appelle.
27. H. FAVRE, *op. cit.*
28. *Id., ibid.*
29. P. Miguel CABELLO DE BALBOA, *Historia del Perù bajo la dominación de los Incas*, T. 2, Lima, 1920.
30. Chez les Mapuches, la condition *sine qua non* qui détermine la vocation du chaman est le *perimontun* (avoir des visions), état hallucinatoire dont souffrent certaines femmes et qui est la première révélation de sa condition de *machi*. (Dowling Jorge.)
31. Miguel Justino RAMIREZ, *Folklore*, n° 31, Lima, 1953. La notion de puissance est en effet associée à celle de chaleur. On retrouve également cette conception dans la description des plantes médicinales et alimentaires.
32. Alors qu'en Amazonie aucune particularité de ce genre n'est considérée.
33. De *chajra* : champ et *huma* : tête; tête comme un champ (labouré).
34. José MARROQUIN, *Particularidades del indigena de Puno*, Rev. Museo Nac., t. XV, 1946.
35. *Id., ibid.*
36. Louis GIRAULT, *Classification des plantes médicinales chez les Callawayas*, Journal de la Société des Américanistes, 1966. Ils sont déjà mentionnés à l'époque de la Conquête, « de nos jours certains se sont dirigés vers les professions libérales, le droit par exemple. Ceux qui continuent l'exercice de la médecine parlent une quatrième langue (en plus de l'aymara, du quechua et de l'espagnol) de caractère ésotérique et de transmission orale ».
37. M. GUSINDE, *Ciba*, n° 60. Bâle, 1947.
38. TSCHUDI, *Contribuciones a la Historia, Civilizacion y Linguistica del Perù antiguo*. Colecc. Romero Urteaga, t. IX.
39. *Id., ibid.*
40. Cristobal DE MOLINA, *Fabulas y ritos de los Incas*, 1943.
41. RASMUSSEN, *Intellectual Culture of Iglulik Esquimos*; cité par E. de Marino, *op. cit.*
42. Nous verrons plus loin que Santiago (saint Jacques), assimilé à l'ancien Tonnerre, est aussi le représentant du *wamani*, patron protecteur des troupeaux. Et le 25 juillet, fête du saint patron, est aussi le jour du *señalacuy*, ou marque du bétail que l'on place sous la protection du *wamani*.
43. Pablo José DE ARRIAGA.
44. Padre Bernadé COBO.
45. *Intik Wachinan* : soleil qui naît : le levant : bénéfique et en relation avec la main droite.
46. *Intik Chullan* : soleil qui se cache : le couchant : maléfique, en relation avec la main gauche.

47. Josefath ROEL PINEDA, *Creencias y pràcticas religiosas en la provincia de Chumbivilcas,* Hist. y Cult., Lima, 1966.
48. GARCILASO DE LA VEGA.
49. Le blanc, *yurak,* associé à *Pacha-Mama,* est donc de caractère féminin et symbolise la fertilité. Dans notre exemple, il s'agit vraisemblablement d'un remerciement joint à un souhait de protection sur les récoltes et les troupeaux.
50. Cela s'appelle *usnuy.*
51. Bien avant le symbolisme chrétien de la Trinité, le chiffre trois, et ses multiples, a revêtu chez l'indigène des Andes une force particulière.
52. Jorge LIRA, *El demonio de los Andes,* Tradicion, v. I, 1950.
53. LÉVI-STRAUSS, *Le Cru et le Cuit,* Paris, Plon, 1964.
54. L'*apu,* comme l'*auki,* est l'esprit des ancêtres qui habitent les monts. C'est d'eux que le *paqo* reçoit enseignement et sagesse, soit directement, soit indirectement par l'intermédiaire du *hatun paqo.*
55. Jorge A. LIRA, *op. cit.*
56. Mircea ELIADE, *op. cit.*
57. E. DE MARINO, *op. cit.*
58. Carlos CASTAÑEDA, *L'Herbe du diable et la petite fumée,* Éd. Le Soleil noir, 1972.
59. Nous avons déjà mentionné ce phénomène. Voir G. B. Cavero, *op. cit.*
60. La réintégration de la tête du sorcier sur son corps peut être empêchée en passant de la cendre sur celui-ci.
61. Toutes ces plantes sont présentes au Pérou comme dans toute l'Amérique du Sud, où elles sont largement utilisées par les sorciers.
62. Utilisant une recette donnée dans un ouvrage de 1568, Peuckert réussit à reconstituer cet onguent et l'expérimenta sur lui. Cité par Théo Löbsack, *La Manipulation de l'esprit,* Fayard, 1971.
63. S. FERCKEL, *Hexensalbe und ihre Wirkung.* Cité par Théo Löbsack, *op. cit.*
64. S. FERCKEL, *op. cit.*
65. J.-M. PELT, *Drogues et Plantes magiques,* Horizons de France, 1971.
66. J. LIRA, *Farmacopea tradicional indigena,* Lima, 1946.
67. *Wahi* : racine ou végétal provenant des vallées tropicales et dont tous les éléments jouent un rôle curatif, alliant les qualités d'hypnotisant, de suggestif et de magnétique.
68. VAN DER LEEUW, *op. cit.*
69. Jimenez BORJA, *Rev. Museo Nacional,* t. XXII, Lima, 1953.
70. VAN DER LEEUW, *op. cit.*
71. VAN DER LEEUW, *op. cit.*
72. Juan DONAYRE VIZARRETA, *Campiña Iqueña,* 1941.
73. Jimenez BORJA.
74. Voir les cas de lycanthropie, transformation de l'homme en loup, le *Bärenhauter* germanique où l'homme prend l'aspect d'un ours. *Cf.* aussi les procès d'animaux qui eurent lieu en France jusqu'en 1845.
75. José Angel MIÑANO G., *Las brujas y shapingas de Chicano,* Cahuide, Lima, 1950.

76. Mac LEAN Y ESTEÑOS, *La brujeria en el Perù*, XXVIIe Congreso intern. de Americanistas, Lima, 1939.
77. *Id., ibid.*
78. Égorgeur.
79. Il y a quelques années on découvrit près de Huancayo (Andes centrales du Pérou) un charnier contenant des bras et des jambes à profusion. Les troncs furent retrouvés plus tard au Callao (port de Lima). Un début d'enquête fit entrevoir l'existence d'un sordide et vaste trafic de graisse humaine, puis l'affaire fut apparemment étouffée avant toute explication.
80. YARROW, *Enfoque del curanderismo en el departamento de Lambayeque, Perù.*
81. Ricardo PALMA, *Tradiciones peruanas.*
82. H. VALDIZAN, *op. cit.*
83. VALDIZAN, *op. cit.*
84. Vient de *nevar* : neiger; *nevada* : chute de neige.
85. *Id.*
86. Edmundo ESCOMEL, *Arequipa et sa physionomie médicale climatique*, Paris, 1908.
87. *Taqiar la puerta* : barrer la porte (condamner); *trancar al odiado rival* : littéralement : barrer le rival haï.
88. Il s'agit en fait de découvrir l'emplacement du maléfice.
89. *Magnifica* : déformation de Magnificat. Prière que l'on récite pour se protéger des influences démoniaques.
90. H. VALDIZAN, *op. cit.*
91. Deviner par les cartes.
92. JAIMER, *Salas, brujos y brujeria*, Dominical Comercio, 1968.
93. Aujourd'hui qu'elles sont mortes, on se rappelle avec émotion trois des plus fameuses sorcières de Salas : La Vieja, Doña Joya et Señora Catalina qui eurent des visions dont on constata la réalisation par la suite.
94. Dans le département de Piura.
95. Nous décrivons en détail les différentes *mesas* au cours des rites magiques exposés dans les chapitres suivants.
96. Alberto GUERRERO, *El buen brujo.*
97. L'ombre est une des figures de l'âme les plus frappantes. C'est une âme « semi-détachée », nécessaire à la vie, c'est la vie elle-même. Les défunts n'ont pas d'ombre, ni les démons. Envoûter une ombre provoque l'envoûtement de son propriétaire.
98. Alfonsina BARRIONUEVO.
99. Selon des informations locales, il aurait eu lieu à Gaznape (près du département de Cajamarca) où l'on nota un intense va-et-vient de sorciers dans les villages voisins. *El Comercio*, 6 nov. 1971.
100. G. José Angel MINANO.
101. SHIROKOGOROFF, *The Psychomental Complex of the Tungus*, cité par E. de Marino, *op. cit.*
102. En octobre 1972.

103. Président de la Société nationale de psychothérapie et chef du service de psychiatrie à l'« hospital Obrero » de Lima.
104. Cette opération est presque toujours menée par une femme.
105. Littéralement : nettoyage par le *cuy*; également nommée : *sobado del cuy* : friction ou frottement avec le *cuy*.
106. SAL Y ROSAS, *Diagnostico y pronostico en indigenas peruanos*, Lima, 1967.
107. Le Credo est en effet particulièrement recommandé dans les cas de *susto*.
108. « Il souffre, petit père, il souffre. »
109. SAL Y ROSAS, *El mito de Jani o Susto*, Lima, 1958.
110. Jupes indigènes de lainages aux différents coloris.
111. Ceux-ci seront traités par des massages, des secousses destinés à les remettre en place.
112. SAL Y ROSAS, *op. cit.*
113. Citons le cas de Félicitas Baltazar, marié et père de famille, qui fut transporté à l'hôpital et soumis à un traitement pour anémie. Son état durant sans s'améliorer, il obtint de quitter l'hôpital et retourna à Huamantanga voir la Ruperta. Celle-ci le frotta par le *cuy*, diagnostiqua « pris par les ancêtres », et le guérit rapidement.
114. *Erythroxylon Coca*. Il existe 53 espèces de cocas au Pérou. Celle du sud du pays possède le plus fort degré d'alcaloïde, soit 1 g de cocaïne pour 100 g de feuilles. Le Pérou est le premier exportateur mondial de cocaïne.
115. *Chacchar* : mastiquer une chique de coca.
116. E. LOPEZ ALBUJAR, *Cuentos Andinos*, Lima, 1920.
117. SAL Y ROSAS, *op. cit.*
118. « *Mamàcha, Cucacha, Montaña mùsiaq rapra huillarka, huillécallàme, àhuilucunapa jutincho. Fulano cachacankacu o mànacu ?* »
119. *Quirquincho* (*Dasypus villosus*, Desm.). Le père Cobo mentionne les nombreuses vertus médicinales de ce petit animal : sa graisse est employée contre les contractions nerveuses et pour résoudre les tumeurs. Les poudres des petits os de la queue, bues avec de l'eau tiède et du jus de citron, font évacuer la pierre de la vessie et des reins et sont aussi employées dans les cas de rétention d'urine.
120. Dans une autre méthode, le devin forme une croix avec quatre feuilles puis laisse tomber la coca. Le message sera interprété différemment selon la disposition symbolique des feuilles dans la partie supérieure ou inférieure, droite ou gauche, de la croix.
121. Louis GIRAULT, *op. cit.*
122. SAL Y ROSAS, *op. cit.*
123. *Puru* : minuscule *porongo* (calebasse) qui contient la chaux servant au mélange avec la coca.
124. Dans le nord du Pérou, on pratique le *cuti-chiki*, qui consiste à deviner, parmi plusieurs personnes soupçonnées, celle qui est coupable. Il se pratique au moyen d'une chique de coca. Si elle est douce, les pronostics sont confirmés et le soupçonné devient coupable.
125. Certains sorciers préfèrent la marque de cigarettes *Nacional* (gros tabac, brun et fort) car les autres marques *no avisan*, ne livrent pas d'information.

126. H. VALDIZAN, *op. cit.*
127. Dans le Nord où l'on parle le dialecte chinchaysuyu, on nomme *tushnu* une méthode divinatoire au moyen de la terre qui a conservé la trace du malfaiteur. Frite avec de la graisse, cette terre est ensuite jetée dans un endroit spécial, où habitent certaines fourmis qui bien vite font tomber les os du malfaiteur et provoquent une ulcération du pubis, jusqu'à ce que celui-ci tombe en morceaux. *Rev. Hist.*, Lima, 1919.
128. H. VALDIZAN, *op. cit.*
129. Ces facultés paranormales de connaissance sont attestées dans de très nombreuses observations ethnologiques. Chez les Pygmées, Trilles parle de semblables cas de clairvoyance, aidant à la découverte d'un voleur au moyen d'un miroir magique.
130. Il s'agit du maléfice, généralement représenté par un mannequin de paille ou de chiffons.
131. *Quinto* ou *kintu*. Dans son sens rituel, il s'agit de trois feuilles de coca choisies pour leur perfection et qui sont disposées en éventail, la face verte vers le haut.
132. Également très connue en Europe.
133. Méthode très semblable à celle du test de Rorschach, avec cependant la différence, ici, que c'est l'agent qui interprète et non pas le patient.
134. On utilise également des bougies que l'on fait fondre et couler dans l'eau froide, où la cire dessine des formes qui sont ensuite interprétées par le devin.
135. Louis GIRAULT, *op. cit.*
136. Rappelons que les laines indigènes ne sont point traitées, mais seulement teintes avec des colorants naturels et particulièrement l'alun (sulfate) connu sous le nom quechua de : *kkollpa*, en aymara : *millu*.
137. LIRA, *op. cit.* L'alun ou *kkollpa* est employé dans de nombreux cas. En magie noire et en sorcellerie, comme hémostatique et aussi comme teinture des textiles. Mais surtout pour *enlever*, prendre la maladie. Soit pour détourner une affection identifiée, soit pour deviner et établir un diagnostic. Parfois, on peut combiner ces utilisations. Dans toute l'aire andine, l'alun est très employé. En Bolivie, les Aymaras en frottent le corps du malade afin de connaître la nature de son affection. Et Nodenskiold rapporte que « le corps se retrempe si on se frotte la figure avec de l'alun ».
138. *Ruda : Ruta graveolens L.* Introduite par les Espagnols. L'infusion des branches se prend contre les palpitations et en général est un antispasmodique.
139. *Maycha* : « C'est une plante dont les feuilles sont comme celles du pêcher. Les Indiens se servent de sa décoction, quand ils ont des obstructions. Elle nettoie les reins et la vessie, sert contre la rétention d'urine, réduit toute enflure des jambes », Bernadé Cobo, *op. cit.*
140. Voir le tableau p. 138.
141. H. VALDIZAN, *op. cit.*
142. Certaines campagnes ont conservé ce sens religieux, bien que très diminué.

143. Guaman Poma de Ayala, *op. cit.*
144. Dans l'un et l'autre cas, on se met à l'abri...
145. On retrouve l'influence espagnole dans la représentation de Supay, le diable, avec des cornes.
146. R. Paredes, *op. cit.*
147. *Missa-choklo* : épi de maïs possédant une face carrée rougeâtre au milieu des autres grains.
148. Cette méthode est connue dans toutes les campagnes occidentales encore traditionnelles.
149. J. Lira, *op. cit.*
150. Ou *coya raimi* : fête de la reine ; instituée par l'Inca Yupanqui.
151. Cette expulsion symbolise le renvoi rituel du véhicule humain ou animal des maux affectant la communauté. C'est le « bouc émissaire » chassé dans le désert par les Hébreux.
152. Collasuyu, Chinchaysuyu, Antisuyu, Contisuyu.
153. Il s'agit du sang de quatre brebis absolument sans taches, nommé *cuyllu*.
154. *Allpanchis phuturinka*, Cuzco, 1971.
155. J. Lira, *op. cit.*
156. Mircea Eliade, *op. cit.*
157. Qui est à l'origine la date de l'*inti-raymi*, fête du Soleil.
158. H. Valdizan, *op. cit.*
159. Durkheim.
160. Van der Leeuw, *op. cit.*
161. Henri Favre, *op. cit.*
162. J.-M. Arguedas, *Religion et magie à Puquio.*
163. M. Ulpiano Quispe, *La herranza en Choque Huancaya y Huancasanyos.* Ayacucho, 1969.
164. J.-M. Arguedas, *op. cit.*
165. Il est fréquent d'entendre dire les gens, quand une jeune fille ne se marie pas, qu'elle est *comprometida* (engagée) avec le Wamani. Celui-ci, fort jaloux, ne permet pas qu'on la touche. En échange, il lui offre de riches troupeaux, de ceux qu'il possède en son centre, et qui se caractérisent par leur chair jaune. Le Wamani possède également toutes les plantes de l'altiplano.
166. Jorge Lira, *op. cit.* Ici le Wamani est nommé Paraje.
167. *Id.*
168. « Petit Père. »
169. J.-M. Arguedas, *op. cit.*
170. Shirokogoroff, *op. cit.*
171. *Llampu* : pierre blanche d'aspect crayeux, douce au toucher, à valeur symbolique d'apaisement.
172. *Chicha* : boisson de maïs fermenté. *Ñahuin* : la première récolte, la première boisson obtenue et que personne n'a touchée. On dit de même *ñahuin coca*, coca vierge.
173. Lorsqu'il s'agit d'une demande particulièrement exigeante, le sorcier peut compléter le *pago* (paiement) par un *cuy*, un cochon ou un chiot.

174. Lors de cette marche d'approche il fut bien conseillé de signaler si l'on entendait ou voyait un homme ou un animal, ce qui aurait compromis ou rendu très dangereuse la rencontre avec l'esprit.
175. E. DE MARINO, *op. cit.*
176. LIETZMANN, *Messe und Herrenmahl* dans VAN DER LEEUW, *op. cit.*
177. Le mont Thabor en Palestine, le mont Olympe en Grèce, le Fuji au Japon, etc.
178. A. MÉTRAUX, *Religions et magies indiennes d'Amérique du Sud*, NRF, Gallimard, 1967.
179. Notre information est d'une part tirée des ouvrages des auteurs sud-américains : H. Valdizan, R. Pardal, J. Lira, mais aussi directement recueillie auprès des utilisateurs de *chifles*.
180. Voir l'explication détaillée plus loin.
181. Mario C. VASQUEZ, *La chicha en los paises andinos*, Amer. Indig. Mexico, 1967, vol. XXVII.
182. Padre COBO, *op. cit.*
183. J. LIRA, *op. cit.*
184. J. LIRA, *op. cit.*
185. De *Quinoa (Cheropondium quinoa)*, de *Jume (Salicornia peruviana)*, de *Cachiyuyu (Atripex pamparum)* et de *Chacanhuai* (légumineuse dont les propriétés stupéfiantes sont utilisées dans la pêche au narcotique).
186. Bernadé COBO, *op. cit.*
187. En aymara : *chamaka* : « être dans les ténèbres ». Effet propre de l'intoxication.
188. 25 g de feuilles avec 800 g d'eau.
189. Au Venezuela il est appelé *cacaito, hojas de tapa* ; aux États-Unis, « Pomme du Pérou », *Jamestown Weed.*
190. Les quantités d'alcaloïdes sont plus élevées dans les graines, mais en quantités égales dans les feuilles et les fleurs.
191. *Datura arborea*, pour l'espèce à fleurs blanches, qui est détersive, émolliente. L'autre espèce, *Datura sanguinea*, de fleurs rouge jaunâtre, est employée en sorcellerie.
192. C'est le faux-poivrier qui croît dans les jardins du midi de la France.
193. H. VALDIZAN, *op. cit.*
194. Mal provoqué par un mauvais vent.
195. « Sang sauvage. »
196. Certains médecins étrangers ayant cherché avidement à s'en procurer ont créé un courant mercantile, d'où un prix relativement élevé.
197. Nous avons pu constater *de visu* les effets cicatrisants de cette sève qui semble accélérer la régénération des tissus détruits.
198. Identifié par GUTTIEREZ-NORIEGA comme *Opuntia cylindrica* ; rectifié par Cl. Friedberg comme étant *Trichocereus pachanoï*, qui contient 1/2 g de mescaline par kilo de matière fraîche.
199. *Chumarse* signifie s'enivrer en Colombie, Équateur, Pérou et Bolivie.
200. B. COBO, *op. cit.* Cité par Cl. Friedberg.

201. Le *san pedro* est signalé en Bolivie dans la région de Cochabamba, en Équateur sous une forme cultivée.
202. Carlos GUTTIEREZ NORIEGA, *Alteraciones mentales...*, Rev. Neuro-psiq. n° 10, Lima, 1947.
203. *Aya* : mort; *huasca* : liane. Appelée aussi : *yagé, capi, ou cabi.*
204. L. HARO ALVEAR, *Shamanismo y farmacopea en el reino de Quito.*
205. Il s'agit de : *Banisteria Caapi — Quitensis inebrians* et *metallicolor.*
206. *Ccoras* : herbes sylvestres; *hatun hampi nutum* : « poudres de grands remèdes ». Ce sont des remèdes très puissants dans la composition desquels entrent des éléments des trois règnes.
207. Pseudoméloe. Connus également sous le nom indigène d'*uchu-ccaspa* : « piment grillé », « car ils sont de couleur rouge tachée de noir, ressemblant au fruit grillé du *Capsicum annuum L.*, appelé vulgairement piment jaune ou piment coloré ».
208. E. ESCOMEL. *Un nouveau pseudo-méloïde, insecte médicinal du Pérou,* Bull. Sté pathol. exotique, T. XIX, n° 3, 1926.
209. La peau du crapaud contient deux substances : la bufonine et la bufotaline. La première présente de grandes ressemblances avec la colestérine dont l'action très antitoxique sert contre le venin de la vipère. C'est pourquoi, devant son ennemi, le crapaud s'entoure de bave qui contient ce même élément toxique pour le serpent. L'erispèle détruit les globules rouges, la bufonine empêche cette destruction.
210. A la fête de l'*inti raimi.*
211. GARCILASO DE LA VEGA, *Los comentarios reales de los Incas*, t. I, 1938.
212. *Id., ibid.*
213. Broyé et soufflé sur la victime, il provoque des maux de tête et un empoisonnement du sang.
214. L'argile possède : 54,40 % de silice; 23,40 % d'alumine; 6,90 % de peroxyde de fer; 2,80 % de chaux; 1,58 % de magnésie; 10,50 % de potasse, manganèse, eau, etc. A. Raimondi, *op. cit.*
215. *Puca* : chose; *llampu* : doux.
216. Petits débris arrondis de coquillages, ou d'or et d'argent.
217. Cela s'appelle : *Yawarninwàn onkkosiaskka.*
218. J. LIRA, *op. cit.*
219. Bernadé COBO, *op. cit.*
220. SAL Y ROSAS, *Concepcion màgica de la epilepsia.*
221. VAN DER LEEUW, *op. cit.*
222. Notons que la *pasca*, qui signifie « pardon », est particulièrement efficace dans une maladie comme le *sonko-nanay* lorsqu'elle a son origine dans le péché.
223. SAL Y ROSAS, *op. cit.*
224. *Id., ibid.*
225. Dr E. BELLO, *La Reforma médica*, 1940, *El original tratamiento con orina de las heridas, tradicional entre los Indios peruanos.*
226. Particulièrement dans le département de Huancavelica.
227. On retrouve cependant parfois des influences de la médecine moderne

sur la médecine indigène. C'est le cas de ces amulettes qui sont enfermées dans un petit flacon de pénicilline et vendues fort chères, car elles possèdent désormais, en plus de leur puissance magique, celle du médecin de la ville.

228. Les coloris noir, marron, violet symbolisent des étapes ou phases de la vie voisines de la mort. Alors que les couleurs claires sont associées à des idées de renouveau, de fertilité, de renaissance.
229. *Chiuchi* : petit; *recado* : cadeau. On ne les voit pas exposés sur les étals des *chifleras*, il faut les réclamer pour qu'ils apparaissent.
230. L'ensemble des trois : bonbons, pastilles et « confites » forme la *ch'ua*.
231. Bandelier rapporte que l'on enterrait des « cœurs », faits d'objets en métal, lors de l'édification de palais et de bâtiments impériaux. Ces trésors seraient à l'origine des actuels *chiuchi-recado*.
232. Connu également sous le nom de *pan de oro, pan de plata*.
233. Louis GIRAULT, *op. cit.*
234. La coca, la *chicha*, les cigarettes se retrouvent de la même façon dans les *mesas* maléfiques ou bénéfiques.
235. Louis GIRAULT, *op. cit.*
236. *Miskki* : doux, agréable; *miskki asnakk* : odeur agréable.
237. *Pacha-unto* : suif de la terre. *Wira* : graisse; *pacha* : terre; *tika* : fleur.
238. *Parches-chunchos* : emplâtres préparés avec des plantes médicinales de la forêt, de l'huile de lézard et de la graisse de couleuvre. Ils sont vendus sur tout le territoire péruvien et au-delà pour leur grande efficacité contre les douleurs rhumatismales, les tours de reins, l'asthme, etc.
239. LÉVY BRUHL, *Le Surnaturel et la nature dans la mentalité primitive*, Paris, 1931.
240. Selon PAREDES, *op. cit.* : *konopa* ou *kanapa* vient de : *khama* : clarté, lumière du jour, et aussi vérité et démonstration de celle-ci. *Pa* : particule qui est un suffixe positif de la langue aymara, signifiant : de lui, d'elle. *Kanapa* : la lumière de lui, ou sa démonstration. De qui ? Du phénomène de puissance produit ou de son auteur.
241. ARRIAGA, *op. cit.*
242. En quechua : *illa* : briller, être présent. Dans le dialecte chinchaysuyo du nord du pays, ce sont de petites idoles de pierre qui ont la propriété de faire multiplier prodigieusement les animaux qu'elles représentent.
243. Rite connu sous le nom de la *tinkasca*.
244. H. VALDIZAN, *op. cit.*
245. Max UHLE, *Las llamitas de piedra del Cuzco*, Rev. Hist., T. I, Lima, 1906.
246. Appelées *enq'a*. Ainsi on a *oveja-enq'a, llama-enq'a* : lama-amulette, etc., présentées par Max Uhle, *op. cit.*
247. Max UHLE, *op. cit.*
248. La main de Fatma, par exemple.
249. *Llalle subi kochka* : amulette de bonne main. *Iti subi sepja* : talisman de mauvaise main. On l'enterre dans le champ du voisin à qui l'on veut nuire, avec des laines sombres.

250. *Huasi* : maison. Voir tableau 3, n° 7-8, p. 182.
251. On connaît ainsi une *illa* qui représente une femme enceinte et que l'on gardait pour avoir des enfants. Colec. *Museo Hist. Nac.*
252. Cité par Paredes : FIDEL LOPEZ, *Les Races arriérées du Pérou. Leur religion, leur histoire*, Paris, 1871.
253. Voir tableau 3, fig. 1, 2, 3, 4, 5, 7, p. 182.
254. Voir le tableau n° 3, fig. 4, p. 182.
255. Alors que le pentacle, forme la plus évoluée du talisman, est actif. Car l'énergie qu'il renferme, sous l'aspect d'une formule écrite, intervient activement avec ou contre les forces cosmiques.
256. Ou *ekako*.
257. Anciens habitants du Collas (région du lac Titicaca).
258. R. PAREDES, *op. cit.*
259. H. VALDIZAN, *op. cit.*
260. Sans parler des séculaires agressions sociales qu'une « pseudo révolution » n'a point fait disparaître.
261. Principes impersonnels que Frazer dénomma : loi de similitude (le semblable appelle le semblable) et loi de contagion (les choses qui ont été une seule fois en contact continuent d'agir l'une sur l'autre, alors même que ce contact a cessé).
262. R. BASTIDE, *Éléments de sociologie religieuse.*
263. La croix est le symbole le plus ancien et non pas d'origine catholique. Deux significations lui sont attribuées : les fruits tombent de l'arbre, mais c'est aussi la rencontre de deux lignes horizontale et verticale. La première représente la stabilité et le calme de l'eau. La seconde le mouvement du feu, leur rencontre établit l'harmonie complète.
264. *Oración del Justo Juez.*
265. Citons la maison hantée *Matusita*, face à l'ambassade des États-Unis à Lima. Le rez-de-chaussée est occupé par un magasin, tandis que le premier étage, réputé pour le passage d'esprits, est abandonné, fenêtres battantes, à l'humeur nocturne de forces qui, malgré certaines expériences tentées en ce sens, n'ont pu être comprises.

TROISIÈME PARTIE

Les rites magiques

1. R. BASTIDE, *op. cit.*
2. *Id., ibid.*
3. Vient de *limpiar* : rendre propre, nettoyer. On trouve aussi une autre appellation pour cette méthode : la *muda* ou *truca* (de *trucay* : changer).
4. Alonso DE LA PENA MONTENEGRO, *Itinerario para parrochos de Indios.*
5. Sorte de bouillie épaisse à base de maïs.
6. Les honoraires d'une *limpia* sont établis par l'officiant tout en suivant un

certain cours. Si le malade apporte le matériel nécessaire : 10 soles : 0,80 F, sinon cela peut atteindre 100 soles. Le *cuy* coûte environ 30 soles.

7. Dans les cas graves la *limpia* doit être effectuée trois fois.
8. *Passiflora quadrangularis*. Le fruit est bon pour dissoudre les calculs rénaux.
9. H. VALDIZAN, *op. cit.*
10. Parfois on y mêle les fleurs de *molle*, *ruda*, la « *Yerba del gallinazo* » (*Chenopodium opulifolim Schrad.*), le *paico*, très sudorifique, qui résout de nombreuses tumeurs, déjà attesté par les chroniqueurs. Le *marco* ou *altamisa* (*Ambrosia peruviana Willd.*). Mais, nous dit Valdizan, il faut bien éviter le *juan alonso* (*espina de perro*) (*Xanthium spinosum L.*) qui sert en cuisson dans les affections hépatiques ou rénales, mais ici risquerait de rompre les os du malade.
11. La *shokma* peut être réalisée par un homme ou une femme, mais le *janikayaqui* ne peut l'être que par un homme.
12. SAL Y ROSAS, *El mito de Jani o Susto de la medicina indigena*, Lima, 1958.
13. *Id., ibid.*
14. « Petit *auqui*, salut Très Sainte Vierge, c'est moi qui viens. »
15. SAL Y ROSAS, *op. cit.* : *Shácami, éhuacushún, cuticúshum, huayintzicman. Cuticami, quéchomica, méchótak canqui.*
16. *Rezar* : prier.
17. H. VALDIZAN, *op. cit.*
18. Padre B. COBO, *op. cit.*
19. Luis IBERICO MAS, *El Folklore màgico de Cajamarca*, 1972.
20. Amulettes amoureuses.
21. « Rendre sot. »
22. Certains sorciers péruviens n'en sont pas moins de véritables artistes qui obtiennent des représentations très ressemblantes de la victime que parfois ils n'ont jamais vue.
23. Ainsi certains lieux ou objets tabous ne peuvent être appelés de leur vrai nom sans danger de se « brûler » au contact de la puissance évoquée.
24. VAN DER LEEUW, *op. cit.*
25. *Id., ibid.* Un cas semblable nous fut rapporté par un témoin direct de la vallée d'Evolène (Suisse), où toute une famille pendant plusieurs générations fut victime d'un envoûtement particulièrement violent.
26. Montagnes du département d'Ayacucho, où s'est réalisée cette cérémonie.
27. Il s'agit ici de plonger les doigts dans l'alcool et de l'envoyer dans la direction des montagnes, en une sorte de bénédiction.
28. Le souffle a également une valeur positive dans l'offrande. Ainsi, l'Indien qui entrait dans le temple « portait les mains à ses sourcils pour en arracher et il les soufflait vers l'idole en signe d'adoration et d'offrande. Cette adoration, il ne la faisait pas au Roi (Inca) mais aux idoles, aux arbres et autres choses où le démon entrait pour leur parler ». (Garcilaso de La Vega, *op. cit.*)
29. « Qu'est-ce que ça donne, Senor ?
    — Je crois que nous allons bien faire. »

30. La parole écrite sur un papier que l'on place à l'envers agit comme un charme.
31. Ramos Gavilán Alonso, *Historia del celebre santuario de Nuestra Señora de Copabana*, Lima, 1867.
32. Andres de Vega, « Descripcion que se hizo de la provincia de Jauja... », in *Relaciones geograf. de Indias*, Madrid, 1881.
33. Contre la stérilité des hommes ou des femmes, on conseille de boire de l'eau-de-vie ou de la *chicha* dans laquelle a macéré de la poudre fine de crapaud séché et broyé.
34. M. Gusinde, *L'homme-médecine chez les Indiens d'Amérique du Sud*. Ciba, n° 60, août 1947.
35. Juan Lastres, *Las curaciones por las fuerzas del espiritu en la medicina aborigen*. Rev. Museo Nac., Lima, 1945.
36. J.-M. Yarrow, *Enfoque del curanderismo en el dpt. de Lambayeque*, Folk. Amer., 1971-72, n° 17, Lima.
37. Voir pp. 92-93.
38. Mario Chiappe, *El sindrome cultural de « daño » y su tratamiento curanderil*, Congreso Nacional de psiquiatria, Lima, 1971.
39. Rappelons que la *mesa* est l'ensemble des objets exposés sur une toile et employés pour la célébration magique. Littéralement, *mesa* signifie table, et nous retrouvons le symbole le plus spécifique de tous qui est l'autel, trône ou table de Dieu, « parce qu'ici, en fait, le sacré s'installe, s'établit. Car il faut que le sacré puisse se voir, avoir lieu ». Van der Leeuw, *op. cit.*
40. Défenses contre les esprits mais servant aussi à fustiger les patients qui ne se conduisent pas bien, ou pour les purifier.
41. Nom régional du diable.
42. Entre autres se trouvent les *pares* (bivalves), les *shingadoras*, les *perlas*, celles de *suertes grandes* (bonne chance), les coquilles d'escargots.
43. Les « eaux » comprennent au moins : *el agua dèl Jardin de las Virgenes, el agua del rostro de los angeles, el agua del Jordan*, etc. Parmi les *olores* on retrouve l'eau de Cologne ou l'eau *florida*.
44. Parfois on emploie la *misha* (*Datura arborea*) et certaines *cimoras*. Ce terme concernerait, selon Cl. Friedberg, une seule plante de la famille des amaranthacées. Pour d'autres, on regrouperait sous le nom de *cimora* une composition de plusieurs plantes.
45. Carlos Munizaga, *Uso actual de la miyaya por los Araucanos chilenos*, Rev. Univ. de Chile, 1960.
46. *Wekufü* : esprit maléfique du chamanisme araucan.
47. *Tonada* : psalmodie que le sorcier entonne sans interruption, scandée par la maraca et la guitare, jusqu'à ce qu'il atteigne un état de transe nécessaire. *Chamba* : assistant du sorcier.
48. Ce tarif peut atteindre 5 000 soles (400 F), ce qui représente pour la classe populaire indienne plus d'un mois de salaire.
49. Une session de *san pedro* n'est jamais réalisée avec un seul patient.
50. Lévi-Strauss, *Anthropologie structurale*, Plon, 1958.

51. Il existe plusieurs recettes pour préparer le breuvage. Certains sorciers ajoutent des feuilles de *misha*, de *condorillo* (qui a pour effet d'en augmenter l'effet psychédélique et purgatif), de *chamico*, etc. Mais le *san pedro* est toujours l'élément central de la préparation. Coupé en morceaux, il doit cuire pendant quatre heures, de deux heures à six heures de l'après-midi qui précède la session.
52. VAN DER LEEUW, *op. cit.*
53. Il en est ainsi de mots tels que *alleluia*, *amen*, *om*.
54. J. DOWLING, *Religion, Chamanismo y mitologia mapuches*. Santiago du Chili, 1971.
55. Il arrive parfois que l'ingestion de *san pedro* ne provoque aucun effet de rejet. On en déduit que le mal est très fortement ancré dans le corps. Le sorcier augmentera alors la dose de breuvage, ou répétera la cérémonie un autre jour.
56. Selon une étude du Dr Mario Chiappe, sur 57 patients soumis à ce genre de traitement, 39 ont complètement arrêté ou modifié leurs habitudes, 18 n'ont pas changé.
57. Mario CHIAPPE, *El curanderismo con alucinogenes de la costa y selva*, Psiquiaria peruana.
58. Claudine FRIEDBERG, *Utilisation d'un cactus à mescaline au nord du Pérou*, VIe Congrès intern. de Sc. Anthrop. et ethnol., Paris, 1960.
59. *Id., ibid.*
60. *Id., ibid.*
61. On retrouve ce rite dans toutes les civilisations qui ont conservé le besoin de pureté, non seulement physique mais aussi psychologique.
62. Littéralement : « changement de sort » ; il s'agit de remplacer la malchance par la chance.
63. Voir J.-A. LIRA, *Allpanchis Phuturinqa*, V. I, 1969.
64. Voir la *katipa*, chap. précédent.
65. Une cuvette neuve, deux couteaux d'acier neufs, du sel bénit et de l'eau bénite, enfin de l'eau recueillie à une source sans avoir vu le soleil. On retrouve là la croyance en l'« eau primitive » qui est chargée de toute sa puissance de recréation, de résurrection.
66. J.-A. LIRA, *op. cit.*
67. Kérosène ou pétrole brut. Très employé par les anciens Péruviens pour de nombreuses maladies ou blessures. Actuellement, il sert dans les rites magiques ainsi qu'en pharmacologie, contre les *piques* (parasites), les crampes, etc.
68. *Despachar* : envoyer, expédier. Il comprenait ici des *pan de San Nicolas*, de la coca, de l'anis, de l'encens, de la laine de sept couleurs, de la graisse de lama, des *chiuchi recado*, des œillets, deux petits vases de terre ocre et des *kintus* de coca.
69. Un sac de *tocuyo* (toile grossière), une branche de fleurs, l'offrande et quatre oranges.
70. La coutume de donner des coups, qui a valeur de purification, est également très répandue, de même que l'usage de l'eau. C'est à la fois le signe

d'une force qui conjure en s'abattant, et d'une force qui transmet sa propre puissance au corps qui la reçoit.

71. VAN DER LEEUW, *L'Homme primitif et la Religion*, PUF, 1940.
72. LÉVI-STRAUSS, *op. cit.*
73. *Id., ibid.*
74. *Id., ibid.*
75. *Id., ibid.*
76. Limite que le sorcier connaît intuitivement et qu'il veille à ne pas franchir, lors de ses états opérationnels, car cela lui ferait perdre tout le contrôle des forces qu'il manipule, et de possesseur, il deviendrait possédé.
77. LÉVI-STRAUSS, *op. cit.*
78. E. DE MARINO, *op. cit.*
79. Selon Mario Chiappe, on a identifié jusqu'à présent quatre espèces utilisées par les sorciers, mais il y aurait dix-sept types de cette plante, dont certains exclusivement réservés aux rites particuliers, célébrés par le sorcier lors de sa « retraite », provoquant un état hallucinatoire beaucoup plus violent que les autres, et pouvant durer quarante-huit heures.
80. Arbuste qui peut atteindre deux mètres de haut, à tige ligneuse et à fleurs en forme de campanules ressemblant à celles du *floripondio*.
81. Certaines boissons hallucinogènes sont également faites d'un mélange de champignons avec la peau d'un batracien, *huilca*, dont on a seulement pu analyser le principe actif, qui est la bufoténine.
82. Cl. FRIEDBERG. *Des Banisteriopsis utilisés comme drogue en Amérique du Sud*. Journal d'agriculture tropicale et de botanique appliquée, XII, 1965.
83. Marlène DOBKIN, *op. cit.* ; CL. FREIDBERG, *op. cit.* ; MARIO CHIAPPE, *op. cit.*
84. Cette exigence sera maintenue pendant les 24 heures qui suivront la cérémonie.
85. Durant le long apprentissage qu'il a fait en compagnie de son « maître » qui l'initiait aux plantes et à leurs effets sur l'organisme, le futur sorcier a appris toutes les mélodies de base destinées aux cérémonies d'*Ayahuasca* et qu'il devra scrupuleusement respecter sans jamais innover. Pourtant on a constaté chez des sorciers de très grande expérience certaines innovations.
86. Sentiment de dédoublement de la personnalité, hypersensibilité auditive et surtout troubles de la perception visuelle, illusions d'optique, etc.
87. On l'appelle pour cela *la purga*, la purge.
88. Dans le cas de séance de *Toe*, la mélodie chantée par le sorcier est connue sous le nom de « l'Icare du Toe ».
89. L'*Ayahuasca* est représentée comme un homme grand, sans tête ; l'*Ayuma* : une grosse femme sans tête ; le *Toe* : un homme brun, petit, crépu, vêtu de rouge ; la *Mucura* : une femme de couleur, vêtue de blanc ; la *Lupuna* : une femme déguisée ; le *Chuchuhuasi* : un homme gros avec une grosse tête ; la *Huaba* : une femme blanche vêtue de vert ; l'*Ojé* : un homme blanc frisé ; le *Huito* : un homme noir vêtu de blanc ; la *Chiriya* : un homme

blond, grand, «*gringo*»; le *Cainito* : un homme habillé en jaune; le *Pavoncito* : un petit homme sans tête (Mario Chiappe).

90. Cl. FRIEDBERG, *op. cit.*
91. C'est la grande différence avec la psychanalyse où le malade doit se libérer d'un mythe individuel provenant de son passé.
92. LÉVI-STRAUSS, *op. cit.*
93. Marlène DOBKIN, *op. cit.*
94. Roger BASTIDE, *Éléments de sociologie religieuse*, *op. cit.*
95. *Id., ibid.*
96. La musique, c'est avant tout le rythme, c'est-à-dire une répétition rituelle, puis vient la mélodie, le chant.
97. Fred KATZ et Marlène DOBKIN DE RIOS, *Hallucinogenic music*, Ciba Symposia, vol. 9, n° 11, 1948.
98. Il en est ainsi des *carmen* romains qui consistent en «mots posés» que l'on ne peut modifier, ni non plus le ton sur lequel on les chante. Si grande est la force de ces chants sacrés que certains dieux en portent le nom : Brahman, la puissance du monde, était une formule magique que l'on chantait.
99. Fred KATZ et Marlène DOBKIN DE RIOS, *op. cit.*
100. *Id., ibid.*
101. LÉVI-STRAUSS, *op. cit.*
102. LÉVI-STRAUSS, *op. cit.*
103. LÉVI-STRAUSS, *op. cit.*
104. R. BASTIDE, *op. cit.*
105. *Id., ibid* .

BIBLIOGRAPHIE AMERICANISTE

Ackernecht E., *Mesmerism in primitive societies, Ciba Symposia* vol. 9, n° 11, 1948.

Adams Ph. D. Richard, *Un analysis de las creencias y pràcticas médicas en un pueblo indigena de Guatemala, Public. espec. inst. indig. nac.*, n° 17, Guatemala, 1952.

Aguirre Beltràn Gonzalo, *Medicina y Magia*. Instit, nac. indig. Mexico, 1963.

Albujar Lopez, *Cuentos andinos*. Lima, 1920.
El hechizo de Tomayquichus, Lima, 1943.

Allpanchis phuturinqa, *revista del instit. pastoral andina*, vol. III, Cuzco, 1971.

Almenara Guillermo, *El chamico*, Tesis, Lima, 1927.

Anales del servicio de psiquiatria :
. Zapata S. y Valdivia O. : *Concepto popular sobre puncion lombar en patientes neuroticos*, n° 3, vol. III, 1961.
. Cornejo M. Hector, *Actitudes y motivaciones de los patientes frente al curanderismo*, n° 4, 1965.
. Morales Raul, *El curanderismo en Lima*, 1967, n° 2.
. Seguin Carlos Albero, *Sobre alucinegenos*, 1967, n° 3. *Los psicodislepticos en la selva peruana*, 1967, n° 4.

Arellano Hector, *Un viaje al mundo de los brujos. Expreso*, nov. 16-18, 1961, Lima.

Arguedas José Maria, *Puquio una cultura en proceso de cambio. Rev. museo nac.*, T. XXV, 1956.

Arguedas J.-M., Izquierdo F., *Mitos, leyendas y cuentos peruanos*. Edit. Casa de la Cultura, Lima.

Arriaga José, *La extirpacion de la idolatria en el Perù*. Arc. nac., Lima, 1621.

Alvila Padre (traduc. J.-M. Arguedas). *Dioses y hombres en Huarochiri*. Lima, 1966.

Bachmann Carlos J., *Departamento de Lambayeque*.

Barrionuevo Alfonsina, *Las brujas de Magdalena de Cao. Dominical 8 de mayo*, Lima, 1966.

Bello E., *El original tratamiento con orina de las heridas tradicional entre los indios peruanos. La Reforma Médica*. Lima I enero, 1940.

Caceres Jacinto, *Odontologia tradicional. Tradicion.* Rev. Cult. Nac. vol. V, nº 12/14, Cuzco ene. 1953.
Camino Calderon C., *El Chucaque. La Cronica.* Lima, 14-10, 1949.
Castillo de Lucas Antonio, *Folkmedicina.* Ed. Dossat. S.A. 1958.
Castro Pozo Hildebrando, *Nuestra comunidad indigena.*
Cavero B., *Supersticiones y medicina quechua.* S.A. Sebastian Barranca, Lima, 1945.
Cavero E. Luis, *Monografia de la provincia de Huanta,* Lima, 1953.
Caycho Abraham, *Estudios sobre el curanderismo y los curanderos. Psiquiatria Peruana.*
Chiappe Coasta Mario, *El curanderismo con alucinogenos de la costa y selva. Psiquiatria peruana.*
Alucinogenos nativos. Rev. del Viernes Médico. Instit. Sanitas. XVIII., 3 Lima, 1967.
Cobo Bernabe Père. *Historia del Nuevo Mundo.* Sdad. de bibliofilos andaluces, Séville, 1895.
Cordova Flores, Raul y Lorente S., *Estudios sobre geografia médica y patologia del Peru.,* Lima, 1925.
Cruz Sanchez Guillermo, *Estudio folklorico de algunas plantas medicamentosas. Rev. Med. Exp.* Vol. VIII=159, Lima, 1951.
Aplicaciones populares de la cimora en el norte del Perù. Rev. Farmac. y Med. Exper. V. I, 1948.
Farmacologia de la Opuntia cylindrica, Rev. Farm. Med. Exp. I, Lima, 1968.

Delgado J.-A., *Folklore, y apuntes para la sociologia indigena.* Tesis, 1931.
Delgado de Thays Carmen, *Religion en Tupe.* Inst. ethnol. Museo Nac. Lima, mayo 1965.
Dobkin de Rios Marlène : *Curanderismo con la soga alucinogena (ayahuasca) en la selva peruana. Amer. Indig.* Vol. 31, nº 3, Mexico, julio 1971.
Practicas curanderiles y de medicina popular con un cactus psichodelico en la costa Norte del Peru. Boletin de la Universidad de Chile, mayo 1969, nº 92.
Dorial Manuel, *Yerbateros. Prensa,* 30 11 63.
Dowling Jorge, *Religion, chamanismo y mitologia mapuches.* Ed. Univ. Santiago de Chile, 1971.

Escomel Edmundo, *Curanderismo en Arequipa. El Pueblo.* Arequipa, 1920.
La medicina popular arequipeña. El Pueblo. Arequipa, 1921.

Favre Henri, *Taita Wamani, le culte des montagnes dans le centre-sud des Andes péruviennes. Études Latino-Amér.,* Aix-en-Provence, 1967.

Friedberg Claudine, *Rapport sur une mission du Pérou. Description du matériel recueilli, exposé, Travaux de l'Institut d'Études Andines,* VII, 1965.
Utilisation d'un cactus à mescaline du nord du Pérou. Actes VI. Congres Intern. des Sciences Anthrop. et Ethnol. T. II, Paris, 1960.
Des Banisteriopsis utilisées comme drogue en Amérique du Sud. Paris V. Vol. XII, 1965, n° 9 à 12, *Jnal Agric. Trop. et de botan. appliquée.*

Frisancho Pineda David, *La medicina popular indigena,* Lima, 1970.
Creencias i supersticiones relacionadas con las enfermedades del altiplano puneno. Puno, 1963.

Fuenzalida Vollmar Fernando, *Santiago y el Wamani, aspecto de un culto pagano. Cuadernos de Antropol.,* vol. III, n° 8, Dic. 1965.

Garcilaso de La Vega, *Comentarios reales de los Incas.* 3 tomes, Edit. de Cultura popular, Lima, 1959.

Girault Louis, *Le rituel populaire dans les régions andines de Bolivie.* 3 vol. inédits.

Godet Ernest, *Monografia de Huancavelica.* Extrait du *Bull. de la Sté Neuchâteloise de Géographie.* Tome XXVII, 1918.

Guerrero Alberto, *El buen brujo. Estampa, rev. de Expreso,* Lima 1970.

Gusinde M., *L'homme-médecine chez les Indiens de l'Amérique du Sud. Ciba,* n° 60, Bâle, août 1947.
Une école d'hommes-médecine chez les Yamanas de Terre de feu. Ciba, n° 60, Bâle, 1947.

Guttierez Noriega C., y Cruz Sanchez G., *Alteraciones mentales producidas por la Opuntia Cylindrica. Rev. Neuro psiquiatria.* Lima, 1947.

Guzman Cepeda Daniel M., *El ayahuasquero. El Comercio,* 21 ene. 1940.

Harcourt (d') Raoul, *Médecine dans l'ancien Pérou,* Paris, libr. Maloine, 1939.

Hernandez J.A., *Brujos y hechiceros del Perù antiguo. Fanal,* 10-14-17, 1955.

Holmberg Allan R., *La privacion psicobiologica y el cambio cultural en los Andes.* Amer. Indig. XXVII, n° 1, Mejico, 1967.

Hubi C. Manuel, *Algunas Observaciones Sobre Folk. med. del dpto de Junin. Perù Indigena,* vol. 13, dic. 1954.

Iberico Mas Luis, *El folklore magico de Cajamarca.* Univ. Nac. Cajamarca, Trujillo, 1971.

Iturralde Nicanur, *Clasificacion de las plantas medicinales usadas en la farmacopea Callahuaya,* La Paz, 1925.

Izaguirre E., *La hechiceria en Ica. Anales del Serv. de Psiquiatria del Hosp. Obrero,* Vol. VI, n° 1, Lima, 1964.

Jaimer, *Salas, Brujos y brujerias,* dominical commercio, Lima, 9 junio 1968.

Jimenez Borja Arturo, *Imagen del mundo aborigen. Tradicion,* año II, vol. III, 1951.

La noche y el sueño en el antiguo Peru. Rev. Museo Nac. Tomo XXX, Lima, 1961.

Katz Fred et Dobkin de Rios Marlène, *Hallucinogenic Music. An analysis of the role of Whistling in Peruvian Ayahuasca Healing sessions. Ciba Symposia,* vol. 9, nº 11, March April 1948.

Kearney Michael *Los conceptos de Aire y susto. Amer. Indig.* vol. XXIX, nº 2, 1969.

Kiev Ari, *Curanderismo Mexican Folk-Psychiatry.* N. York, édit. The Free Press, Collier Mac Millan, 1968.

Lastres Juan, *Algo sobre folklore médico peruano. Comercio.* 30 agosto 1936.

Hacia una concepcion psico antropolo. de la medicina arcaica peruana. Rev. Museo Nac., T. XVIII, Lima, 1949.

A « Citua » o Coya Raimi, fiesta purificadora del pecado enfermedad. Rev. Museo Nac., T.XXV, 1956.

Las curaciones por las fuerzas del espiritu en la medecina aborigen. Rev. Museo Nac. T. XIV, Lima, 1945.

Historia de la medicina peruana. 3 vol., édit. San Marcos, Lima, 1951.

Lequerica C., *Sachachorro,* Lima, 1942.

Lira Jorge A., *Farmacopea tradicional indigena y practicas rituales,* Lima, 1946.

Luna B. Gervasio, *Manual del herbolario peruano,* Cuzco, 1929.

Mac Lean y Estenos, *La brujeria en el Peru.* XXVIIe Congreso intern. de American. Lima, 1939.

Marroquin José, *La medicina indigena de Puno. Rev. Med.* 39, Lima, 1940.

Articularidades antropol. del indigena de Puno. Rev. Museo Nac. T. XV, 1946, Lima.

Consideraciones indigenas sobre la medicina. Perù Indig., vol. VIII, nº 18-19, enero 1959, Lima.

Martinez Hector, *Enfermedad y medicina en Pillapi, Bolivia. Rev. Museo. Nac.* T. XXX, Lima, 1961.

Mejia Xesspe Toribio, *Algunas costumbres y creencias de los indigenas.* Lima, 1923.

Mesones Muro M.A., *La brujeria en el Norte del Perù. Comercio,* Lima, 24 ene 1907.

Minano José Angel, *Las brujas y shapingas de Chicano. Cahuide,* 104-105, 84, Lima, 1950.

Mondragon Romero Domingo, *Las hechiceras y las brujas. Folklore,* nº 22, Lima, 1949.

Molina Cristobal de, *Fabulas y ritos de los Incas,* T. IV, 1943.

Monge Carlos M., *La enfermedad de los Andes.* Fac. Med., Lima, 1928.

Aclimatacion en los Andes. Anales Fac. Med. Lima, 28, 1945.

Monografia de la provincia de Parinacochas. Por el Centro de colab. pedagog. Provincial del magisterio primario.

Morote Best Efrain, *La superstición y las supersticiones. Rev. Univ. Nac.,* Cuzco, 95=187, Cuzco, 1948.
Folklore nacional : La mula. Rev. Nac. Univ. Cuzco, ano XII, n° 102, 1952.
Cabezas voladores. Perù Indigena. Vol. IV, n° 9, 1953.
Munizaga A. Carlos, *Nota sobre el uso de la miyaya por los Araucanos actuales en el tratamiento de trastornos mentales. Rev. Univ. catol. de Chile,* 1960.

Nordenskiold Erland, *Recettes magiques et médicales du Pérou et de la Bolivie. Journal de la Sté des Amer.,* T. IV, Paris, 1907.
Nunez del Prado Oscar, *El parto en Andahuayllas. Serie monografia* n° 13, Ministerio de trabajo, Lima, 1963.
Nunez del Prado Juan, Victor, *El mundo sobrenatural de los Quechuas del sud dèl Perù. Rev. Museo Nac.,* T. 36, Lima, 1970.

Oblitas P. Enrique, *La cultura Callahuaya.* La Paz, 1963.

Pardal Ramon Dr., *Medicina aborigen americana,* Buenos Aires, 1937.
Paredes Rigobero M., *Mitos supersticiones y supervivencias populares de Bolivia,* La Paz, 1920.
Polo de Ondegardo J., *Informaciones acerca de la religion y gobierno de los Incas,* vol. 3 et 4. Colec. Urteaga y Romero, Lima, 1916-17.
Prado Javier, *Plantas estupefacientes del Perù. Bol. Museo Hist. Nac.* 28-29=15, 1944.

Rambaud Francis, *Contribution à l'étude des pratiques médicales des Indiens du Pérou,* Lyon, 1928.
Raimondi Antonio, *El Perù* (5 tomes), Lima, 1902.
Minerales del Perù, Lima, 1878.
Ramirez J. Julio, *La shockma del cuy y el estetoscopio. Trib. Medica.* 52=1, Lima, 1965.
Ramirez Miguel Justino, *Una noche de aquelarre haciendo una mesa o siento para recuperar el amor. Folklore,* Lima, 1953, n° 30-31.
Reichel-Dolmatoff G. et A., *Nivel de salud y medicina popular en una aldea mestiza de Colombia. Rev. Colomb. Antrop.* Vol. VII, 1958.
Ricardo A., *Arte de la lengua general del Perù, llamada Quichua,* adapt. de R. A. Paez, Lima, 1970.
Rodriguez Meza Pedro, *Algunos apuntes de las creencias y de la terapia primitiva entre los aborigenes de la provincia de Jauja. El Comercio,* 23 ene. Lima, 1938.
Roel Pineda Josefat, *Creencias y practicas religiosas en la provincia de Chumbivilcas. Hist. y cult.* Lima, 1966.
Romero Emilio, *La bruja en su laboratorio. Folklore, Lima, n° 30, 1953.*
Monografia del depart. de Puno, Lima, 1928.
Rubel Arthur J., *El susto en Hispano America. Amer. Indig.,* vol. XXVII, n° 1, 1967.

Ruiz Fowler José R., *Monografia del depart. d'Ayacucho*, Lima, 1924.

Sal y Rosas F., *Observaciones en el folklore psiquiatrico del Perù. Folk. Americano*, ano XIX-XX, n° 17, Lima, 1971-72.
Practicas magicas de diagnostic y pronostico en los indigenas peruanos. Rev. Neuro. Psiq. T. XXX, n° 2, Lima, 1967.
El mal de corazon (Sonko-nanay) del folklore psiquiatrico del Perù. Acta psiquiat. psicol. amer. lat., 1967,13,31.
La concepcion magica de la epilepsia en los indigenas peruanos. Rev. psiquiat. psicol. med. de Europa y Americas latinas, ano 13, n° 2, T. VII, 1965.
Mitologia médica y practicas magicas en el Callejon de Huaylas. Arch. de criminologia, neuro-psiquiat. vol. XIV, n° 55, julio 1966.
Modos de curanderismo en el Perù. Neurol-neuro cir-psiquiatria, vol. 2, Mexico, 1961.
El mito de Jani o susto. Rev. Sanidad de Policia n° 18, Lima, 1958.
Samanez Dr., *Algunas consideraciones sobre la Uta peruana y su tratamiento por el albuminato de mercurio. Cronica Medica*, Lima, 1901.
Laycca. La cronica. Lima, 22 dic. 1916.
Santander Josefa, *Sacrificio y ofrendas en el culto a la Pachamama, Folk. Amer.* ano X, n° 10, Lima, 1962.
Seguin Alberto, *Curanderismo, sugestion, psicoterapia. El Dia medico.* Lima, 1932.
Simmons Ozzie G., *Popular and modern medicine in mestizo communities of coastal Perù and Chile. Journ. Amer. Folk.*, 68, 1957.

Tschopik Hary, *Magia en Chucuito.*

Valcarcel L., *Etnohistoria del Perù antiguo. Univ. San Marcos*, Lima, 1967.
Valdivia Ponce Oscar, *Historia de la medicina peruana*, Lima, 1964.
Valdizan H., y Maldonado A., *La medicina popular peruana*, imprenta Torres Aguirre, 3 vol., Lima, 1922.
Vellard Jean, *Importancia del folklore para las investigaciones sobre las practicas medicas y magicas del altiplano boliviano. Bolet. asoc. Folk. Argentina*, 1942.
El concepto del alma entre los Indios americanos. Inst. Riva Aguëro. Univ. Catol del Perù, Lima, 1964.

Weberbauer A., *El mundo vegetal de los Andes peruanos*, Lima, 1945.

Yarrow J.-M., *Enfoque del curanderismo en el departamento de Lambayeque. Folklore Americano*, n° 17, Lima, 1971-72.

TABLE

PREMIÈRE PARTIE : LA PATHOGÉNIE INDIGÈNE

DEUXIÈME PARTIE : LE DIAGNOSTIC

« Spiritualités vivantes »
Collection fondée par Jean Herbert

au format de poche

1. *La Bhagavad-Gitâ*, par Shrî AUROBINDO.
2. *Le Guide du Yoga*, par Shrî AUROBINDO.
3. *Les Yogas pratiques (Karma, Bhakti, Râja)*, par Swâmi VIVEKANANDA.
4. *La Pratique de la méditation*, par Swâmi SIVANANDA SARASVATI.
5. *Lettres à l'Ashram*, par GANDHI.
6. *Sâdhanâ*, par Rabindranâth TAGORE.
7. *Trois Upanishads (Ishâ, Kena, Mundaka)*, par Shrî AUROBINDO.
8. *Spiritualité hindoue*, par Jean HERBERT.
9. *Essais sur le Bouddhisme Zen*, première série, Daisetz Teitaro SUSUKI.
10. — *Id.*, deuxième série.
11. — *Id.*, troisième série.
12. *Jnâna-Yoga*, par Swâmi VIVEKANANDA.
13. *L'Enseignement de Râmakrishna*, par Jean HERBERT.
14. *La Vie divine*, tome I, par Shrî AUROBINDO.
15. — *Id.*, tome II.
16. — *Id.*, tome III.
17. — *Id.*, tome IV.
18. *Carnet de pèlerinage*, par Swâmi RAMDAS.
19. *La Sagesse des Prophètes*, par Muhyi-d-dîn IBN' ARABI.
20. *Le Chemin des Nuages blancs*, par ANAGARIKA GOVINDA.
21. *Les Fondements de la mystique tibétaine*, par ANAGARIKA GOVINDA.
22. *De la Grèce à l'Inde*, par Shrî AUROBINDO.
23. *La Mythologie hindoue, son message*, par Jean HERBERT.
24. *L'Enseignement de Mâ Ananda Moyî*, traduit par Josette HERBERT.

Nouvelles séries dirigées par
Marc de Smedt

25. *La Pratique du Zen*, par Taisen DESHIMARU.
26. *Bardo-Thödol. Le livre tibétain des morts*, présenté par Lama ANAGARIKA GOVINDA.
27. *Macumba, forces noires du Brésil*, par Serge BRAMLY.
28. *Carlos Castaneda. Ombres et lumières*, présenté par Daniel C. NOEL.
29. *Ashrams : les Grands Maîtres de l'Inde*, par Arnaud DESJARDINS.
30. *L'Aube du Tantra*, par Chogyam TRUNGPA.
31. *Yi King*, adapté par Sam REIFLER.
32. *La Voie de la perfection*, par BAHRAM ELAHI.
33. *Le Fou divin*, par Trungpa KUNLEY.
34. *Santana*, par Dominique GODRÈCHE.
35. *Dialogues avec Lanza del Vasto*, par René DOUMERC.
36. *Techniques de méditation*, par Marc DE SMEDT.
37. *Le Livre des secrets*, par BHAGWAN SHREE RAJNEESH.
38. *Zen et arts martiaux*, par Taisen DESHIMARU.
39. *Traité des Cinq Roues (Gorin-no-Sho)*, par Miyamoto MUSASHI.
40. *La Vie dans la vie. Pratique de la philosophie du Sâmkhya d'après l'enseignement de Shrî Anirvân*, par Lizelle REYMOND.

41. *Satori. Dix ans d'expérience avec un Maître Zen*, par Jacques Brosse.
42. *Discours et sermons*, de Houei-Nêng.
43. *Tao Te King*, par Lao Tseu.
44. *Questions à un maître Zen*, par Taisen Deshimaru.
45. *Contes et récits des arts martiaux de Chine et du Japon*, par Pascal Fauliot.
46. *Essais sur les mystiques orientales*, par Daniel Odier et Marc De Smedt.
47. Zen et vie quotidienne, par Taïsen Deshimaru.
48. *Le Désert intérieur*, par Marie-Madeleine Davy.
49. *La Sagesse de l'éveil*, textes pour la méditation.
50. *L'esprit guide*, entretiens avec Karlfried Graf Durckheim.
51. *Les Appeleurs d'âmes. L'Univers chamanique des Indiens des Andes*, par Sabine Hargous.
52. *Le Chemin de la Lumière. La voie de Nur Ali Elâhi*, par Bahrâm Elâhi.
53. *L'Art de la réalisation*, par Chancha Swami.

La reproduction photomécanique de cet ouvrage
a été réalisée par
Charente-Photogravure à Angoulême,
l'impression et le brochage par
l'imprimerie Bussière à Saint-Amand (Cher)

Achevé d'imprimer : août 1985.
N° d'édition : 8964. N° d'impression : 2254.
Dépôt légal : septembre 1985.

Imprimé en France